Brigitte Seebacher-Brandt
Politik im Rücken, Zeitgeist im Sinn

Brigitte Seebacher-Brandt

Politik im Rücken, Zeitgeist im Sinn

Ullstein

Die Deutsche Bibliothek – CIP-Einheitsaufnahme

Seebacher-Brandt, Brigitte:
Politik im Rücken, Zeitgeist im Sinn / Brigitte Seebacher-
Brandt. - Berlin ; Frankfurt am Main : Ullstein, 1995
ISBN 3-550-07076-4

ISBN 3-550-07076-4

Umschlaggestaltung: Theodor Bayer-Eynck
Satz: LVD GmbH, Berlin
Druck und Binden: Mohndruck Graphische Betriebe GmbH,
Gütersloh
Printed in Germany

Gedruckt auf alterungsbeständigem Papier mit chlorfrei
gebleichtem Zellstoff

Inhaltsverzeichnis

Vorwort 7

Ein Mann der Tat: Ernst Reuter von Berlin 12

Die Linke und die Einheit. Unwägbarkeiten
der deutschen Geschichte 33

Die Einheit zerfällt, der Traum zerrinnt 40

Was bleibt von der DDR? Wer totgesagt wird,
kann lange leben 58

Darf die Hoffnung aufgegeben werden?
Ist damit das letzte Wort gesprochen? Flamme
des Widerstands: General de Gaulle in London 77

Der Künstler als Kommunist: Valentin Falin 92

Diplomat für die Freiheit: Vernon A. Walters 111

Flucht ins Geld: Die Bundesrepublik ein Jahr
nach der Einheit 125

Julius Leber: Der Volkstribun als Verschwörer,
der Tatmensch als Opfer 141

Was tun, wenn das Altbekannte nicht mehr gilt?
Das Unbehagen über Präsident Mitterrands
Politik der Ungleichzeitigkeit 156

Die Hoffnung im Herzen, das Machbare
im Blick: Der deutsche Weg   169

Des Guten genug. Deutschland im Glanze
seiner Lichterketten.   192

17. Juni. Wie sich vor vierzig Jahren die
deutsche Frage stellte – und wer die Antwort
gab   198

Deutschland: Vier Jahre danach. Eine Rede in
Princeton   212

Suchen, wo die Mitte ist: Den Parteien fehlen
die Konturen   227

»Es war nicht alles einfach«. Gorbatschow und
die deutsche Einheit: Schrittmacher der
Geschichte, Held des Untergangs.   239

Die Politik im Rücken, den Zeitgeist im Sinn:
Richard von Weizsäcker   252

Endspiel um ein Erbe. Die Geschichte des
Hauses Krupp wird fortgeschrieben.   266

Anmerkungen und Nachweise   280

Register   287

Vorwort

Was sich in fünf Jahren nicht alles zusammenschreibt. Vieles hat sich erledigt und seinen Platz im Papierkorb gefunden. Manches ist geblieben und wird nachgelesen. Dabei stellt sich nicht die rechthaberische Frage, was dem Wandel der Zeiten standhält und was nicht, sondern welcher Standpunkt dem Geschriebenen zugrundeliegt, ob er noch Gültigkeit hat und weiterwirkt. Es könnte ja sein, daß nicht nur die Ereignisse hinweggegangen sind über das, was die Feder einst in Schwung hielt. Etwas wiederlesen lohnt, wenn jener Standpunkt auch noch trägt für zukünftige Politik.

Der Standpunkt ist rasch umrissen. Die deutsche Teilung habe ich, seit politische Neugier erwacht war, als widernatürlich empfunden und wider alle Gerechtigkeit. Nichts anderes war mit der freiheitlichen Gesinnung vereinbar, die ich einem antinazistischen Elternhaus verdanke; es war von sozialdemokratischen wie von Zentrumstraditionen geprägt. In Bremen und nicht in Rostock aufgewachsen zu sein, war Glück und kein Verdienst. Strafe für Vergangenes konnte die Teilung nicht sein. Wenn sechzig Millionen lebten, wie sie leben wollten, warum dann nicht auch die restlichen siebzehn Millionen Landsleute? Ihnen schrieb, Folge des geographischen Zufalls, die sowjetische Besatzungsmacht vor, wie sie zu leben hätten. Mit Gewalt und nicht, weil die Geschichte es so gewollt hätte.

Nation ist, wer sie sein will. Nation zu sein, hinderte die Deutschen die tödliche Grenze. Sie sagte alles aus über einen Staat, der von sowjetischen Gnaden existierte. Sich auf ihn einzulassen, verbot die Außenansicht. Freiheit und Nation würden auch in Deutschland ineinander übergehen, eines fernen Tages, wenn die Sowjets die Hand von ihrer deutschen Kriegsbeute nähmen. Aus dem Ideal erwuchs die Pflicht, auf die Wirklichkeit einzuwirken. Es galt, ein Klima der Verständigung zu schaffen. Ein Klima, in dem Deutschland nicht immer noch weiter auseinandergerissen, sondern zusammenfinden würde, in kleinen Schritten und kleinen Teilen. Es galt nicht, dem kommunistischen Regime eine höhere Weihe zu geben und es für ewig zu halten. Der Umgang mit den Herrschenden war notwendig. Mußte er deshalb angenehm sein, unter Aufhebung der inneren Distanz? Nur für den, der jenes doppelte Maß von Freiheit und Nation verloren oder gar nicht erst gewonnen hatte.

Der Eiserne Vorhang teilte Europa. Als er Risse bekam, lag der Mauerfall in der Luft und gab Anlaß zu soviel Schreiberei. Sie spiegelte die Auseinandersetzung mit einer Partei, die sich schwer tat zuerst mit dem Recht auf Selbstbestimmung und dann mit dem Recht auf Einheit. Vielleicht verhielt es sich auch umgekehrt, und die Selbstbestimmung wurde mißachtet, weil die Einheit drohte und einen Staat bedrohte, den man nicht missen mochte. Als Freiheit und Nation ineinander überzugehen begannen, galt die emotionale wie intellektuelle Abwehr ein und demselben Vorgang. Sie leistete eine Partei, der ich mich verbunden hatte als der Partei der Freiheit. Ihr Name war mir immer nationales Programm geblieben: Sozialdemokratische Partei Deutschlands, nicht Westdeutschlands. 1933 hatte sie, als einzige demokratische Kraft, widerstanden, obwohl ihre führenden Männer in tödlicher Gefahr waren. Otto Wels wußte nicht, ob er vom Pult herunterkommen würde, als er das Nein zum Ermächtigungsgesetz begründete: »Freiheit und Leben kann man uns nehmen, die Ehre nicht.« Auch für ihn verkörperte Hitler nicht die Nation, sondern deren Negation.

Die späten Erben wußten von der Geschichte immer weniger. Schlimmer noch, sie glaubten, die Geschichte neu erfinden zu dürfen, und versteckten hinter den Formeln von Schuld und Sühne und der Wiederkehr des immer gleichen das eigene Unvermögen. Das Versagen von 1989 ließ sich in keine Geschichte, auch in keine Parteigeschichte einordnen. Dem Augenblick gerecht wurde, wer einen Begriff von der Geschichte in sich trug.

Diese Einsicht ist heutigen Datums. Damals, inmitten des Geschehens, getragen von der Hoffnung auf vorübergehenden Irrtum und nur verwundert ob der Abwehr des Selbstverständlichen, zählte der Versuch, zu erklären und zu rechtfertigen, auch zu beeinflussen. Daß die SPD es genug sein ließe und nicht zurückkäme auf ihren Irrtum, wollte so ohne weiteres nicht in den Kopf. Heute weiß man um größere Zusammenhänge, und daß eine Partei zerfällt, der der soziale Grund wegbricht. Insoweit ist in bezug auf 1989 längst nicht mehr nur von einem Irrtum zu sprechen. Das Versagen reichte zu tief.

Vordergründig wirkt die Kraft des Faktischen. Wer wann wogegen war, scheint fünf Jahre nach dem Einheitsvollzug nicht mehr wichtig. Die Zeit des Übergangs, in die die Artikel und Aufsätze hineingehören, ist vorbei. So liegt eine Chronik vor. Doch hält sie nicht die äußeren Ereignisse fest, sondern die inneren Kämpfe, und sei's durch die Vorstellung derer, die Beispiel gaben. Über das Wie und Wohin befindet, wer sich mit dem Ob nicht aufgehalten hat und es nicht immer neu in Frage stellt. Die Kämpfe wirken fort und weit in die aktuelle Politik hinein. Dabei verwundern die wiederholten Warnungen vor deutscher Macht und Übermacht, und nachdenklich stimmt, daß das demokratische Selbstbewußtsein überall verkümmert ist und der Blick zurück lieber getan wird als der nach vorn. Handlungsanweisungen werden von draußen bezogen. Dritte entscheiden über die Außenpolitik oder werden vorgeschoben. Ein eigener Wille? Nichts weniger als das. Nicht nur anläßlich gewisser Jahrestage scheint es, als sei Kontinuität Trumpf.

Wenn der Zeitgeist nicht nur Spielerei ist und überhaupt irgendeinen Sinn hat, dann den der Instrumentalisierung der braunen Vergangenheit. Damit einher geht die Entschuldung der Kollaboration, die im Zeichen des Kommunismus gestanden hat. Es ist uns eine Tugend abhanden gekommen, die viel gegolten hat im ersten Vierteljahrhundert nach Gründung der Bundesrepublik. Diese Tugend ist heute nötiger denn je. Ohne sie werden sich Freiheit und Nation nicht dauerhaft verbinden. Das Zutrauen zu uns selbst fehlt, das Zutrauen, Gutes zustandezubringen, auch Neues. Die deutsche Fortschritts- und Technikangst rührt auch aus der Weigerung, zu sich selbst zu stehen.

Reine Vergangenheit hält Anweisungen für die Zukunft bereit. Die Maßstäbe des Handelns finden sich in der demokratischen Gegenwart. Nichts anderes meint Normalität. Auch insoweit führt, soviele Jahre nach Kriegsende, das Wort von der Wiedervereinigung in die Irre. Was kommt »wieder«? In allem Ernst: Nichts. Es soll und es wird auch nichts wiederkommen. Jede Zeit bringt ihre eigenen Schrecken hervor und ihre eigenen Möglichkeiten, sie zu bannen. Julius Leber, dessen Porträt Willy Brandt am Herzen lag, stellte seiner Schrift über »Die Todesursachen der deutschen Sozialdemokratie« ein Wort Nietzsches voran: »Es gibt einen Grad von Schlaflosigkeit, von Wiederkäuen, von historischem Sinn, bei dem das Lebendige zu Schaden kommt und zuletzt zugrunde geht.« Das Lebendige ist das Neue, und ihm sein Recht zu geben, Inhalt des Standpunkts.

Er handelt vom Selbstbewußtsein der deutschen Demokratie und von noch etwas. Als Freiheit und Nation zusammenwuchsen, wuchs Deutschland hinein in die europäische Integration. Die wirtschaftlichen Gegebenheiten schließen nahezu aus, daß Deutschland noch über sich selbst, geschweige denn über andere entscheiden könnte. Zu den Selbstverständlichkeiten, die nicht begründbar sind, gehört die Wechselbeziehung zwischen nationalem Stolz und europäischer Zugehörigkeit und weltbürgerlicher Verantwortung. Es ist längst nicht mehr die Frage, ob Deutschland sich in der Welt behauptet, sondern ob Europa es tut. Gute Nachbarschaft übt, wer auch gut zu sich selbst ist.

Ein Mann der Tat:
Ernst Reuter von Berlin

Wissend, was anderntags geschehen werde, vertiefte er sich am Abend des 23. Juni 1948 in jenes Buch, das die Geschichte des deutschen Tonsetzers Adrian Leverkühn erzählt. Himmel und Erde hatte er in Bewegung gesetzt, um seiner habhaft zu werden; Neuerscheinungen auf dem Büchermarkt waren im Nachkriegsberlin eine noch größere Rarität als Brot, doch für den Bürgermeister gleichermaßen lebensnotwendig. Den Autor des Dr. Faustus hatte Ernst Reuter 1943 umworben, als er, hinten weit in der Türkei sitzend und weit voraus in die Zukunft blickend, einen Appell an die Deutschen in aller Welt gerichtet haben wollte: Die Stimme Thomas Manns dringe durch den Äther überall hin, es sei »die Stimme des geistigen, freien, menschlichen Deutschland«. Alle Menschen in Deutschland wollten wissen, so erläuterte er den Gedanken an Neuaufbau, von dem er längst besessen war, »daß sie weder auf russische Weise noch nach irgendeinem anderen Zwangsrezept gesotten werden sollen, daß Deutschland sich vielmehr nach seinen eigenen Bedürfnissen entwickeln kann«.

Die Antwort des skeptischen Schriftstellers, der über die deutsche Zukunft anders dachte, mag den zuversichtlichen Sozialdemokraten enttäuscht, dessen Bemerkung über einen »gewissen deutschen Emigrantenpatriotismus« ihn verletzt haben, doch er wurzelte zu tief in seinem Glauben an die Macht des moralischen Beispiels, als daß er hätte wanken können. Wäre er ohne diesen Glauben der geworden, der Berlin dem Westen aufzwang, als dieser von der realitätsstiftenden Symbolik seines Brückenkopfes noch nicht allzu viel wissen wollte? »Er wußte darum, daß Mut für tapfere Seelen eine ansteckende Kraft besitzt«, sagte Theodor Heuss in seiner Trauerrede – ein Jahrzehnt nach dem Briefwechsel zwischen Ernst Reuter in Ankara und - Thomas Mann in Kalifornien. Mut war allerdings gefragt, als Reuter sich in jenem Frühsommer 1948 einer Aufgabe verschrieb, die er auf dem Wendepunkt der Blockade amerikanischen Bürgermeistern so erklärte: »Niemand möchte den Helden spielen. Aber wir müssen Helden sein.«

Am 20. Mai 1948 hatten Reuter und der legendäre Wirtschaftsstadtrat Gustav Klingelhöfer, einst ein Münchner Revoluzzer, ihren Ohren nicht getraut, als sie im Wirtschaftsrat der Bizone von der ernsten Absicht der Alliierten hörten, Berlin von der westdeutschen Währungsreform »zunächst« auszuschließen. In der Bürokratensprache des Sitzungsprotokolls: »Der Direktor der Verwaltung für Wirtschaft, Prof. Erhard, hielt eine Einbeziehung der Westsektoren Berlins in die Währungsreform Westdeutschlands für nicht möglich, so daß Berlin ... Devisenausland werden müsse.« Reuter sah den Eisernen Vorhang noch einmal heruntergehen und nun auch Berlin im Dunkel verschwinden. Öffentlich und auch hinter verschlossenen Türen setzte er – »wo ich bin, ist Berlin« – alle Hebel, deutsche wie alliierte, in Bewegung. Denn: »Wer die Währung hat, hat die Macht.« Acht Tage später, am 28. Mai, machte der amerikanische Militärgouverneur einen Rückzieher, aber noch keine Versprechung; niemand habe gesagt, so General Clay, daß Berlin unbedingt ausgenommen werde. Reuter platzte vor Ungeduld. Doch was tun?

Innerhalb des Magistrats durfte nichts beredet werden, die SEDler hörten mit, und außerhalb, in der demokratischen Öffentlichkeit, auf die es ankam, beherrschten jene Bedenkenträger das Feld, die die sowjetischen Besatzer immer noch einmal beschwichtigen und die westlichen immer noch einmal beschwören wollten. Daß Eigenmächtigkeiten vollendete Tatsachen schaffen könnten, war auch die Sorge des Christdemokraten Ferdinand Friedensburg, der immerhin als Bürgermeister amtierte; er vertrat Louise Schröder, die ihrerseits an Reuters Statt wirkte. Die Lage war verzwickt: Reuter war im Juni 1947 von der Stadtverordnetenversammlung zum Oberbürgermeister gewählt worden, die Sowjets aber hatten ihre westlichen Kollegen überspielt und ihnen das Zugeständnis abgenötigt, daß vor der Amtsübernahme die Bestätigung stehe. So teilte, drei Wochen nach der Wahl, der Alliierte Kontrollrat lakonisch mit, ein Übereinkommen sei nicht erreicht und Ernst Reuter wegen des Einwandes der sowjetischen Delegation nicht bestätigt. Die formale Position der treibenden Kraft im Währungspoker war um so schwächer, als Louise Schröder und Ferdinand Friedensburg durchaus Gefallen am Amt fanden.

Die Sowjets hatten keinen Scharfsinn aufwenden müssen, um in Reuter den Mann zu erkennen, der ihnen die Faust zeigte und im Begriff stand, andere mitzuziehen. Einen, der ihre Sprache verstand und es darauf anlegte, das westliche Geld in Berlin einzuführen und auf diesem Wege das westliche Recht in der Stadt durchzusetzen, ließ man am besten erst mal fühlen, wer Herr im Hause war. Außerdem war noch eine alte Rechnung zu begleichen; daß ausgerechnet ein Abtrünniger die eigenen Kreise störte, war im kommunistischen Reglement nicht vorgesehen. Wilhelm Pieck, ehedem KP-, jetzt SED-Chef, nahm sich im »Neuen Deutschland« der Reuterschen Vergangenheit an und teilte mit, daß der nach Deutschland zurückgekehrt sei, »um seine reaktionäre Politik an der Spitze der Sozialdemokratie wieder aufzunehmen. Der Weg seiner Wandlung hat seinen vorläufigen Abschluß in der Durchführung der Spalterpolitik gefunden, die er im Auftrage des anglo-amerikanischen Imperialismus in Berlin und in Deutschland durchführt.« Was hatte es mit der Wandlung auf sich?

Ernst Reuter war am 29. Juli 1889 im nordschleswigschen Apenrade geboren und im ostfriesischen Leer aufgewachsen, bürgerlich behütet und protestantisch geprägt. Sein Abitur war glänzend, sein Staatsexamen schon nicht mehr. Während des Germanistik- und Geschichtsstudiums in Marburg, zwischendurch auch in München, war er, halb jugend-, halb sozialistisch bewegt, vom vorgezeichneten Wege weit abgekommen. Im März 1913 schrieb er dem Vater, daß er nicht in den Staatsdienst zu treten gedenke: »Es war nun mein Wunsch, wenn es ginge, nicht Oberlehrer zu werden, sondern in der Arbeiterbewegung tätig sein zu können.« Er zog nach Berlin – »das fiese Berlin« – und verdingte sich als Zeitungsschreiber und Wan-

15

derredner, führte auch, pazifistisch angehaucht, die Geschäfte im »Bund Neues Vaterland«. 1915 wird er einberufen und gerät im August 1916 in russische Gefangenschaft. Im Februar 1918 wählt ihn ein internationales Kriegsgefangenenkomitee, gegründet zwecks Unterstützung der Revolution, zum Vorsitzenden, im Juli schickt ihn der Rat der Volkskommissare – die Ernennung ist von Lenin unterzeichnet – zu den Wolgadeutschen. Reuter ist Kommissar und bringt eine autonome Republik auf die Beine; sein Vorgesetzter hieß Stalin, der dann 1947 und 1948 wußte, mit wem sein Stadtkommandant es zu tun hatte. Rechtzeitig zum Gründungsparteitag der KPD ist Reuter zurück in Berlin, ausgestattet mit einem Empfehlungsschreiben Lenins, in dem vermerkt ist, daß er »ein brillanter und klarer Kopf« sei, aber »ein wenig zu unabhängig«. Er geht nach Oberschlesien, wird wegen illegaler Parteiarbeit eingesperrt, landet wieder in Berlin, diesmal als Bezirkssekretär der KP, auch als Mitglied des Stadtparlaments; sein Parteiname: Ernst Friesland. Im Sommer 1921 steigt er zum Generalsekretär auf und hilft, Paul Levi aus der Partei auszuschließen, den Freund Rosa Luxemburgs und einen der großen linken Anwälte, der sich dem von Moskau verordneten Putschismus widersetzt hat. Auf einer Parteikonferenz kommt es zum Zusammenstoß, und Reuter hört den in Ungnade Gefallenen laut rufen: »Nacht muß es sein, wo Frieslands Sterne leuchten.« Doch noch vor Jahresfrist wird er von dem ihm angeborenen Unabhängigkeitsdrang eingeholt. Er rebelliert und wird nun selbst ausgeschlossen, sein Nachfolger: Wilhelm Pieck. In einer Reuter-Lecture, 1969 anläßlich des zehnten Todestages vom Senat veranstaltet, würdigte Raymond Aron, der manches Gespräch mit Reuter geführt hatte, gerade die frühe Absage an die Diktatur: »Nachdem er die Implikationen der vorgeblichen radikalen Befreiung verstanden, ja erlebt hatte, gelangte er zu der Überzeugung, daß die sozialistische Bewegung der westlichen Gesellschaft angehört, deren Unvollkommenheiten er durchschaute und bekämpfte und in der er der Arbeiterklasse den ihr gebührenden Platz erobern wollte.«

Reuter findet sich in der SPD wieder, die ihn als kommunalpolitischen Redakteur beim »Vorwärts« in Lohn und Brot setzt und 1926 zum Stadtrat für Verkehr macht; in diesem Amt gründet er zwei Jahre später die BVG, die Berliner Verkehrsbetriebe. 1929 reist er, kommunaler Studien halber, zum erstenmal in die Vereinigten Staaten. 1931 kehrt er Berlin, das ihm nun vertraut ist, den Rücken, das nahe Magdeburg hat ihn zum Oberbürgermeister gewählt. Als ihn am 20. Juli 1932 die Nachricht vom Preußen-Putsch erreicht, will er, der Mann der Tat, seine Bereitschaftspolizei in Marsch setzen. Die SPD-Führung, der das Abwarten in die Wiege gelegt ist, lehnt ab, und Reuter, der 1932 in den Reichstag gewählt wird, ahnt nun, was kommt. In seiner letzten öffentlichen Rede in Magdeburg, März 1933, bevor er »beurlaubt« wird, erklärt er: »Unter diesem Regime wird unser Vaterland zugrunde gehen. Wir werden den Osten verlieren.« Nach zweimaliger KZ-Haft erwirken englische Quäker seine Ausreise und verschaffen ihm eine Stelle im türkischen Wirtschaftsministerium. Der Landessprache ist er rasch mächtig, und so bringt er es zum Hochschullehrer für Kommunalpolitik. Das Gastland nimmt ihn gefangen, doch der Last der Zeit sucht er in einem Kreis zu entfliehen, den ein emigrierter Altphilologe gebildet hat: »Graeca«. Zu den »Quellen aller Weisheit« zurückzukehren und sich in griechische wie lateinische Klassiker zu versenken, bedeutet ihm höchste Erfüllung. Als er, 1949, sechzig wurde und ihm seine Mitarbeiter eine Liebhaberausgabe des Plutarch schenkten, bekannte er: Das sei das Schönste überhaupt an diesem Geburtstag.

Die Heimkehr erwies sich als schwierig. Als er via Neapel, Marseille, Paris, Hannover im November 1946 endlich in Berlin anlangte, mit der Baskenmütze als untrüglichem Erkennungszeichen, waren einige Weichen schon gestellt. Der Unabhängigkeitskampf seiner Parteifreunde und die erste Wahl, zugleich die letzte in Großberlin, hatten schon Zeichen gesetzt. Doch wohin die Stadt treiben würde, darauf hätte um die Jahreswende 46/47 niemand Wetten angenommen. Noch in Hannover war Reuter mit Franz Neumann zusammengetroffen, dem Berliner SPD-Chef, der 1946 die Partei der kommunistischen Gleichschaltung entzogen hatte, aber sonst wenig Gespür besaß für die Tragweite der Auseinandersetzung, die sich anbahnte. Es war Abneigung auf den ersten Blick, die beide verband. Nicht nur äußerlich ein bulliger Typ, ohne geistigen Anspruch und ohne weiterreichende Perspektive, verkörperte Franz Neumann jene Parteiorganisation, die sich selbst genug war und einem Reuter das Leben schwer, bisweilen sehr schwer machte. Denn der weltläufige Tribun mit dem weiten Horizont und dem starken Willen war geschaffen, eine Weltmacht in die Schranken zu fordern, aber nicht, einem Mann des Apparats den Kampf anzusagen und selbst den Parteivorsitz anzustreben. Franz Neumann, der das

18

unbedingte Vertrauen von Schumacher und Ollenhauer genoß, fand es gerade genug, dem Heimkehrer
dessen alten Stadtratsposten anzudienen. Reuter hatte
mit mehr gerechnet und wurde bei Freund und Feind
längst als Bürgermeister gehandelt. Doch zierte er
sich nicht, packte an, wo anzupacken war, und legte
sich sogleich mit den Alliierten an, den Amerikanern
vorneweg. Unsinnige Befehle gedachte er, wenn überhaupt, nur »schleppend und langsam« auszuführen.
Strom zu sparen, wo keiner war und die Menschen
schrecklich froren, sah er nicht ein und sagte es den
Besatzern frei heraus. Die Hacken zusammenzuschla-
gen, war ihm früher nicht eingefallen, und es fiel ihm
jetzt erst recht nicht ein. Nahm es wunder, daß gerade
er sich den Respekt der Amerikaner erwarb? In den
entscheidenden Stunden, da sie ihn im Harnack-Haus
in Dahlem mit dem Vorhaben der Luftbrücke vertraut
machten, antwortete er ruhig und selbstbewußt: Er
könne daran nicht recht glauben, technisch halte er
das für nicht gut möglich, »aber wir werden unseren
Weg gehen; tun Sie, was Sie tun können; wir werden
tun, wozu wir uns verpflichtet fühlen.« Allerdings
gebe es Grenzen des Widerstandes, und er wolle nicht
in die Rolle eines sinnlos kämpfenden Festungskom-
mandanten geraten. Genau diese Haltung – weder
überheblich noch unterwürfig – war gefragt, und die
Gastgeber, von der Kühnheit ihres Projekts noch selbst
benommen, verhehlten ihre Genugtuung nicht; sie
würden in Washington über einen Mann berichten,
der sage, was er wolle und nicht zuvor nach Dollars
frage. Als Reuter am 25. Juni zu General Clay gerufen
wurde und der ihn, angesichts der nahen Entscheidung, nun auch selbst befragte, ob die Bevölkerung

alle Prüfungen bestehen und zu den Alliierten halten werde, lautete die Antwort, ganze drei Jahre nach dem Zusammenbruch: »Es kann überhaupt keine Frage sein, wo die Berliner stehen; die Berliner werden für ihre Freiheit eintreten und werden jede Hilfe, die ihnen geboten wird, dankbar annehmen.«

Tags zuvor hatte er sich auf dem Hertha-Sportplatz am Gesundbrunnen Gewißheit verschafft, daß »das Volk von Berlin« ihm folge, und ausgerufen: »Nur wenn wir entschlossen sind, jedes Risiko auf uns zu nehmen, können wir ein Leben in Freiheit gewinnen, das allein lebenswert ist, ein anständiges, sauberes Leben, mag es auch arm sein, so doch ein Leben in Freiheit.« Er war überzeugt, daß Moskau sein Vorgehen genau und rücksichtslos geplant und die westliche Politik östliche Empfindlichkeiten nicht ins Kalkül zu ziehen habe. Der eigenen Partei redete er ins Gewissen: Es gehe nicht an, »wie weiland Bileams Esel ununterbrochen wie zwischen zwei Heubündeln« zu stehen und zu keinem Entschluß zu kommen. Man müsse handeln und dem Wirrwarr der Zonenwirtschaft und -mißwirtschaft im Westen ein Ende machen, wenn der Westen gedeihen und Berlin überleben solle. Das Durcheinander in der Währungsfrage, das Hin und Her von Entscheidung und Aufschub, das Rauf und Runter des Stimmungsbarometers war in den letzten Juni-Tagen einer atemraubenden Folge von Ereignissen gewichen. Am 21. laufen fabulöse Berichte von der westzonalen Währungsreform ein und Meldungen über einen Notenumtausch in der Sowjetzone. Am 22. überreicht Marschall Schukow Ferdinand Friedensburg den Befehl Nr. 111: Die neue »Klebemark« sei in allen Berliner Sektoren einzuführen. Am 23. ergehen die Gegenbefehle des amerikanischen und des britischen Stadtkommandanten, denen sich der Franzose anschließt; die Einführung der Westmarknoten mit dem »B«-Stempel steht bevor. Am 24. sperren die Sowjets die Zugangswege nach Berlin und schneiden alle sowjetzonalen Lieferungen an die »rebellischen« Westsektoren ab. Spätestens jetzt rächte sich die Nonchalance des Generals Eisenhower, der Berlin 1945 nicht mehr als »ein besonderes Ziel« angesehen und, als US-Truppen endlich einrückten, auf klare Abmachungen über den Zugang verzichtet hatte; unter dem Vorwand technischer Schwierigkeiten war er mit der Benutzung von einer Autobahn und zwei Eisenbahnlinien abgespeist worden.

Nun allerdings war General Clay, mit der Rückendeckung seines Präsidenten, entschlossen, die Berliner Position zu halten – nicht weniger, aber auch nicht mehr. Truman hatte wissen lassen: »Wir sind in Berlin, und das bleiben wir, punktum.« Seine Zustimmung zu einem Panzerdurchbruch, wie von Clay gewünscht, verweigerte Truman aber. Doch wer fragte danach. Am 30. Juni landete die erste Skymaster mit zehn Tonnen Lebensmitteln in Tempelhof, die Vorhut eines Unternehmens, dessen Höhepunkt im März 1949 erreicht sein sollte, als alle achtundvierzig Sekunden ein Rosinenbomber in der Stadt ankam. Zwei Millionen Tonnen wurden durch die Luft geschickt, darunter Bestandteile eines ganzen Kraftwerks. Die Leistung nicht nur der amerikanischen Luftwaffe war gewaltig, die Engländer beteiligten sich zu einem Drittel; die Franzosen fanden, sie seien in Indochina unabkömmlich. »Le Monde« nannte die Luftbrücke eine »amerikanische Angelegenheit«.

Die Berliner, mit kleinen und kleinsten Rationen aus-
kommend, ließen Zeichen von Defaitismus nicht erkennen. Die Durchhalte- und Aufmunterungsparolen,
die ihr Bürgermeister unermüdlich über den Rundfunk und auf Kundgebungen verbreitete, saßen: »Es
ist kalt in Berlin, aber in Sibirien ist es noch kälter.«
Oder: »Berlin ist keine russische Garnisonsstadt. Berlin ist das Stalingrad der deutschen Freiheit.« Er wußte
genau, wieviel von jedem seiner Worte abhing. Die
Kunst, sie zu wägen und einzusetzen, beherrschte er
vollkommen. Vor seiner Partei ließ er anklingen, wie er
die Auseinandersetzung auch verstand: »Ganz gleich,
wie der Kampf äußerlich gesehen ausgehen mag,
durch diesen Kampf wurde alles übertroffen, was
bisher für die Regeneration Deutschlands und seine
Einordnung in die internationale Gemeinschaft getan
wurde. In Berlin wird etwas von Deutschland abgewaschen, was abgewaschen werden, mußte.« Mitten
im Blockadewinter, in dem die Verwaltung der Stadt
stückweise auseinanderbrach, wählten die Berliner
– die West-Berliner – ihre Stadtverordneten; Reuter
und die SPD in seinem Schlepptau kamen auf satte
64,5 Prozent; die Kommunisten waren gar nicht erst
angetreten. Nun endlich übernahm der Bürgermeister sein Amt mit allen Rechten und Pflichten. Allerdings nur für den Westen der Stadt. Als Gustav Klingelhöfer ihn mahnte, daß nun die europäische Revolution, die gegen Stalin, auf der Tagesordnung stehe,
antwortete er: Der erste Straßenbahnwagen sei gerade mit Fensterglas versehen worden, dreieinhalb
Jahre nach Kriegsende. Ein anderer werde demnächst
neu angestrichen. Und wenn man großes Glück habe,
komme 1949 ein neuer Wagen aus West-Deutschland.

»Das ist, soweit ich sehen kann, der Beitrag zur europäischen Revolution.«

Als Reuter in der zweiten März-Hälfte 1949 nach Washington kam, umgab ihn die Aura des Siegers. Daß der Besuch gerade in jene kurze Zeitspanne fiel, die zwischen Ankündigung und Unterzeichnung des Nato-Vertrages lag, war einer jener symbolträchtigen Zufälle, die die Geschichte hin und wieder bereit hält. Der umworbene Bürgermeister nannte den Pakt die logische Folge der durch die sowjetische Aggressions- und Expansionspolitik herbeigeführten Spaltung der Welt in zwei Lager und hoffte, daß die Entschlossenheit des Westens zur gemeinsamen Verteidigung in Moskau verstanden würde. Doch war es ihm sehr darum zu tun, die Sache nicht nur von ihrer militärischen Seite her zu betrachten. Er mochte das Ende der Blockade gedanklich schon vorweggenommen haben, als er das Leitmotiv der nächsten Jahre anschlug: »Der Pakt ist eine Hoffnung, wenn dieses Zusammenstehen in gemeinsamer konstruktiver Arbeit in den kommenden Jahren zu einer realen Basis der Weltpolitik werden wird.« Die Amerikaner tauften ihn »Reuter von Berlin«. Er war der erste Deutsche, von dem sie wieder Notiz nehmen mochten. Das Nachrichtenmagazin »Time« widmete ihm sogar eine Titelstory.

Seit Jahresbeginn 1949 hatten die Sowjets neue Töne ausgesendet, auch ihren deutschen Statthaltern galt Berlin nun plötzlich nicht mehr als Bestandteil der sowjetischen Besatzungszone, es konnte also auch eine andere Währung haben. Doch der Bürgermeister erfuhr erst am 24. März im State Department, daß Geheimverhandlungen längst im Gange waren und Stalin es nun eilig hatte. Nach 322 Tagen ließ er am 12. Mai

1949 die Blockade aufheben. Er habe immer gelernt, Politik sei die Kunst des Möglichen, sagte Reuter, als er auf diesen Tag zurückblickte, nun müsse er korrigieren: Berlin habe ihm gezeigt, daß Politik wohl doch die Kunst des Unmöglichen sei.

Was aber macht einer, wenn das Unmögliche geschafft ist? Was tut ein Held, wenn die heldischen Zeiten vorbei sind? Daß der Mensch nicht immer unter moralischer Höchstspannung leben kann, wußte Reuter. Wußte er auch, daß der Umschlag so hart sein konnte? Und daß einmal das Unmögliche geschafft zu haben noch lange nicht hieß, es auch ein zweites Mal versuchen zu dürfen? Was ihn umtrieb, nach »dem schönsten Mai seines Lebens«, war Unmögliches. Reuter wollte sich nicht damit begnügen, daß die Westmächte blieben, wo sie nun einmal waren. Er wollte aus der siegreich überstandenen Blockade »etwas« machen und die Einheit Berlins und Deutschlands erzwingen – durch eine offensive, wie auch immer zu gestaltende Politik in Richtung Osten. Daß Stalin Krieg riskieren würde, schloß er aus, daß er vielerlei Angriffsflächen und Schwachstellen biete, dessen war er sicher.

Einstweilen ging es um Naheliegendes – die Gründung der Bundesrepublik, die mittels der Berliner Erpressung zu verhindern der Sowjetunion soeben mißlungen war. Daß Berlin der Schild sei, hinter dem sich der deutsche Westen ohne sowjetische Einmischung zusammenfinden könne, hatte Reuter mehr als einmal betont und nahegelegt, den Umkehrschluß zu ziehen: Würden die Beratungen über das Grundgesetz zu einem erfolgreichen Ende führen, wenn Berlin nicht standhielte? Reuter war ein leidenschaftlicher

Anhänger des Weststaates und insoweit mit Konrad Adenauer einig, mit dem er dennoch aneinandergeriet. Daß Berliner Vertreter an der Arbeit des Parlamentarischen Rates teilnahmen, hatte er, mühsam genug, noch durchsetzen können. Daß Berlin Bundesland wurde, schon nicht mehr; das Thema ließ ihn nicht los. Es blieb ihm unbegreiflich und nur mit wahltaktischen Überlegungen zu erklären, daß man die Alliierten nicht gehindert habe, die Direktwahl der Berliner Abgeordneten zum Bundestag zu unterbinden. Hier wie auch in gesamtdeutscher Perspektive galt ihm der Grundsatz: Man könne von den Westmächten nicht verlangen, was die Deutschen nicht selber wollten. Ob er je überlegt hat, warum Amerikaner und Engländer gehalten sein sollten, ihr Verhältnis zur Sowjetunion nach Maßgabe deutscher Interessen zu bestimmen? Es ist nicht bezeugt.

Reuter war kein Mann des Alles oder Nichts, und mit dem Kopf durch die Wand wollte er schon gar nicht. Doch geriet er an den Rand der Verzweiflung, wenn einmal Erreichtes wieder aufs Spiel gesetzt wurde. Daß Berlin die Gesetze, die der Bundestag, gleich mit welcher Mehrheit und gleich welchen Inhalts, übernahm, erschien ihm selbstverständlich; als Bundesland – das es nach deutschem Recht war – hätte es darüber auch nicht zu befinden. Seine Parteifreunde sahen es anders und wollten Berliner Errungenschaften – Einheitsschule und Einheitsversicherung – bewahren und die Anpassung an das bundesdeutsche Beamtenrecht verhindern. Welch prinzipielle Auseinandersetzung, und wie kleinlich wurde sie geführt! Die Stimmung in der Stadt, durch hohe Arbeitslosigkeit schlecht genug, sackte ab; die Menschen wollten teilhaben am westlichen Wirtschaftsaufschwung und es sich mit den Mächtigen in Bonn nicht verderben. Im Urnengang vom Dezember 1950 bekam die SPD die Quittung – minus zweihunderttausend Stimmen und nur noch 44,7 Prozent. Als die Berliner merkten, daß Reuter ohne Mehrheit war, rieben sie sich die Augen; so hatten sie's nun doch nicht gemeint.

In der Wahl durch das Abgeordnetenhaus – zwischenzeitlich war die Berliner Verfassung überarbeitet worden, und die Institutionen hatten neue Namen bekommen – gingen Reuter und Walther Schreiber, der frühere Preußenminister und Kandidat der »bürgerlichen« Parteien, die fünf Mandate mehr hatten, stimmengleich durchs Ziel. Einen Losentscheid wollte niemand, und so verzichtete der Christdemokrat. Als der Regierende Bürgermeister neu zu wählen war, versagte eine stattliche Zahl sozialdemokratischer Abgeordneter Reuter, der nun der einzige Kandidat war, die Gefolgschaft; Franz Neumann und die Seinen strebten in die Opposition. Für Reuter war das so ungefähr das letzte, was Berlin brauchte; er konnte sich die Stadt nicht anders als von einer breiten Mehrheit regiert vorstellen und tat das Menschenmögliche, um die Allparteien-Koalition über die Runden zu bringen.

Sage noch einer, erst das Viermächte-Abkommen von 1972 habe die inneren Konflikte freigesetzt. Die »Frankfurter Allgemeine« sorgte sich schon zwanzig Jahre früher um »Reuter in Gefahr« und erkannte: »Man hat die latenten Krisen bisher überbrückt durch die Idee der Front- und Kampfgemeinschaft, die die Berliner Situation nahelegt; daß sich der offene Ausbruch über Fragen der Beamtenpolitik, der Sozial- und

26

Schulgesetzgebung jetzt nicht mehr vermeiden läßt, beweist, daß sich echte Gegensätze auf die Dauer nicht zugunsten einer Solidarität nach außen einfach verdrängen lassen.« Im selben Jahr widerfuhr Reuter die Genugtuung, daß der Bundestag die Einbeziehung von Berlin (West) in das westdeutsche Rechts- und Finanzsystem umfassend regelte; der Übernahme der Bundesgesetze durch das Berliner Parlament würden nun keine Steine mehr in den Weg gelegt werden. Es war das Mindestmaß an Bindungen, die Reuter sich wünschte und die er brauchte, um sich seine Idee von Berlin zu bewahren. Berlin als »Pfahl im Fleisch« der Sowjetzone. Berlin als »Klinke, mit der die Tür nach dem Osten aufgestoßen werden kann«.

Reuter, der angelernte Preuße, war rasch dahintergekommen, daß Adenauer, der geborene Rheinländer, es mit der alten Hauptstadt so genau wie er selbst nicht nehmen wollte und bereit war, für die Gründung des deutschen Weststaates und dessen Einbindung in die westliche Welt einen Preis zu zahlen und gesamtdeutschen Versuchungen zu widerstehen. Schon die Wahl Bonns zur Hauptstadt hatte Reuter aufgeregt. Nicht, daß er für Frankfurt gewesen wäre, das fand er zu bedeutend und damit zu endgültig, nein, ihm schwebte eine Residenz nahe der Zonengrenze vor, Kassel zum Beispiel. Der Verdacht, dem Bundeskanzler gehe der Spürsinn für östliche Möglichkeiten ab und diese erfüllten ihn sogar mit Angst, lastete schwer auf des Bürgermeisters Seele. Beide, Adenauer wie Reuter, wollten, daß der Westen stark sei. Doch Reuter war es darum zu tun, daß aus der Position der Stärke heraus der Westen eine aktive, eine drängende und bedrängende Ostpolitik betreibe. Die Sowjetunion müsse doch einmal ausspucken, was sie nicht verdauen könne. Warum also nicht nachhelfen? Warum die Initiativen immer nur den Kommunisten überlassen? Und diese nicht einmal prüfen? Daß die Stalin-Noten nicht einmal ernsthaft geprüft wurden und die Lage nach Stalins Tod niemand durchleuchten mochte, trieb ihn um. Und wie niederdrückend erst empfand er den 17. Juni 1953 und die Tage, die folgten und an denen nichts geschah. Daß zum erstenmal der Ostsektor komplett abgeriegelt wurde und die Sowjets in ihrem Machtbereich tun konnten, was zu tun sie allein für richtig befanden, gipfelte in dem Gefühl schwerer Versäumnisse, von dem er längst erfüllt war: »Was wir hier in Berlin und was wir in der Ostzone erleben, ist eine Mahnung, ist ein Fanal für die ganze freie Welt, die nun endlich begreifen muß, daß sie aus ihrem Zaudern, aus ihrem Nichthandeln, aus ihrem Nichtzusammenkommen, aus ihrem Nichtübereinstimmen heraus muß und daß sie politisch aktiv werden und auf der Bühne erscheinen muß.«

Schon im März 1951, auf einer großen Kundgebung unter dem Funkturm, hatte er von der freien Welt verlangt, »die Mauer zwischen West- und Ostdeutschland niederzureißen«; er sagte: »Mauer«! Und wenn's so gekommen wäre, was schwebte ihm vor? Die Einheit in Freiheit und kein Neutralismus, weder im Innern noch im Äußern. Ein starkes Deutschland nicht innerhalb, doch »an der Seite« des Westens. Daß ein solches Deutschland seinen Nachbarn unheimlich werden und es neuerlich in Versuchung geführt werden könnte, ahnte er wohl nicht einmal. Anders als Adenauer war ihm das Mißtrauen der Welt keine Realität, und den Abgründen der deutschen Geschichte zu entkommen, kein Bedürfnis; er wußte um keine Abgründe und kannte keine »Deutsche Frage«. Wie andere Emigranten auch hatte er sich ein kindlich-naives Verhältnis zu Deutschland und seiner Geschichte über die Zeit gerettet. Daß er während der Blockade so kühn und so stark und auch so fordernd gewesen war, hatte es nicht auch damit zu tun? Doch nachher, als es um anderes ging und nicht mehr um die Behauptung, drängte ihn seine nationale Selbstgewißheit an den Rand des Geschehens. Als Ernst Reuter starb, kurierte Adenauer auf der Bühlerhöhe irgend etwas aus und begnügte sich mit einem schönen Beileidsschreiben an den SPD-Vorsitzenden Ollenhauer. Ein symbolischer Zufall, daß er in der großen Runde der Trauernden fehlte?

Noch bis zuletzt tröstete Reuter sich damit, daß nur die Politik anders werden müsse, zumal in Bonn, und der Wandel erzwungen werde. An Adenauers Wahlsieg vom September 1953 aber zerbrach der Trost. Denn was war das Ja zu einer Westpolitik, der jede östliche Komponente fehlte, anderes als das Eingeständnis, daß die Einheit kein Thema, schon gar kein vorrangiges, war und Wiederaufbau weit vor Wiedervereinigung rangierte? Vor den Führungsgremien seiner Partei hielt Reuter eine – gemessen an den Tönen, die dort üblich waren – scharfe Rede und geißelte die sozialdemokratische Art, immer den jeweils nächsten Unter- und jedenfalls Niedergang zu prophezeien, wo doch jeder merke, daß es aufwärtsgehe. Wer immer nur sage, wogegen er sei, und nie, wofür, der solle sich über solche Wahlausgänge nicht wundern. Reuter hatte nicht viel zu verlieren, in der SPD-Führung war er nach Schumachers Tod sowenig gelitten wie zuvor; als die Partei 1952 ihren neuen Vorsitzenden zu wählen hatte, war er nicht einmal ins Gespräch gebracht worden. Woher diese Fremdheit? Nur weil der populäre Bürgermeister mit dem optimistischen Grundzug und dem verbindlichen Wesen, der seine Rede jedem Publikum anzupassen wußte, aus so völlig anderem Holz geschnitzt gewesen wäre?

Reuter trennte von Kurt Schumacher anderes als von Adenauer, aber ebensoviel. Der unerbittliche Parteichef hatte für den Bürgermeister, der nicht daran dachte, sich unterzuordnen, wenig übrig und nannte ihn nur den »Präfekt von Berlin«. Erich Ollenhauer, sein Stellvertreter und Nachfolger, brachte es fertig, - Reuter mitten in der Blockade und vor dem öffentlichen Forum eines Landesparteitages zu fragen, ob man sich »unbedingt noch amerikanischer gebärden muß als die Amerikaner«. Schumacher, der Grenzlanddeutsche von der Weichsel, der mit dem Begriff vom Westen nichts anzufangen wußte, strebte nach der Einheit, doch es war ihm um eine sozialistische zu tun, und er wollte sie ohne feste Westbindung. Anders als Reuter hielt er die Integration der Bundesrepublik in die kulturelle, wirtschaftliche und militärische Gemeinschaft des Westens für das Hindernis auf dem Wege zur Einheit. Auf dem Hamburger Parteitag 1950, als der deutsche Beitritt zum Europarat abgelehnt wurde, hatte ein kleiner Teil der Berliner Delegierten aufgemuckt – ohne Reuter, der vorzeitig abgereist war. Innerparteiliche Machtkämpfe waren ihm auf Bundesebene so verhaßt wie in Berlin. Wo Reuter stand, wußte jeder, doch traute man sich an ihn nicht ran, und ein anderer mußte für die Unbotmäßigkeiten büßen; Schumacher und Ollenhauer sorgten dafür, daß der Bremer Kol lege und Gesinnungsfreund, Wilhelm Kaisen, aus dem Parteivorstand hinausbefördert wurde.

Über dem großen nationalen hatte Reuter den kleinen kommunalen Kampf nicht vergessen. Er kam aus der Kommunalpolitik, und sie hatte auch nicht aufgehört, ihn zu fesseln, schon gar nicht unter den besonderen Berliner Vorzeichen. Allein die Berlin-Hilfe zum Tröpfeln zu bringen, kostete unermüdlichen Einsatz; ohne eine westliche Blutübertragung war ans Überleben ja nicht zu denken. Und wie auch hätten ihm die tägliche und die alltägliche Arbeit nicht Verpflichtung sein sollen, da ihm das Vertrauen der Berliner erhalten blieb? Vertrauen, aus dem Zuneigung erwuchs. Als er 1952 seinen Eröffnungsrundgang durch die Grüne Woche machte und zum erstenmal ohne Baskenmütze und mit regelrechtem Hut in der Öffentlichkeit erschien, hielten Arbeiter, die noch letzte Hand anlegten, inne: »Jehaltszulage jekriecht? Hut jekooft, wat?«

In die Stadt zu holen, was zu holen war, schien ihm jede Anstrengung wert. Sie wieder zur Kulturmetropole zu machen und zu einem Brennpunkt europäischer Kunst, hielt er für lebenswichtig. Als im September 1951 das Schillertheater wiedererrichtet war, als Heuss sprach und Furtwängler dirigierte, war er glücklich und stolz. Als Politiker sei er verpflichtet, gegen die Gefahren der Restauration anzukämpfen, sagte er in seiner Festwochen-Rede 1953 und gestand, daß ihn auf dem Gebiet der Kultur manchmal eine »restaurative Sehnsucht« ankomme, er bitte zu verstehen ... Sein liebstes Kind aber war und blieb die Freie Universität. Als er 1953 die Mensa eröffnete, begann er in freier Rede mit einer Hommage an Friedrich Meinecke, den ersten Rektor, und endete mit diesem Bekenntnis: »Wenn ich an gar nichts anderem gearbeitet hätte als daran, daß wir für unser freies Berlin eine freie Forschungs- und Lehrstätte geschaffen haben, würde ich absolut zufrieden sein mit dem, was ich persönlich hinter mich gebracht habe.« Das war ein halbes Jahr vor seinem Tod.

Am 25. September war er in Hamburg zum Städtetag, dessen Präsident er war. Wilhelm Mellies, seines Zeichens stellvertretender Parteivorsitzender, fing ihn ab und stellte ihn zur Rede – wegen seines Auftritts vor den Führungsgremien. Seit dem Tage seiner Heimkehr, im Winter 1946, hatte er über seine physischen Kräfte gelebt. Nun war er müde, und er war zermürbt. Das Herz wollte nicht mehr. Nicht daß er Ursache und Wirkung verwechselt hätte, die Stimmung der westdeutschen Bevölkerung, die ihm die Seele beschwerte, mit der Kleingeisterei von Funktionären. Aber es kam nun eben eines zum anderen. Die »Götterdämmerung«, der er, von Hamburg nach Hause zurückgekehrt, beiwohnte, riß ihn noch einmal hoch. Ein letztes Mal.

Am Abend des 29. September 1953 unterbricht Rias Berlin sein Programm. Reuter ist tot. In der Stadt, wie von Geisterhand gezogen, leeren sich die Lokale, und überall in den Fenstern brennen Kerzen. Am 3. Oktober erweisen ihm Hunderttausende, Beobachter sagen, eine ganze Stadt, die letzte Ehre. Den Sarg schmückt die Fahne mit dem Berliner Bären und – des Bürgermeisters Baskenmütze.

Die Linke und die Einheit
Unwägbarkeiten der deutschen Geschichte

Der SPD-Führung ist die Demonstration 800 000 Mark wert. Soviel nämlich kostet die Verlegung des Parteitages nach Berlin (West). Doch damit nicht genug des Tributs, der der deutschen Frage gezollt wird. Die Beratung über das neue Programm erhält einen deutschlandpolitischen Vorlauf am Tage, nachdem die Sozialistische Einheitspartei in Berlin (Ost) ihr vorläufiges Schicksal besiegelt hat; mit dem ersten Sonderparteitag in ihrer Geschichte wird der Anfang vom Ende der aus Zwang erwachsenen SED eingeläutet sein. Ob die räumliche und zeitliche Nähe beider Kongresse zu nationalem und ideologischem Brückenschlag einlädt? Ob jenes verwandtschaftliche Band aufgeknüpft wird, das mit soviel Leid und Opfer durchwirkt ist? Oder bleibt weiterhin vergessen, wie 1946 eine dreiviertel Million Sozialdemokraten erst verführt, dann vergewaltigt und schließlich in die SED verwiesen wurden?

Die Entschließung, die die SPD in Berlin fassen wird, inspiriert und entwirft Egon Bahr. Längst nicht unumstritten, gibt er doch weiterhin den Ton an – weit über die eigene Partei hinaus. Gegenpositionen mit Aussicht auf Echo zeichnen sich nicht ab. So läßt sich vorhersagen, daß die Zweistaatlichkeit fest- und die Nichteinmischung in die Angelegenheiten der DDR großgeschrieben wird. Einheit, so der Befund, stelle sich auch auf diese Weise her, und nationales Bewußtsein gelte es dadurch zu untermauern, daß alliierte Besatzungsrechte abgebaut und beide deutsche Staaten souverän würden. Die Forderung nach je einem Friedensvertrag liegt in der Logik dieses Kurses. Egon Bahr und Günter Gaus, erster Ständiger Vertreter in der DDR, stehen in dem Ruf, »kleine Metternichs« zu sein. Beide verkehrten gern und oft mit den einst Mächtigen der SED, nicht weil sie kommunistenfreundlich gewesen wären, sondern in Kategorien hoher Diplomatie denken und Politik für eine Sache der Kabinette halten. Daß auf diesem Wege auch Nutzen gestiftet und der einvernehmliche deutsche Auftritt bei den Wiener Abrüstungsverhandlungen vorbereitet wurde, sei vermerkt.

Konnte ausbleiben, daß die Kontaktfreude sich verselbständigte und einherging mit der Neigung derer, die in der DDR zwar keine gesellschaftliche Alternative suchten, aber Defizite in ihr aufgehoben fanden? Defizite, die im deutschen Westen ausgemacht wurden. Vom »Diktat des Profits und der Unternehmerherrschaft« (Steinkühler), der »Macht des großen Kapitals« (Schmude), der »Ellbogengesellschaft« (Momper) und der vielfach beklagten »sozialen Kälte« ist der Glaube nicht weit, daß etwas Drittes her müsse, etwas, das den Auswüchsen beider Systeme den Boden entziehe und den Namen des wahren, des nun hüben wie drüben beschworenen humanen Sozialismus verdiene. Wie einer die DDR deutet, ob sie bleiben oder – auf welchem langen Weg auch immer – angeschlossen werden soll, hängt von jener Brille ab, durch die er die bundesrepublikanische Demokratie sieht. Denn daß ein dritter Weg gesamtdeutsch beschritten werde, ist kein Glaubensinhalt mehr; die Anziehungskraft des Westens ist offensichtlich und manch einem unheimlich geworden. Die gesamtdeutsche Losung, einst eine antikapitalistische Zuflucht der Linken, gehört der Vergangenheit an.

Woher die selbstquälerische Angst vor Ratschlägen und Maßstäben? Woher die selbstzweiflerische Manie, dem Ruf nach Reform drüben den nach Reform hüben hinterherzuschicken? Das Selbstverständnis der Linken schließt Stolz auf die deutsche Nachkriegsdemokratie nicht ein, und die Bundesrepublik als die Antwort zu verstehen, die aus dem Abgrund der deutschen Geschichte hinausgeführt hat, käme ihr nicht in den Sinn. Anders gewendet: Die Zweistaatlichkeit gilt heute als Strafe für alles, was Deutschland der Welt angetan hat. Tatsächliche oder vermeintliche Vorbehalte der Nachbarn, naher und ferner, werden so oft strapaziert, daß man sich an ein Wort Churchills erinnert fühlt; er hatte gefunden, man habe die Deutschen entweder an der Gurgel oder an den Füßen. Wer Selbstbestimmung auch den Deutschen zugesteht, müßte die Einheit als nahezu selbstverständlich einrechnen, und im übrigen sich der Erfahrung stellen, daß sie sich täglich vollzieht – diesseits aller diplomatischen Finessen und ideologischen Träume.

Die Schwierigkeiten im Umgang mit der Nation sind älter als deren nazistische Epoche. Zweifel und Zwiespalt reichen weit zurück und waren der deutschen Arbeiterbewegung in die Wiege gelegt, vor allem weil ihr der Platz am Tisch der Nation verwehrt wurde. Ferdinand Lassalle hatte Sinn für Macht gehabt und auf die preußisch bestimmte Reichseinheit gesetzt. Aber er duellierte sich beizeiten zu Tode; daß er nicht der Führer sein würde, nach dem man verlangt, mag er geahnt haben. August Bebel, 1866 österreichisch gesonnen, verlieh der jungen Partei jenes Doppelgesicht, das sie sich bis in den Ersten Weltkrieg hinein bewahrte. Den Zusammenbruch des Systems vorherzusagen, ihm folglich »keinen Mann und keinen Groschen« zu gewähren, und doch zu versichern, die SPD werde »das Vaterland« immer verteidigen helfen, dieses Wechselspiel von Flucht und Identifikation löste sich am 4. August 1914 nur scheinbar auf. Die Kriegskredite zu bewilligen, verstand sich, mangels Alternative, von selbst und führte doch zu neuer Verwirrung, weil man sich von Abläufen und Stimmungen überrollt fand und Demokratie und Nation auch jetzt nicht auf den Begriff gebracht wurden. Ludwig Frank, der badische Parteiführer, der beides verkörperte, meldete sich vom Reichstag aus freiwillig an die Front. Er wollte zeigen, daß das Ja zu den Krediten nicht taktisch bedingt gewesen sei, sondern es den Sozialdemokraten »mit der Pflicht zur Verteidigung der Heimat bitter ernst ist«.

Ludwig Frank, der das Zeug, aber nicht die Chance hatte, Bebel nachzufolgen, begründete eine Tradition, die der deutschen Linken fremd blieb und ihr vielleicht gar nicht zuzurechnen ist. Als die Weimarer Republik zu verenden begann, führte die nationale Blutleere von Partei, Gewerkschaft und deren intellektuellem Umfeld einen »rechten« Flügel zusammen, der die Linke an die Nation zu binden suchte – vergebens. Julius Leber beschwor noch 1933 einen Nationalismus, der jedem Volk lasse, »was ihm von Rechts wegen zukommt« und »mit den hohen Bestrebungen, Verständigung, Frieden und Freiheit zwischen allen Völkern, groß wie klein, herbeizuführen«, trefflich zu vereinbaren sei. Hätte er überlebt, er hätte wieder gesagt: »Zertreten wir ... den Zweifel, den die Vergangenheit in uns legen könnte«. Daß die führenden Männer dieses Kreises den Weg in den Widerstand suchten, war von todbringender Konsequenz. Für die deutsche Nachkriegsdemokratie wiegt ihr Beispiel schwer, sehr schwer. Warum ist es in der Linken nicht lebendig? Warum ist das Bekenntnis versunken, das Theodor Haubach, hingerichtet im Januar 1945, inmitten der zwanziger Jahre ablegte? »Für ein neues Deutschland oder für nichts. Es gibt kein Drittes! Dieses neue Deutschland ist noch nicht da, aber es wird, und wir kämpfen um sein Werden. Und wenn wir für Deutschland kämpfen, dann kämpfen wir für ein neues Europa.« Haubach kam in der Linken der Weimarer Jahre so wenig nach oben wie einer, der sich seinem Erbe sähe, in der Bundesrepublik nach oben käme.

Klaus von Dohnanyi, dessen Vater zu den Verschwörern des 20. Juli gehörte und noch am 8. April 1945 umgebracht wurde, hat in diesen Tagen zu Papier gebracht, was er – ohne Echo – auch schon vor den Führungsgremien seiner Partei äußerte. Er spießt jene »Position der angeblichen politischen Vernunft« auf, die das Thema einer staatlichen Vereinigung »in der politischen Dunkelkammer« verstecken möchte – als »gefährliches Wiedervereinigungsgerede«; Günter Grass sprach, der F.A.Z. gegenüber, von »Wiedervereinigungsgeschrei«. Der Außenseiter, der Dohnanyi schon war, als er noch nicht privatisierte, legt jene innere Dynamik frei, die vom Bankrott des Kommunismus und der SED über Selbstbestimmung und freie

Wahlen hin zur Einheit führt. Er schlägt den Bogen von einer wissenschaftlich-technischen Gesellschaft über Privateigentum und Markt hin zu Demokratie und Nation, und huldigt im übrigen dem schönen Glauben, der Linken rasch etwas beibringen zu können.

Die Linke und die Historiker, die sich ihr verpflichtet fühlen, haben sich immer schwer getan, die großen Wechselfälle der Geschichte zu begreifen, die sozialen und seelischen Bruchstellen im Leben der Völker und der Menschen auszuloten und sich vorzustellen, daß im Gang der Ereignisse auch in Zukunft Sprünge gemacht werden und Neues hervorbricht. Analogien und Gesetze der Geschichte hat die Linke noch nie auseinanderzuhalten vermocht, sie wird es auch künftig nicht tun und immer hochrechnen, was ist und sich in vorgefertigte Muster fügt. So besteht einer ihrer Irrtümer auch darin, von den aktuellen Oppositionsgruppen in der DDR auf die Stimmung der Bevölkerung insgesamt zu schließen. Dabei decken sie nur einen Teil ab – das eher grün-alternativ und basisdemokratisch ausgerichtete Spektrum – und sprechen nicht für die Millionen, die sich in westlichen Kaufhäusern oder Fußballstadien tummeln und von denen niemand sagen kann, wohin sie sich in freien Wahlen wenden werden.

So werden auch in der Diskussion der deutschen Frage Formeln wiederholt, über die die Zeit hinweggegangen ist; wer wollte noch zwischen Freiheit und Einheit wählen wollen? Es werden Feststellungen getroffen, die von nutzloser Richtigkeit sind; wer wollte nicht Rücksicht nehmen auf die Welt um uns herum? Und wer nicht zugeben, daß sich das russische Sicherheitsinteresse mit deutscher Einheit vorerst nicht verträgt? Den einen Nenner gibt es weder in vergangenem noch in gegenwärtigem Leben, und Widersprüche löst nur auf, wer selbst weiß, was er will. Es werden schließlich Fronten aufgerissen, die mit Glück und Verstand in den vergangenen Jahrzehnten zugeschüttet worden sind. Die deutsche Einheit gegen die europäische Integration ausspielen zu wollen, hieße viele Räder zurückdrehen und dem eigenen Wohlstand den Boden entziehen.

Klaus von Dohnanyi meint, die Linke von der Wiederholung eines folgenschweren Fehlers warnen zu sollen. Das Nein zur sozialen Marktwirtschaft habe sie auf lange Zeit die Mehrheit gekostet, das Nein zur deutschen Nation werde sie aufs neue von der Macht verbannen. Handelt es sich tatsächlich nur um Fehler? Irrtümer, die korrigiert werden könnten? Kaum. Von der Linken wird etwas verlangt, was sie 1948 nicht leisten konnte und vierzig Jahre später nicht leisten kann – Einsicht zu nehmen in die Unwägbarkeiten der Volksseele.

Die Einheit zerfällt,
der Traum zerrinnt

Reform sollte sein, und Stabilität auch. Daß die DDR einen eigenen Weg finde und eine eigene Identität und im übrigen die Nachkriegsordnung nicht durcheinandergerate, war nicht nur die Hoffnung von Parteigängern. Landauf, landab, rechts, links, in der Mitte – lauter verschiedene Motive und lauter gleiche Meinungen: Anders als in anderen Teilen der Welt seien Ratschläge und Einmischung nicht opportun. Die Reform werde die Stabilität schon richten. Doch die Quadratur des Kreises hat die Geschichte bis heute nicht vorgesehen, und vom Reißbrett aus wird sie sich auch in Zukunft nicht machen lassen. Was meint Reform, wenn der Grund nicht trägt? Und wieviel ist die Stabilität eines Unrechtsstaates wert? Meinungsfreiheit und Machtmonopol gehen ebensowenig zusammen wie Pluralität und Einparteienherrschaft. Und Gewalten zu teilen, ohne Gewalt zu untergraben, ist auch nicht möglich. Die SED mag sich mit eigenem Geschick und fremder Geduld dem Druck eine Weile entziehen, standhalten kann sie nicht. Die demokratische Eigendynamik wird endlich doch auseinanderreißen, was am 21. April 1946 zusammengezwängt wurde. Mit der Gewalt russischer Besatzer und der Gefügigkeit deutscher Kommunisten. Mit der Gutgläubigkeit eines Teils der ostzonalen Sozialdemokra-

40

ten und der Genügsamkeit – resignativ oder sentimental – eines anderen. Der Widerstand vieler einzelner war opferreich und konnte, jenseits des moralischen Beispiels, nur dort Wirkung tun, wo Amerikaner und Engländer sich noch nicht als Schutzmächte begriffen, aber ihre Anwesenheit hinreichte, um freien Parteien freie Entfaltung zu gewähren: in den Westsektoren von Groß-Berlin.

Noch zehn Tage vor dem Vollzug der Einheit hatte Otto Grotewohl, der sozialdemokratische Vollstrecker, dem Labour-Abgeordneten Stokes anvertraut: »Die Unabhängigkeit der SPD in der Ostzone ist deshalb verlorengegangen, weil die Westmächte nicht bereit waren, ihr mehr als nur verbale Unterstützung zukommen zu lassen.« Ähnlich schweres Geschütz fuhr er auf, als er schon vier Wochen lang einer der beiden SED-Vorsitzenden war und mit amerikanischen Diplomaten zusammentraf; die Akten der amerikanischen und britischen Militärregierungen und der Auswärtigen Ämter erhellen, wie einer Schuld ablädt, der Schuld auf sich geladen hat. Otto Grotewohl war ein treuer Genosse von trauriger Gestalt und zählte zu jener Sorte Mensch, die die Faust im Nacken spüren müssen, um zu einem Entschluß zu kommen. Wie hätten die Westmächte 1946 etwas tun sollen, was sie weder 1953 noch 1961 noch sonst irgendwann taten?

Sich nicht in die inneren Belange der anderen Besatzungsgebiete einzumischen, war das ungeschriebene Gesetz des Kalten Krieges, noch bevor dieser Form angenommen hatte. Als der amerikanische Botschafter Robert Murphy im Februar 1946 von einem seiner Beamten auf das Unheil hingewiesen wurde, das sich in der Sowjetzone zusammenbraute, antwortete er: »Strictly, hands off!« Im Jahr darauf begleitete er den kommunistischen Zugriff auf die damals noch einheitliche Berliner Stadtverwaltung mit dem lakonischen Hinweis: Dies sei nur »die voraussehbare Konsequenz der unüberlegten Entscheidung, Berlin durch die Rote Armee erobern zu lassen.«

An jenem 21. April, dem Ostersonntag des Jahres 1946, übertönte Beethovens Leonoren-Ouvertüre Nr. 3 das Stöhnen derer, die sich aufgebäumt hatten gegen die Verführung und Vergewaltigung der Sozialdemokratischen Partei. Sie saßen in den Gefängnissen oder in den Konzentrationslagern von Sachsenhausen und Buchenwald, die von den Nazis zu übernehmen die Sowjets praktisch gefunden hatten. Jahre später bezifferte man in der Bundesrepublik die noch vor der Einheit verfolgten Sozialdemokraten auf zwanzigtausend. Und wie viele andere zählten ihre Tage, bis auch sie an der Reihe wären. Einer von ihnen: Willi Jesse aus Rostock, seit 1912 in der Arbeiterjugend, seit 1915 in der SPD, seit 1926 deren Sekretär. Im Dritten Reich nahm er Verbindung mit Julius Leber auf, seinem einstigen Lübecker Nachbarn; nach gelungenem Attentat sollte Jesse Zivilgouverneur für Mecklenburg werden. Als statt dessen die Gestapo erschien, entkam er durch den Hinterausgang, und es gelang ihm eines der abenteuerlichsten Fluchtunternehmen der Nazizeit, das über Kopenhagen nach Stockholm führte. Zum frühestmöglichen Zeitpunkt war Jesse 1945 zurück. Er stürzte sich in die Arbeit, den Wiederaufbau der Partei, und wurde den Besatzern einer der bestgehaßten Widersacher. Jesse war – nach vollzogener Einheit – gerade dabei, die Mitgliederlisten und Parteipapiere zu vernichten, als er von zwei Russen in Zivil ab-

gefangen wurde. Willi Jesse durchlitt vier Jahre soge-
nannter U-Haft in ostzonalen Anstalten, ohne Anklage,
ohne Kontakt zur Außenwelt, und – nach einem Fern-
urteil in Moskau – vier weitere Jahre sibirischer Zwangs-
arbeit. Er war nicht der einzige, der diesen Weg ging.

Mit Beethoven war das Leid charakterstarker Ver-
einigungsgegner überspielt worden. Aber mit Beethoven hatte der Parteitag – zur Eröffnung am 20. April
war die Neunte erklungen – auch und vor allem jener
Hochstimmung Ausdruck gegeben, die die 507 kommunistischen und die 548 sozialdemokratischen Delegierten erfüllte. Als sich Otto Grotewohl und KP-
Chef Wilhelm Pieck zu jenem Händedruck trafen, der
seither das Wappen der SED ziert, rief der Führer der
Ostzonen-SPD aus: »Ein alter Traum ist Wirklichkeit
geworden: die Einheit der deutschen Arbeiterklasse.«
Trotz allen Verderbens, das zwischen den feindlichen
Brüdern lag, war dieser Traum nie ausgeträumt worden. 1945 hatte sich herausgestellt, wie groß die Macht
war, die er über die Arbeiterbewegung hatte. Wär's
anders gewesen, der Händedruck des 21. April 1946
hätte nie stattgefunden. So war noch im Buchenwal-
der Manifest eine »sozialistische Volksrepublik« skiz-
ziert worden, und die dreiunddreißig sozialdemokratischen Häftlinge, die es verkündeten, hatten gefolgert,
daß zu ihrer Verwirklichung »die Einheit der sozialistischen Bewegung unerläßlich sei«. Nirgendwo tra-
ten die Sehnsüchte reiner hervor als in diesem Dokument, das aus soviel Schmerz geboren war. Einer der
Mitunterzeichner, Ernst Thape, Minister in der Provinz Sachsen, der sich bald um alle Hoffnung betrogen
sehen sollte, erklärte am 1. Dezember 1945 auf einer
SPD-Konferenz: Es gehe nicht mehr um das Ob, son-

dern nur noch um das Wie. Denn »so schlecht, wie das deutsche Bürgertum es gemacht hat, können wir es gar nicht machen«. Daß Hitler 1933 nicht an die Macht gekommen wäre, wenn die Arbeiterparteien sich zusammengetan hätten, lautete bei Kriegsende die Bilanz, die in der Sozialdemokratie aufgemacht wurde. In Leipzig und sonstwo befand man über den Bruderkampf mit den Kommunisten: »Beide sind wir schuldig.« Der Glaube versetzte Berge. Berge besseren Wissens. Mit der Auflösung der Komintern 1943, so der Befund, sei das Hindernis auf dem Weg zur Einheit hinweggeräumt. Warum war der Rest Vergessen? Der Verratsvorwurf nach 1919; die Sache mit dem Sozialfaschismus vor 1933; die Moskauer Prozesse, zu denen die KP geschwiegen, und der Hitler-Stalin-Pakt, den sie gebilligt hatte. Warum wurde das Trennende in zufälligen Abirrungen ausgemacht und nicht in der totalitären Versuchung, der die erlegen waren, die vom Himmel auf Erden nicht nur träumen wollten?

Die Suche nach der Antwort führt tief hinein in die Seele der Sozialdemokratie und weit zurück in ihre Geschichte. Zwischen den Konterfeis von Marx und Engels prangte über der Parteitagsbühne im Berliner Admiralspalast das von August Bebel. Ihm hatten beide Parteien im Vorfeld eine große Gedenkveranstaltung gewidmet. Und als die Hände gedrückt waren, kletterte ein alter Genosse aus Leipzig auf die Bühne und überreichte Grotewohl und Pieck, die die SED gemeinsam führen würden, jenen Stock Bebels, den dieser selbst gedrechselt und mit dem er 1891 den Erfurter Parteitag dirigiert hatte.

Bebel allein personifizierte die Einheit der Arbeiterbewegung, und er allein symbolisierte die soziali-

44

stische Utopie auf eine Weise, daß beide Seiten sich ihr verschreiben konnten. Er bot viele Anknüpfungspunkte. War es nicht auch ihm darum zu tun gewesen, sich gegen die bürgerlich-parlamentarische Demokratie des Westens abzusetzen? Mit dem Westen würde man den Kapitalismus wählen, so lautete die eingängige Formel nicht nur in der ostzonalen SPD. In seinem Antikapitalismus ließ sich gerade Kurt Schumacher von niemandem übertreffen. Nur daß er nicht, wie Grotewohl, der SPD eine Vermittlerrolle zwischen West und Ost zuwies. Schumacher wollte die Nachkriegs-SPD wie das Nachkriegsdeutschland abgegrenzt wissen gegen Ost und gegen West. Sein Antikommunismus war strikt und zeitlos. Daß die westzonale SPD von Einheitsträumen fast nicht heimgesucht wurde, war seiner harten Hand zu verdanken.

Die sozialdemokratische Werbung um die kommunistische Bruderliebe hatte im April 1945 eingesetzt, brieflich und besuchsweise. Doch Grotewohl, Gniffke, Fechner, Dahrendorf und all die anderen, die sich mühten, wurden nicht erhört. Sie wunderten sich, als die KP erst einmal selbst ins Leben zu treten gedachte und auf diese Weise zur Nachahmung zwang. Die SPD als eigenständige Partei wiederzugründen, hatte nicht in ihrer ursprünglichen Absicht gelegen. Am 12. Juni 1945 war Gustav Dahrendorf, ehedem Reichstagsabgeordneter und Mann des 20. Juli, in einer überwiegend von Kommunisten beschickten Versammlung erschienen und hatte ausgerufen: »Die neue Sozialdemokratische Partei verbindet nichts mit der letzten Phase der politischen Praxis der alten Sozialdemokratischen Partei.« Der neuen Linie stehe voran: »Die SPD will die politische und, wenn es geht, die organisatorische Einheit der Werktätigen.« Die neue Demokratie solle nichts mit der alten Weimarer gemein haben, und der Platz des neuen Deutschland sei »nur an der Seite der Sowjetunion und der Alliierten«. Walter Ulbricht, der ihm antwortete, hielt es nicht für nötig, auf das Angebot einer gemeinsamen Arbeiterpartei auch nur einzugehen. In einer Funktionärsversammlung am 25. Juni ergänzte Ulbricht: »Es geht jetzt nicht um den Sozialismus.« Die Sozialdemokraten wunderten sich noch einmal, als die Gründungsproklamationen der KP eher bürgerlich ausfielen und zum eigenen sozialistischen Wollen in scharfem Kontrast standen.

Konnte es anders sein, als daß die Einheitseuphorie im Laufe des Sommers und des Herbstes verflog? Das tägliche Erlebnis, wie die Besatzer die Kommunisten bevorzugten und die anderen zurücksetzten, tat ein übriges, um Reserven zu wecken – weiterhin nicht gegen die Einheit, wohl aber gegen ihren Vollzug zu fremden Bedingungen. In den Beständen des legendären Ostbüros der SPD sind die Berichte gesammelt. Berichte, wie die russischen Besatzer und ihre deutschen Handlanger, von denen ein besonders eifriger - Erich Mielke hieß, zu Werke gingen.

Eine Schilderung aus Magdeburg – Datum: 15. September 1945 – hält fest, daß sich im Parteibüro die Klagen über die unerfreuliche Zusammenarbeit häuften. »Es hat den Anschein, als hätten sich die Kommunisten immer noch nicht der Methoden und ihrer Begründungen zu entwöhnen vermocht, die 1933 bei ihnen Mode waren.« Einsprüche würden mit dem Hinweis erledigt, daß »wir keine Antifaschisten« seien. Ein Nachsatz beschrieb eine Wirklichkeit, wie sie ähnlich

46

überall beklagt wurde: »Von den in unserem Bezirk vorhandenen kreisfreien Städten ist nur eine mit einem sozialdemokratischen Bürgermeister besetzt, von vierzehn vorhandenen Landratsämtern werden drei von Sozialdemokraten verwaltet, alle übrigen befinden sich in Händen von Kommunisten.« In Thüringen waren von sechsundzwanzig Polizeileitern dreiundzwanzig Kommunisten; man hatte es fertiggebracht, drei Viertel der Polizei kommunistisch zu besetzen. In Mecklenburg waren von zwanzig Landräten vierzehn Kommunisten und so weiter.

In einer Rede über den »historischen Auftrag der SPD« am 14. September 1945 äußerte auch Otto Grotewohl Zweifel. Zweifel, die er in eine Mahnung an die westzonalen Genossen kleidete: Sie mögen nicht zu Beschlüssen kommen, »die sich für die Zukunft hindernd und hemmend auswirken müßten«. Es schien, als klammere sich der Buchdrucker aus Braunschweig, der sich 1910, im Alter von sechzehn Jahren, der Sozialdemokratie verschrieben hatte, nun an die Einheit der eigenen Partei, um der mit einer anderen zu entkommen. Grotewohl war wankelmütig und wußte nicht, was er wollte.

Doch Schumacher, der ihn aus dem Reichstag kannte, durchschaute, was gespielt wurde. Er hatte es für abwegig gehalten, unter den Augen der Sowjets überhaupt eine Sozialdemokratie ins Leben zu rufen, und fühlte sich durch den Gang der Ereignisse bestärkt. Unter dem Druck, die westzonale Partei zu behaupten, wollte er nicht auch noch das Unmögliche – die Rettung der ostzonalen SPD – versuchen. War es ein Wunder, daß der Vorsitzende West und der Vorsitzende Ost, der eine so willensstark wie der andere willensschwach, aneinander vorbeiredeten und sich, zu Beginn des Oktober, in Wennigsen bei Hannover darauf verständigten, daß sie sich nicht verständigten? In einer Skizze der Geschehnisse von Wennigsen hat der schwäbische Parteiführer Erwin Schoettle noch Jahre später gemutmaßt, daß die Enttäuschungen aus der Abfuhr im Westen und gekränkter Ehrgeiz »an der Wurzel des Stellungswechsels lagen, der dann zur Selbstaufgabe der Führung der sowjetzonalen Sozialdemokratie geführt hat«. Stellungswechsel? Das Wort ist eine euphemistische Umschreibung für eine Politik, die zusammenzubringen suchte, was nicht zusammenzubringen war. Grotewohl und die gesamte Führungsspitze der Ostzonen-SPD schrieben nicht erst im Herbst 1945 die Einheit mit der KP auf ihre Fahnen. Im Gegenteil, gerade jetzt ließ ihr Eifer nach. Und Mißtrauen gedieh, als die KP im Laufe des November einen tatsächlichen Stellungswechsel vollzog und nun ihrerseits die Einheit betrieb. In Moskau war man zu der Einsicht gelangt, daß aller Besatzungsgewalt zum Trotz die Kommunisten zur führenden Kraft nirgends aufsteigen würden; die Wahlen in Österreich – ganze fünf Prozent für die KP – belehrten Stalin, daß es gerade in seiner deutschen Zone ohne »Blutspender« nicht gehen würde. Von Stund' an gingen die Sowjets daran, die Sozialdemokraten gefügig zu machen – lockend, versprechend, drohend, unterdrükkend. Schon bisher war die Luft für die SPD sehr dünn gewesen. Jetzt begann die Partei zu ersticken.

Gustav Schmidt-Küster, der sie in Magdeburg wiedergegründet hatte, hielt in einer privaten Aufzeichnung fest: »Im Winter 1945/46 wurde ich in vielen Beratungen mit den russischen Offizieren durch den Bezirk gejagt, um für die Einheit zu sprechen. Auch die übrigen Sekretäre wurden mit eingesetzt und mußten teilweise in Begleitung von Offizieren Versammlungen abhalten. Sie saßen uns im Nacken und kamen jeden Tag von neuem mit anderen Ideen. Auch unsere Leute in den Unterbezirken und Ortsvereinen wurden gleichermaßen unter Druck gesetzt, so daß sie zu uns kamen und baten, nun doch endlich Ja zur Vereinigung zu sagen.« Schmidt-Küster wurde eines Tages zum General bestellt und fand, als er wieder abfahren wollte, das Auto mit Mehl beladen. Anderntags protestierte er gegen die »Bevorzugung« und besiegelte damit sein Schicksal. Wohltaten gegen Wohlverhalten zu tauschen, war an der Tagesordnung. Und wenn Lebensmittel oder Fensterglas nicht wirkten, dann vielleicht das Versprechen, den Sohn, den Bruder, den Vater aus der russischen Kriegsgefangenschaft heimzuholen. Und wenn alles nichts half und einer standhaft blieb, dann wurde er regelmäßig um Mitternacht abgeholt und morgens »wiedergebracht«, bis er weich geworden war. Oder es verschwand einer solange, bis er sich gefügig zeigte. Soll man erstaunt sein, daß auch geschossen wurde?

Otto Grotewohl und seine Getreuen wußten, was im Gange war. In einem Vermerk, dessen Datum verlorenging, hat er zu Papier gebracht: »In allen Teilen der Zone mischten sich die Kommandanturen der Besatzungsmacht ein und verlangten organisatorische Verschmelzung. Abweichende Meinungen wurden mit Gewalt unterdrückt, es hagelte Verhaftungen, Absetzungen, Redeverbote! Da die sozialdemokratischen Funktionäre in der Provinz hilflos dem Druck der KP und der Besatzungsmacht ausgesetzt würden, versuchte die Berliner Zonenzentrale der Partei, sich zur Wehr zu setzen und die Verantwortung auf sich zu ziehen.« Man war entsetzt, verzweifelt, hilflos und ließ doch keine Rede und keinen Artikel aus, um die Einheit für weiterhin wünschenswert zu erklären. So knüpfte sich das Netz der Widersprüche – Einheit ja, aber nicht so – immer enger. Je fester sich die Schlinge um die Organisation zuzog, desto lauter wurde der Ruf, daß die Einheit nicht nur innerhalb einer Zone hergestellt werden dürfe und ein Reichsparteitag – man sagte noch: Reich – abzuhalten sei. Über derlei Ausflüchte lachten die Besatzer, weil sie jeder realen Grundlage entbehrten, und überhaupt: In kommunistischen Augen galten die Sozialdemokraten als gute Kommunalpolitiker und ansonsten als Schwächlinge. Immerhin, die SPD-Führer gingen in bester Absicht in jene Sechziger-Konferenz mit der KP, die zu verhindern schon nicht mehr möglich gewesen war. In einer Vorbesprechung hatten die dreißig Sozialdemokraten Grotewohl beauftragt, eine Einheit nach kommunistischer Art »klar und deutlich« abzulehnen; die schriftlich eingereichte Verhandlungsgrundlage der SPD hob auf die Reichsebene ab und bezeichnete im übrigen »die organisatorische Vereinigung der sozialistischen Arbeiterparteien« als »notwendig«.

So geriet die Rede, die Grotewohl zu Beginn der Konferenz am 20. Dezember 1945 hielt, zu einem doppeldeutigen Dokument. Noch lagen Selbstaufgabe und Selbstachtung eng beieinander. Er erbat Auskunft, »ob unsere kommunistische Bruderpartei sich als eine deutsche sozialistische Arbeiterpartei betrachte«, und sprach manche Wahrheit aus. Vor allem erteilte er der »Herstellung der Einheit allein in der SBZ« eine klare

50

und gleichsam offizielle Absage. Begründung: Sie würde »den Eindruck erwecken, als habe die SPD nicht aus freier Entschließung gehandelt«. Das ausführliche Konferenzprotokoll weist aus: Am 20. Dezember war keiner der sozialdemokratischen Redner bereit, die Einheit binnen kurzer Zeit zu vollziehen. Jeder ging auf die Verfolgungen ein und schilderte, was in der Zone vorging, wenn auch stets in einem Ton, der nach Entschuldigung dafür klang, daß solche Dinge ausgesprochen würden.

Den zweiten Konferenztag eröffnete der Sozialdemokrat Max Fechner mit einer »erfreulichen Mitteilung«: Man habe sich »zusammengesetzt«, und der Genosse Grotewohl werde die »gemeinsame Auffassung« vortragen. Und was war die neue gemeinsame Auffassung? Unter der Überschrift »SPD und KPD für Einheitspartei« meldete der »Tagesspiegel«, daß die »Verschmelzung« vorbereitet werde. Was sonst noch in der Resolution stand, was an Deutungen hinterhergeschoben und was zu Jahresbeginn 1946 noch alles erklärt wurde, änderte nichts mehr. Die Würfel waren gefallen. Kein Redner hatte am 21. Dezember der sofortigen »Verschmelzung« noch widersprochen, und Grotewohl hatte in seiner abschließenden Rede den Kommunisten zugerufen: »Wir wollen nicht Rivalen, wir wollen Kameraden sein.«

Was war passiert in der Nacht vom einen auf den anderen Konferenztag? Am Abend des 20. Dezember hatten die Russen Grotewohl in ihr Hauptquartier nach Karlshorst geschafft und ihn dort mit sehr viel Alkohol – Wodka war ihr gängigstes Betäubungsmittel – und einer für Deutschland wie den Sozialismus vorteilhaften Perspektive umgedreht. Gustav Klingelhöfer, damals ständiger Begleiter des Vorsitzenden Grotewohl und zwei Jahre später rechte Hand des Bürgermeisters Ernst Reuter, hat später über jene Nacht von Karlshorst erzählt; man habe Grotewohl eingehämmert, daß Amerika im Niedergang begriffen sei, allein die Sowjetunion den historischen Fortschritt repräsentiere und sie den Deutschen die Einheit bringen werde. Und Stephan G. Thomas, der langjährige Leiter des Ostbüros, hat schriftlich festgehalten, wie mit Grotewohl auch geredet worden sei: »Du, Otto, Du bist der Mann der Stunde, der beim Zusammenbruch des Reiches, bei der großen historischen Zäsur, ein neues Kapitel der deutschen Geschichte beginnen wird. Ein neues Kapitel in der Geschichte der deutschen Arbeiterbewegung für die Einheit der Arbeiterklasse und des Aufbaus eines sozialistischen Deutschland. Deine historische Tat ist das Bündnis zwischen Kommunisten und Sozialdemokraten. Du und Wilhelm Pieck, Ihr seid die beiden großen geschichtlichen Figuren, die diesen Prozeß verwirklichen werden.« Der »Verschmelzungs«-Beschluß demoralisierte die Partei um so mehr, als das ganze Konferenzunternehmen nicht angekündigt worden war. »Die Depression war ungeheuer stark«, schrieb Klingelhöfer unter dem Datum des 3. Januar an Grotewohl, der sich in Berchtesgaden ausruhte. Wer nun genug hatte oder sich um seine Illusionen betrogen sah und beweglich war, der setzte sich ab wie Gustav Dahrendorf, der im Laufe des Februar auf Gegenkurs ging und schließlich nach Hamburg ausgeflogen wurde. Wer immer noch standhielt und andere mitzog, mußte ein sehr gerades Rückgrat haben. Unter Willi Jesses Regie erteilte am 6. Januar die Rostocker SPD in einer überfüllten Mitgliederversammlung der sofortigen Verschmelzung eine einminütige Abfuhr und forderte eine Urabstimmung. In Erfurt votierte die Partei ähnlich. Es waren Beschlüsse, die Folgen hatten für alle, die daran beteiligt waren, aber nicht für den Entscheidungsprozeß der Führung. Es war nichts mehr zu entscheiden.

Am 8. Februar 1946 trafen Grotewohl und Dahrendorf mit Schumacher in Braunschweig zusammen. Sie erklärten ihm, laut ausführlicher Gesprächsniederschrift, »daß die Entwicklung zur Einheitspartei nach Tempo und Inhalt nicht mehr unter ihrem Einfluß« stehe und sie »unvermeidlich« sei. Woher hätte jetzt noch die Kraft zur Selbstauflösung kommen sollen?

Den Besatzern hätte dieser Schritt das Geschäft vielleicht nur unwesentlich erschwert, aber der Sozialdemokratie die Ehre bewahrt. Ihn zu tun, fehlte immer noch die Einsicht, daß der Zweck die Mittel heiligte und die kommunistischen Methoden nicht vorübergehender oder zufälliger Natur waren, sondern Ausfluß des totalitären Anspruchs. Was viele, viele einzelne Mitglieder empfanden, sprach Grotewohl in Braunschweig aus: Wenn die Einheit ohnehin komme, dann müßten Gedankengut und organisatorische Kraft in die neue Partei eingebracht werden. Der abschüssige Weg der Selbsttäuschung war noch nicht an sein Ende gekommen.

Seit jener verhängnisvollen Sechziger-Konferenz im Dezember 1945 hatte das Wort von einer Urabstimmung, einer Befragung aller Mitglieder also, in der Ostzone und in Berlin die Runde gemacht. Es mußte abstrakte Hoffnung bleiben, wo die Sowjets herrschten, und konnte konkrete Gestalt nur annehmen, wo die Sozialdemokraten Herr ihrer selbst waren – in den Westsektoren Berlins. Der Entschluß war noch vor der Jahreswende in einem Reinickendorfer Kreis um Franz Neumann gefallen. Nach einem beispiellosen Ringen – gegen die geballte materielle Übermacht der Einheitswilligen, unterstützt von jüngeren amerikanischen und englischen Offizieren und begleitet von Erik Regers »Tagesspiegel« – kamen sie am 31. März 1946 an ihr Ziel. 64 000 Sozialdemokraten waren in allen vier Sektoren aufgerufen, ihre Stimme in die Waagschale zu werfen. Tags zuvor hatte General Barker, der amerikanische Militärgouverneur, Maßnahmen angekündigt, »damit jeder Wahlberechtigte, der beabsichtigt, seine Stimme abzugeben, sich unter entsprechendem Schutz und entsprechender Aufsicht ungehindert für oder gegen eine Verschmelzung aussprechen kann«. Im Ostsektor wurden die Wahllokale, kaum daß sie geöffnet waren, wieder geschlossen. In den drei Westsektoren wandten sich von 32 500 SPD-Mitgliedern 82,2 Prozent gegen »den sofortigen Zusammenschluß«; die zweite Frage nach einem Bündnis, »welches gemeinsame Arbeit sichert und den Bruderkampf ausschließt«, bejahten 62,1 Prozent. Eine Woche später, auf einem Parteitag in der Zehlendorfer Zinnowwaldschule, fand sich die alte Berliner SPD neu zusammen. Womit noch zwei Wochen vor dem Händedruck im Admiralspalast klar war: Sozialdemokraten und Kommunisten würden sich nur dort vereinigen, wo die Sowjets die Macht hatten.

Am 31. Mai 1946 verfügte die Alliierte Kommandantur, damals noch mit sowjetischer Beteiligung, daß in allen Berliner Sektoren SPD und SED zugelassen würden. Seither existierten beide Parteien auch im Osten der Stadt nebeneinander. Es blieb den dortigen Sozialdemokraten verwehrt, sich an Wahlen zu beteiligen, doch pflegten sie ihr eigenes Organisationsleben und waren mit der Partei im Westen der Stadt und damit in der Bundesrepublik so eng verbunden wie jede andere Gliederung. Erst als in den Tagen nach dem Mauerbau die Volkspolizei die Kreisbüros besetzte und die Mitglieder schwerstem Druck aussetzte, hatte dieser Zustand ein Ende. Der Landesvorstand der Berliner SPD faßte am 22. August 1961 einen schmerzlichen Entschluß, den ein Landesparteitag einstimmig bestätigte:»Die Entpflichtung ihrer ehemaligen Mitglieder, die im Ostsektor Berlins ansässig sind, entpflichtet die Partei nicht davon, jederzeit treu zu ihren Freunden zu stehen. Wir danken allen. Wir vergessen keinen. Wir vergessen nichts.« Der SPD-Vorsitzende Erich Ollenhauer bekräftigte schriftlich die Berliner Haltung, die acht Kreise im anderen Teil der Stadt nicht aufzulösen. Der Parteivorstand halte »an dem Recht fest, die SPD im Ostsektor wiederherzustellen.« Das ist Beschlußlage bis heute. Und was ist aus den ostzonalen Sozialdemokraten geworden, die sich am 21. April 1946 in der Sozialistischen Einheitspartei wiederfanden? Und von denen Walter Ulbricht in seiner Schlußansprache im Admiralspalast gesagt hatte, daß es sie nicht mehr gebe? Die Liste derer, die binnen dreier Jahre aus ihren Funktionen weggesäubert wurden, ist lang und leidvoll. Der erste SED-Vorstand 1946 hatte sich aus vierzig Sozialdemokraten und vierzig Kommunisten zusammengesetzt. 1950, als das erste Zentralkomitee gebildet wurde, mit einundfünfzig Mitgliedern und dreißig Kandidaten, waren noch ganze elf Sozialdemokraten mit von der Partie, bald sollten es noch weniger sein. Man hatte genau drei Jahre gebraucht, bis 1949 eine Parteikonferenz das Prinzip der Parität für »veraltet« erklärte und aufhob und der Vorstand feststellte, daß »der Kampf gegen den Sozialdemokratismus als opportunistische Ideologie in der Arbeiterbewegung ungenügend geführt« worden sei. Grotewohl immerhin überlebte auch politisch; er wurde Ministerpräsident.

Zwischen der alten SPD im Westen und der neuen SED im Osten lief fortan nichts mehr. Das Tischtuch war zerschnitten und wurde auch nicht repariert, als in den Zeiten der ostpolitischen Öffnung sich hier und da jene Sentimentalität wieder bemerkbar machte, von der der »Tagesspiegel« 1946 gemutmaßt hatte, daß sie »unausrottbar« sei. Erst als der zeitliche Abstand sehr groß geworden war und – zu Beginn der achtziger Jahre – das Gefühl der atomaren Bedrohung die Deutschen in West und Ost erfaßte, fanden SPD und SED gemeinsame Interessen heraus. Das bisweilen missionarische Bewußtsein von gesamtdeutscher Friedensverantwortung verselbständigte sich und schuf jene Freiräume, in denen nach Affinitäten auch sonst gesucht wurde und in denen 1987 das Papier über den »Streit der Ideologien und die gemeinsame Sicherheit« entstand. Ein Sündenfall nach allem, was geschehen war? Berührungsängste waren noch nie von Nutzen, und miteinander zu reden, ist immer gut. Die Frage nach dem Ob bestand denn auch nicht, wohl aber die nach dem Wie. Der Sündenfall lag darin, daß in der Theorie die Systeme in Deutschland West und Deutschland Ost für moralisch gleichwertig galten und in der Praxis niemand wußte, worüber noch oder wieder zu streiten war.

Aus den Verlegenheiten haben jene jungen Pfarrer herausgeholfen, die eine sozialdemokratische Partei gegründet und im übrigen eine neue Variante zu einem unerschöpflichen Thema beigesteuert haben – dem Verhältnis von Protestantismus und Arbeiterbewegung. Am 31. März 1946 zählte die SPD 700 700 Mitglieder auf dem Gebiet der heutigen DDR. Sie haben in der SED ein Erbe hinterlassen, das verschüttet, aber nicht versunken ist. So wird sich die dramatische Frage nach der Wiederbelebung der SPD erst stellen, wenn der Riß in der Staatspartei, der ideologische und der machtpolitische, noch größer wird und auch die deutschen Kommunisten den Blick zurück wagen.

Die Stalinisierung der SED war im Frühjahr 1949 abgeschlossen und der Gründung der DDR vorausgegangen. Wie anders hätte die kommunistische Sowjetunion denn den Vorposten ihres Imperiums sichern sollen, wenn nicht durch ein beliebig zu handhabendes Werkzeug? Ohne die sowjetische Besatzungsmacht wäre die SED gewiß nicht ins Leben getreten, und ohne deren Truppen hätte sie sich nicht am Leben gehalten. Nun, da die kommunistische Ideologie zerbricht und das östliche Imperium zerfällt, worauf gründet noch der Herrschaftsanspruch der SED? Und was wäre die DDR ohne Partei, die vier Jahrzehnte lang ihre eiserne Klammer war?

Es ist, als laufe ein Film rückwärts.

Was bleibt von der DDR?
Wer totgesagt wird, kann lange leben

Das intellektuelle Spiel um Bestand und Identität der DDR war ausgespielt, bevor die Wähler ihr Votum abgaben. Es ist abgelöst worden durch den Poker um das Erbe, das in das künftige Deutschland einzubringen sei und immer wieder mit menschlicher Wärme und sozialer Sicherheit umschrieben wird. Ob sich zwei gleichwertige, jedenfalls verschiedene und eigenständige Staaten zusammenschließen oder sich der eine dem anderen einfügt, darüber bestimmt der Blickwinkel, aus dem heraus die DDR und ihre Hinterlassenschaft betrachtet werden. Das Wort vom Ausverkauf war böse, weil es an den Notwendigkeiten vorbeiging und den mehrheitlichen Wunsch nach Einheit ignorierte; innerhalb einer gesamtstaatlichen Ordnung können sich Regionen nicht ausverkaufen, und auch im deutschen Norden ist man immer noch darauf aus, Investitionen aus dem deutschen Süden zu bekommen. Warum den Osten anders sehen? Doch böser noch war das Wort vom Anschluß; es enthält den Gedanken an militärischen Zwang und relativiert die Selbstbestimmung der Bevölkerung. In den Worten dessen, der auch nach der Wahl noch die Eigenständigkeit der DDR untermauert wissen will, um einzubringen, was einzubringen für erstrebenswert erachtet wird: »Wir sind nicht der Bankrotteur, der den Konkurs unterschreibt und vor dem Verhungern bewahrt wird. Die deutsche Vereinigung wird ein Vertrag unter Partnern sein.« So konstatierte es Professor Jens Reich, Mitbegründer des Neuen Forums und nun Volkskammer-Abgeordneter für jenes Bündnis 90, das die Oppositionellen der ersten Stunde und grün-alternative Ableger sammelt.

Träume? Eine neue Verfassung soll her, weil mit der überkommenen kein Staat mehr zu machen und Partnerschaft nicht zu begründen ist, und vielleicht auch, weil ein Damm aufgebaut werden soll gegen »den« Westen, der nach dem Willen der großen Mehrheit die Einheit zustande bringen soll. Jene Akademiker und Intellektuellen, die im vergangenen Herbst das Verlangen nach gründlicher Erneuerung höchst eindrucksvoll zu formulieren verstanden, fühlten sich durch ein Massenverhalten, das sie als primitiv ansahen und jedenfalls nicht bindend, an den Rand gedrängt. Ein alter Bruch tut sich von neuem auf – zwischen dem Geist, der die Prinzipien hochhält, und der Politik, die die praktischen Bedürfnisse zu befriedigen sucht und der sich die poetische Frage »Was bleibt?« sehr prosaisch stellt: »Was wird?« Wie ist jenen Erwartungen gerecht zu werden, die am 18. März auf dem Stimmzettel vermerkt wurden und die schnellstmögliche Angleichung an westdeutsche Lebensverhältnisse zum Inhalt hatten? Daß dabei Leistungen, die man erbracht, und Standards, die man behauptet hat, mit auf die Reise gehen würden, verstand sich von selbst; der Hinweis, daß sechzehn Millionen Menschen in vierzig Jahren eine Menge zustande gebracht haben, noch dazu unter schweren äußeren Bedingungen, mag immer noch einmal nützlich sein. Es mag auch nützlich sein, immer noch einmal daran zu erinnern, daß die Menschen in der DDR trotz kommunistischer Mißwirtschaft unter ein mittleres Niveau der Europäischen Gemeinschaft nicht abgesackt sind und trotz einer schrecklich verkommenen Infrastruktur über wesentliche Voraussetzungen für einen raschen Aufschwung verfügen. Das DDR-spezifische Erbe zu orten und im Vorfeld der Vereinigung Soll und Haben zu bestimmen, liegt jenseits dieser realökonomischen Fakten. In den verbalen Gefechten wird die Hinterlassenschaft stets abgesetzt gegen die bundesrepublikanischen Normen, je nach Standpunkt positiv oder negativ, Beispiel gebend oder Alternative und Korrektur bietend. Zeichen dafür, daß aus sich selbst heraus die DDR gar nicht existiert hat? Und nur Beschwörungsformel ist, was sich so erhaben anhört?

Von wann sich ihnen mitgeteilt habe, daß die DDR auf einer abschüssigen Bahn dahingleitet, erklären die Bewohner sehr verschieden. Die Intellektuellen gehen hinter das Jahr 1987 selten zurück, jenes Jahr, in dem sich die Welt von der Ernsthaftigkeit der sowjetischen Systemöffnung überzeugte, die europäischen Satellitenländer die Wahl hatten, den Weg innerer Liberalisierung mitzugehen und die DDR sich stur stellte – unter Beibehaltung, ja Intensivierung der Verbindungslinien zur Bundesrepublik. Für das Gros der Bevölkerung ist nicht nur der Blick zurück viel länger, auch die Jahreszahlen werden, einem Würfelspiel gleich, beliebig durcheinandergeschüttelt: Waren es zehn, waren es zwanzig Jahre, seit die Rädchen nicht mehr ineinandergriffen? Oder markierte schon der Mauerbau den Einschnitt? In den anderthalb Jahrzehnten nach dem Krieg, als es erst ums Überleben ging und dann darum, Boden unter die Füße zu bekommen, mag über Bergauf und Bergab nicht nachgedacht worden und die Erinnerung an den Aufstand des 17. Juni 1953 schon verblaßt sein, um noch als Einschnitt empfunden zu werden.

Doch wie weit die Schatten auch reichen, landauf, landab ist auch zu hören: Gorbatschow personifizierte nicht nur Hoffnung, sondern er nahm – langsam erst, dann immer schneller – Angst, jene Angst, die über die Jahre hin ein dunkler Wegbegleiter gewesen war und sich von allem Anfang an über das Land gelegt hatte. Erst als sie gewichen war und der Ahnung – nicht der Gewißheit – Platz gemacht hatte, daß die sowjetischen Truppen einen Befreiungsversuch nicht niederschlagen würden, waren die Tage des Regimes gezählt. Sowjetische Offiziere saßen in den hohen Rängen der Nationalen Volksarmee und hätten über deren Einsatz mitzuentscheiden gehabt. Als die Sowjets in den Tagen um den 7. Oktober zu verstehen gaben, sie würden nicht nur selbst keinen Befehl geben, gegen Demonstranten vorzugehen, sondern auch einen NVA-Einsatz weder mit Panzern noch Soldaten stützen, handelte Egon Krenz folgerichtig und nahm Honeckers entsprechende Order zurück. Als Anerkennung und mit Erleichterung segnete Moskau seine Ernennung zum Generalsekretär ab. Wie hätte sich die DDR im Jahr ihres vierzigjährigen Bestehens gegen den Willen der Besatzungsmacht behaupten sollen, dem sie ihre Existenz zuschrieb und von dem sie immer abhängig gewesen war? Dieser Wille hatte nun einen neuen Inhalt, aber maßgeblich blieb er. Daß es ihrer Aufgabe gleichkommen würde, wenn die DDR sich selbst überlassen bliebe, darüber schien sich in Moskau niemand Rechenschaft abzulegen. Warum hätte man ausgerechnet dort scharfsinniger sein sollen als andernorts in der Welt und Einsicht haben in die Bedingtheiten jenes deutschen Staates, der den westlichen Vorposten des einst von Stalin errichteten Imperiums bildete? Hatte die DDR je die Wahl, sich nach außen und innen zu öffnen, ohne sich selbst in Frage zu stellen? Besaß die Führung um Honecker vielleicht den richtigen Instinkt, daß kein Halten mehr sein würde, wenn man den Griff erst einmal lockere? Vielleicht dachte man an 1968 und den Prager Frühling, als die Geschichte keineswegs bei einem erneuerten Sozialismus, einem »mit menschlichem Antlitz«, stehengeblieben war und längst Maß genommen hatte, über die Kommunistische Partei hinwegzuschreiten. Vielleicht ahnte man sogar, daß eine vergleichbare Entwicklung in der DDR, zumal in den Zeiten Gorbatschows, deren Existenz aufs Spiel setze. Als die DDR im Oktober 1949 ins Leben trat, äußerlich in Reaktion auf die Gründung der Bundesrepublik, waren alle Vorkehrungen getroffen, damit sich wenigstens dieser Teil Deutschlands dem Roten Reich einfüge. Nirgends sonst, es sei denn in Nordkorea, verwirklichte sich so rein, was Stalin in seinen Gesprächen mit Milovan Djilas, dem Gefährten Titos und frühen Dissidenten, angekündigt hatte: den Panzern werde das Gesellschaftssystem hinterhergeschickt. Sowjetischer Imperialismus und sozialistische Ideologie wurden auch in den anderen Satellitenländern zusammengeschweißt. Doch nur in der Sowjetisch Besetzten Zone, aus der die DDR wurde, gründete die Existenz des Staatswesens in dieser Verbindung.

Die Brutalität, mit der 1946 die Sozialdemokratie – einem friedvollen Zusammenschluß durchaus wohlgesinnt – der Kommunistischen Partei in die Arme getrieben und mit der binnen dreier Jahre die Sozialistische Einheitspartei in eine bolschewistische Kaderpartei verwandelt wurde, kannte ihresgleichen nicht. Auch nicht die Gleichschaltung »bürgerlicher« Blockparteien, folgsam noch über Honeckers Ende hinaus. Stalin und seine Nachfolger bedurften dieser Herrschaftsinstrumente, um ein Territorium zu sichern, das mit Truppen allein nicht zu sichern war. Immerhin stellte es nicht nur eine nach Westen vorgeschobene strategische Position dar, sondern half auch die Herrschaftssysteme in den unmittelbaren Nachbarländern der Sowjetunion zu garantieren.

Daß die DDR mit dem Nationalsozialismus gründlicher aufgeräumt habe als die Bundesrepublik, ist eine Zweckmeldung, die in dem subjektiven Anspruch der DDR gründet und alle im Namen des Antifaschismus begangenen Greuel der Vergessenheit anheimgibt; die Januar-Demonstrationen, als die SED mutmaßlich selbst angefertigte Schmierereien am sowjetischen Ehrenmal zum Anlaß einer antifaschistischen Inszenierung nahm, waren ein Nachhutgefecht auf vierzig Jahre DDR, die zu keiner Zeit auf dieses Werkzeug hatte verzichten mögen. In ihren Anfängen, jenen vermeintlichen offenen Zeiten, als die Entwicklung hin zu einem wahrhaft sozialistischen Gemeinwesen angeblich möglich war, diente es der Säuberung von allen Kräften, die sich der faktischen Einparteiherrschaft entgegensetzten, und es diente dazu, Schrecken zu verbreiten und einzuschüchtern: Sozialdemokraten, auch christlichen Gewerkschaftern, die sich der Einheit mit den Kommunisten widersetzten, wurde vorgehalten, nicht hinreichend antifaschistisch zu sein.

Sie setzten einen Leidensweg fort, der unter den Nazis begonnen hatte und nun oft in dieselben Gefängnisse und Lager führte, die weiterzuführen die Sowjets für praktisch befunden hatten. In das KZ Buchenwald – zur Gedenkstätte umgewandelt, nachdem es 1950 außer Betrieb gesetzt worden war – pflegten die DDR-Oberen ihre Gäste zu schicken. Vorzuführen, wie man der fünfzigtausend ermordeten Antifaschisten gedenke, und damit die Wurzeln des Regimes bloßzulegen, war ihr erstes Bestreben. Die Gedenkstätte wird bleiben und – zu einer doppelten werden müssen. Wenn irgend das Erbe der DDR zu einer Last wird, dann dort, wo die Blutopfer, die der Kampf gegen Hitler gefordert hatte, so schrecklich mißbraucht wurden. Und mißbraucht wurde der Antifaschismus auch, als die Rote Armee und der Geheimdienst in ihrem Gefolge 1945 nicht nur SS-Leute hinrichteten und alle, die dafür zu halten ihr in den Sinn kam, sondern auch junge HJler, Burschen, die man für Werwölfe hielt. Die Massengräber, die nun eines nach dem anderen bezeugt werden, haben sowjetische Besatzer ausheben und füllen lassen. Daß die Opfer so lange dem Bewußtsein entrissen geblieben sind und die Wissenden geschwiegen haben, lag in der Natur einer DDR, die nicht totalitär zu nennen es einer eigenen Wertskala bedarf.

Der Marxismus-Leninismus und der Antifaschismus als dessen besondere Ausprägung hatten die Legitimationsbasis der DDR abgegeben, die seit den sechziger Jahren je nach Tagesbedarf durch Rückgriffe in die preußische Geschichte angereichert wurde. Diese Basis brach im selben Augenblick weg, da der Fall der Mauer und die Demontage des Eisernen Vorhangs den

Anfang vom Ende des Staates eingeläutet hatten. Das Institut für Marxismus-Leninismus wurde rasch und stillschweigend umbenannt – nun: Institut für die Geschichte der Arbeiterbewegung –, und die Entdeckung, daß die Kommunisten nicht nur edel, hilfreich und gut waren, folgte auf dem Fuße. Die Geschichte der Arbeiterbewegung ist vier Jahrzehnte lang bis in die letzten Verästelungen untersucht worden, die Gewalt, die ihr dabei angetan wurde, war groß, und es blieben zuviele andere Seiten leer. Das Pendel des Interesses schlägt in die andere Richtung aus und zeigt an, daß die DDR jene Traditionen, die sie sich zurechtgebogen hatte und für sich allein in Anspruch nahm, nicht an das vereinigte Deutschland weitergeben wird.

Jene geschichtliche Kategorie aber, die aus dem Sprachgebrauch verbannt zu haben ihr der Selbsterhaltungstrieb gebot, ist wiederaufgelebt, als hätten sich vier Jahrzehnte einschlägiger Indoktrination ins Nichts aufgelöst: die Nation. Daß die deutsche Geschichte nur zum kleineren Teil nationalstaatlich zu begreifen ist, hat als Argument gegen die Einheit unserer Zeit herhalten müssen. Aber die Vergangenheit läßt sich gegen die Zukunft niemals ausspielen, und wann auch hätte es in der modernen deutschen Geschichte ein so künstliches, auf Gewalt gegründetes und mit Gewalt zusammengehaltenes Teilstück gegeben wie zwischen 1949 und 1989? Ein Staatswesen zudem, dessen Bürgern stets vor Augen stand, wie man als Deutscher auch leben konnte – in der Bundesrepublik. Die furchtsame Verdrängung nationalen Bewußtseins in der DDR aber hat doch Folgen gezeitigt: Ein »nationaler Taumel« wird angerufen und muß herhalten, wo die praktische Regelung der Einheit in Frage gestellt werden soll. Tatsächlich taumelt weder Deutschland Ost noch Deutschland West, die Probleme sind nicht danach, die Stimmung auch nicht und die supranationale Wirklichkeit, in die die Deutschen eingebunden sind und bleiben, erst recht nicht. Das Erbe der DDR trägt viele Fiktionen in sich, darunter solche, mit denen zu hantieren der Blick in die eigene Geschichte verbieten sollte.

Die Anziehungskraft des westlichen Deutschlands entdeckten die Bewohner der DDR nicht erst, als dieses mit der D-Mark zu winken begann. Schon in dem ersten Jahrzehnt ihres Bestehens verließen drei Millionen Menschen die DDR – zunächst über die grüne Grenze von Lübeck bis Hof, dann fast nur noch über die offen gebliebene Berliner Sektorengrenze; der Eiserne Vorhang war längst heruntergelassen worden und nur noch unter Lebensgefahr zu durchbrechen. Als sich im Juni 1961 Kennedy und Chruschtschow in Wien trafen und der Welt den Eindruck vermittelten, die Lage verdüstere sich, schwoll der Flüchtlingsstrom an – im Juli 1961 auf dreißigtausend. Die Zeitungen schrieben – damals! –, die Zone werde leerlaufen, und das Wort vom »Staat mit Partei, aber ohne Volk« machte die Runde. Am 12. August meldeten sich zweieinhalbtausend Flüchtlinge in den West-Berliner Notaufnahmelagern. Am Tag darauf wurde die Mauer aus ebenjenem Grunde gebaut, aus dem heraus sie am 9. November einstürzte: Die Menschen sollten im Lande gehalten werden. Wer hätte Golo Mann widersprochen, als er damals kommentierte: »Der in der DDR herrschende Despotismus genügte nicht, den Staat zusammenzuhalten, solange das Brandenburger Tor offenstand.« Und wer wollte widersprechen, wenn rückblickend festzuhalten ist, daß der Despotismus nicht einmal genügte, solange das Tor vermauert war?

Der Ausweg blieb achtundzwanzig Jahre lang versperrt: Die DDR verschwand hinter Mauer und Stacheldraht und wurde uneinsehbar. Jetzt erst gediehen die Klischees und die Gegenbilder zur Bundesrepublik, die mächtig und übermächtig wurde. Die deutschlandpolitischen Fronten verkehrten sich. Hatte die Linke, manchen Schriftsteller eingeschlossen, auf die Einheit und einen gesamtdeutschen dritten Weg – zwischen Ost und West wie zwischen Staatssozialismus und Kapitalismus – gesetzt, so zählte fortan die Zweistaatlichkeit, die nicht nur aus Gründen der Friedenssicherung und des nationalen Zusammenhalts anerkannt werden sollte. Der Grund für den Umschwung, an den niemand erinnert, der heute den Einheitsstaat unter Berufung auf Auschwitz bekämpft, mag ein doppelter gewesen sein. Einmal gehört, wie Jürgen Habermas freimütig formulierte, zum Lebensgefühl der Linken die Marginalität, das Minderheitendasein also, der Wille, anders und besser zu sein als die Mehrheit; der Riß reicht immer in die Sozialdemokratie hinein, wenn auch nur in die Ränder, und jedenfalls in die besonders sühnebedürftigen Kreise des Protestantismus.

Zum anderen änderte sich die Einschätzung des zweiten deutschen Staates, als – zeitlich mit dessen Abschottung einhergehend – die Bundesrepublik ihre eigene unverwechselbare Identität gewann und offenkundig wurde, daß die deutsche Einheit auf keinem Mittelweg zu erreichen sein würde, sondern unter westlichem Vorzeichen – wenn überhaupt. Nicht daß im System der DDR nun ein nachahmenswertes Gesellschaftsmodell gesehen worden wäre. Doch war es – gerade weil die Menschen weder mit dem Stimmzettel noch mit den Füßen darüber abstimmen konnten und sich gezwungenermaßen ruhig verhielten – geeignet, die westdeutschen Mängel, die tatsächlichen und noch mehr die vermeintlichen, in ihr aufgehoben zu sehen. Niemand hat die Spiegelbildlichkeit beider deutscher Staaten anschaulicher gemacht als Günter Gaus, der »Die Welt der Westdeutschen« schwarz in schwarz malte und den Ort »Wo Deutschland liegt« nicht nur zwischen Elbe und Oder ansiedelte, sondern ihn auch liebevoll ausschmückte. Mit seinem Bild von der Nischengesellschaft brachte er jene Sehnsüchte auf den Begriff, die heute die Diskussion über das Erbe prägen und erschweren. Sehnsüchte sind nicht beweisbar und nicht widerlegbar und erst recht nicht gerichtsverwertbar. Das Urteil von Günter Gaus wog schwer und wirkte fort, weil er in jenem Deutschland gearbeitet und gelebt hatte und es also wissen mußte. Aber die menschliche Wahrnehmungsfähigkeit ist unterschiedlich ausgeprägt, und manch einer sieht, was er sehen möchte, und übersieht, was nicht ins vorgefertigte Bild paßt. Wie sonst hätte 1986, als es weder besonderen Scharfsinns bedurfte, um die materielle Misere zu erkennen, noch besonderen Freiheitswillens, um den Polizeistaat und die Unterdrückungsmechanismen wahrzunehmen, der Chefredakteur einer großen Wochenzeitung eine DDR-Bereisung in den schönsten Farben resümieren können? Das Land wirke bunter, so befand er, und die Menschen seien fröhlicher geworden. »DDR 1986« in den Worten von Theo Sommer: »Es herrscht Bewegung statt Stagnation, die

Zaghaftigkeit hat einer selbstbewußten Gelassenheit Platz gemacht, das Grau weicht überall freundlichen Farben, die niederdrückende Trübsal ist verflogen.« Auch aus dem konservativen Lager meldeten sich Stimmen, die den scheinbar geordneten Verhältnissen jenseits der Elbe Geschmack abzugewinnen wußten. Die DDR war für Betrachter, ob von nah oder von fern, ein imaginäres Land geworden, ein Land, das zur Beliebigkeit des Umgangs einlud. Und noch einlädt? Über den Tod hinaus?

Diktaturen haben ihre eigenen Gesetze – in den menschlichen Verhaltensweisen und im zwischenmenschlichen Umgang. Darin liegt der Grund, daß sich die Maßstäbe des Rechtsstaates, die juristischen und die moralischen, so schwer anlegen lassen. Die Angst, sich zu offenbaren und mitzuteilen, erzwingt Vorsicht und macht mißtrauisch. Weiß man, mit wem man es zu tun hat? Weiß man, warum die Nachbarwohnung mittwochs immer leer ist? Und die Rentnerin ein offenkundiges Zubrot bezieht? Mehr als zwei oder drei Bekanntschaften zu unterhalten, konnte man nicht riskieren; daß die, die einmal geschlossen waren, länger hielten als im schnell- und angeblich leichtlebigen Westen, auch intensiver, vielleicht sogar »wärmer« waren, mußte die Kehrseite des Drucks sein, der auf dem täglichen und dem alltäglichen Leben lastete und den zu heben Geld allein niemals hinreichen konnte. Wurde der Schrei nach der D-Mark nicht laut, als die Menschen die Chance sahen, aus dem eigenen Leben »etwas« zu machen, es in die eigenen Hände zu nehmen und ihm eine gute oder schlechte, jedenfalls eigene Wendung zu geben? Die Tugenden des DDR-Daseins lassen sich leicht rühmen, wenn nach dem

Preis nicht gefragt wird. Wie soll man anders denn gelassen, auch genügsam werden, wenn das Schlangestehen zur Gewohnheit wird? Wo soll man anders denn zu Hause sein, wenn die Abwechslungsmöglichkeiten eingeschränkt sind? Was soll man anderes anstellen, als sich zu fügen und auf bessere Zeiten zu warten, wenn man nicht gerade zum Helden geboren ist? Und wie dem Netz der Korrumpierung entkommen, das nicht nur die Staatssicherheit über das Land gespannt hatte? Daß Handwerker mit den besten Stükken der Wohnungseinrichtung entlohnt sein wollten, andernfalls sie gar nicht erst erschienen, oder ein Glaser operiert wurde, weil der Arzt gerade ein neues Fenster benötigte, war gang und gäbe und bei weitem nicht das schlimmste aller Übel.

Der Staatssicherheitsdienst lebte von den kleinen Komplizenschaften mit dem System nicht minder als von den großen. Und er lebte auch von falschem Spiel. Einparteienherrschaften veranlassen ihre Diener zu Willkür, ihre Opfer zu Verstellung und deren Zeugen zur Falschaussage. Und wie oft läßt sich nicht einmal auseinanderhalten, was Opfer und was Tat war. Wer ein paar Jahre im Gefängnis gesessen hatte, war für den Stasi leicht einzufangen, gleichviel, was der dann beisteuerte. Gut und Böse zu trennen ist ein altes menschliches Verlangen. Man will das eine oder das andere, nicht beides nacheinander und schon gar nicht beides zugleich. An der Vorstellung, daß in der Opposition gegen das SED-Regime nur Lichtgestalten vertreten waren und diese nun die DDR in die Einheit führten, hatte man sich, im westlichen Lehnstuhl sitzend, lange hochgerankt. Doch wer in diesem langen Übergang von der Diktatur zur Demokratie politische

70

Verantwortung trägt, fing nicht bei Null an und mußte zuvor mit dem System in Kontakt und Kollision und oft in beidem gewesen sein.

Nicht jede Verbeugung vor den Herrschenden konnte so anmutig vorgetragen sein und so leicht verziehen werden wie die der Katharina Witt, jener Eisprinzessin mit dem schönsten Gesicht, das der Sozialismus je gezeigt hat. Die seelische Korrumpierung, die auszuüben dem System eingeboren war, kannte viele Stufen, und die Wunden, die sie geschlagen hat, werden – Amnestie hin, Amnestie her – nur schwer vernarben. Wohin ist jene »heroische Illusion« verflogen, über die leicht spotten ist und der jetzt so viele gelehrte Diener des Systems nachhängen? Man hatte sich einst der Idee von der sozialistischen Gesellschaft verschrieben und war ihr, dem Druck der Verhältnisse nicht entrinnen wollend noch könnend, treu geblieben. Man hatte, über die Jahre hin, andere betrogen, Studenten zumal, die nun fragen, aus welchem Grund auf einmal alles falsch sein soll, was sie gelernt haben, und fühlt sich nun selbst betrogen – um jene Illusion, die das Leben war.

Die sogenannten Tugenden versinken in einem Sumpf von Denunziantentum. Ein Trost, daß er im Zuge der Vereinigung wie von selbst trockengelegt werden wird? Aber wird der Westwind schnell und scharf genug blasen, um auch jenes SED-Erbe zu zerstören, das nicht nur übel riecht, sondern auch von hartnäckiger Vitalität ist? Die SED und der Stasi waren vier Jahrzehnte lang Synonym für einen Staat, der zusammenbrach, als die Besatzungsmacht ihn sich selbst überließ. Heute, in der langen Zeit des Übergangs, sehen sich Christ- wie Sozialdemokraten beschuldigt, dem Apparat zu Diensten gewesen zu sein, und Gregor Gysi, clever, wie er ist, steht erhobenen Hauptes daneben und gibt Erklärungen ab. In der Nachfolgepartei der SED nennt sich niemand mehr einen Kommunisten. Hans Modrow bekannte, als er in Bonn war: »Ich bin kein Kommunist mehr.« Wie auch sollte er einer sein, da die Zeit des geschlossenen Weltbildes und der Moskauer Befehle ein für allemal vorbei ist? Ihnen zu gehorchen aber gehörte zum Wesen der Kommunistischen Partei, seit es diese gab, und gleich, wie sie sich nannte. Doch die Art, sich zu drehen und zu wenden und von eigener Verantwortung abzulenken, indem andere beschuldigt werden, kann kaum jemand ablegen, der durch die Schule des Bolschewismus hindurchgegangen ist. Wie anders hätten Hans Modrow, der subjektiv honorige Biedermann mit dem engen Blick, und Gregor Gysi, der von Zynismus nicht freie Spieler, der nichts so völlig ernst zu nehmen scheint und deshalb auch in den Villenvororten westdeutscher Großstädte sein Publikum findet, der SED binnen kürzester Frist einen völlig neuen Anstrich verpassen können!

Was lehrt der Erfolg der PDS? Daß lange leben kann, wer einmal totgesagt ist, und daß in Augenblicken, da der Boden schwankt, ebenjene Kräfte gesucht sind, die Halt versprechen. Und was lehrt er noch? Daß das Erbe der DDR nicht nur abzutragen oder einzubringen ist, sondern daß es sich mit dem Vollzug der Einheit verwandelt und seinerseits auf das neue Gesamtdeutschland einwirkt, zeichnet sich ab. Niemand kann im voraus Kosten-Nutzen-Rechnungen der Einheit aufmachen und niemand die gesellschaftlichen Wirkungen vorherbestimmen, doch jeder die künftige Parteienlandschaft entstehen sehen. Die Nation findet auch und gerade über ihre Parteien zusammen; die Schrittmacherdienste der SPD, deren Spaltung 1946 der des Landes vorausgegangen war, erwiesen sich als wirksam, weit mehr, als diese es selbst beabsichtigt hatte. Aber mit der Verbindung bestehender Parteien hat es nicht sein Bewenden. Die schöne Besonderheit des bundesrepublikanischen Parteiensystems – Folge der Teilung – lag darin, daß links der Sozialdemokratie keine Massenpartei Grund fand. Doch jenseits einer deutsch-deutschen Grenze wird abschreckender Unterricht nicht länger erteilt, und Raum für eine entschiedenere Linkspartei, als es die SPD je sein kann, ist in einem einigen Deutschland vorhanden. Die Ausdehnung der PDS ist beschlossene Sache, und manch liebgewordener Brauch der Bundesrepublik wird damit der Vergangenheit angehören. Die Ränder werden sich bunt einfärben; was sich rechts tut, steht noch in den Sternen, doch links werden die Grünen dem Druck der PDS nicht standhalten und sich aufspalten, dabei zu den alternativen Gruppen der DDR, denen aus dem Bündnis 90 vorneweg, neue Linien ziehend. Spannender noch verspricht jene – anziehende und abstoßende – Wirkung zu werden, die eine erst bundes-, dann gesamtdeutsche PDS auf die Sozialdemokratie ausüben wird; schon den Namen, mit ebenden Buchstaben, die sie im Titel führt, hatte die PDS mit Bedacht gewählt. Die Konstellation, die sich abzeichnet, verspricht nichts Gutes für die SPD. Die Skrupel, die sie hatte, einen prominenten Abtrünnigen – den Dresdner Oberbürgermeister Wolfgang Berghofer – aufzunehmen, mögen ein Vorgeschmack sein. Der Sache der Sozialistischen Einheitspartei hatte er mit

Talent und Hingabe gedient; die FDJ-Aufmärsche und Fackelzüge, die er organisierte, sind noch in allseits zweifelhafter Erinnerung. Seine Überzeugung war brüchig geworden, als er sich in der Bundesrepublik umzusehen begann und feststellte, daß ihre Wirklichkeit mit dem Bild, das in dem anderen Staat präsentiert wurde, nichts gemein hatte. Daß er der SED nicht früher den Rücken kehrte und sich zu guter Letzt auch noch zu deren stellvertretendem Vorsitzenden küren ließ, mag Ausdruck innerer Befangenheit, auch Zerrissenheit gewesen sein. Der späte Abgang aber war es nicht, der dem politischen Naturtalent den Weg zur SPD versperrte. Persönliche Ressentiments mögen im Spiel gewesen sein und – die Angst, kompromittiert zu werden, die keine »bürgerliche« Partei hätte. Kehrt die Weimarer Konstellation – die Sozialdemokratie mit fließenden Übergängen nach beiden Seiten – wieder? Eine Rückkehr zur Normalität, die auch ein Erbe der DDR sein mag und die mittelfristig auf das linke und halblinke Spektrum nicht beschränkt sein mag?

In jedem Fall kehrt Normalität ein, wenn endlich der ideologische Schleier von den sozialen Errungenschaften der DDR genommen ist und auch hier nach dem Preis gefragt wird. Nicht nur auf jenem vielstrapazierten Felde weiblicher Emanzipation wird sich herausstellen, daß die Bruchlinie nicht entlang zweier gesellschaftlicher Ordnungen verläuft, sondern durch beide hindurchgeht. Die Möglichkeit, die in der DDR ein Zwang war, Kleinstkinder in Horte zu stecken, kann man preisen oder auch nicht. Ob eine besondere, gar nachahmenswerte Wohltat darinsteckt, ein Fortschritt, darüber wird in der Tat gemeinsam zu befinden sein. Die androgyne Revolution, die Angleichung der Geschlechter also, erfaßt die Industriegesellschaften und führt zu erstaunlich ähnlichen Verhaltensweisen; wie sonst wäre trotz unterschiedlicher gesetzlicher Regelung die Zahl der Abtreibungen in beiden deutschen Staaten gleich hoch gewesen?

Der Zerfall der DDR war programmiert, als Gorbatschows Truppen sie nicht länger zusammenhielten. Die Möglichkeit, aus sich selbst heraus zu existieren, hatte vierzig Jahre lang nicht bestanden und bestand auch jetzt nicht, und nicht einmal war Zeit verblieben, Zeit, sich selbst zu finden und dann erst mit dem anderen deutschen Staat zu vereinigen. Die übergroße Mehrheit jener sechzehn Millionen Deutschen, die die Last der hitlerdeutschen Verbrechen und des verlorenen Krieges hatten tragen müssen, klagten das Glück ein, das den Landsleuten im Westen beschieden war. Warum immer noch einmal Geduld haben?

Unter einem staatlichen Dach zu leben, ist den Deutschen heute so gemäß wie anderen Völkern auch. Auschwitz hat dieses Recht nicht verwirkt. Wenn sechzig Millionen ein demokratisches Gemeinwesen aufbauen und dafür die Zustimmung und die Achtung der Welt gewinnen konnten, muß es weiteren sechzehn Millionen gestattet sein, sich diesem einzufügen. So gibt das Erbe der DDR erstens Anlaß, Klarheit über das Ineinander von nationaler und supranationaler Wirklichkeit zu erlangen und über den Wandel der Zeiten. Keine Frage hat je so viele Gespenster geweckt wie die der deutschen Einheit, Gespenster, die viele Blicke trüben und bisweilen auch verklären. Zweitens ermuntert es, über jenes Maß nachzudenken, das die Bundesrepublik Deutschland gesetzt hat; ob von der

DDR etwas bleibt, kann niemand bestimmen, der nicht zuvor seine Sicht des deutschen Westens offengelegt hat. Und drittens schließlich hinterläßt jener deutsche Teilstaat, der nach dem Willen seiner Bürger nicht mehr sein soll, allen Deutschen eine Menge praktischer – lösbarer – Probleme, die die innere Angleichung der Lebensverhältnisse betreffen und die äußere Stellung des künftigen Deutschland. Es sind Probleme, von denen andere Völker sagen: Die möchten wir haben.

Darf die Hoffnung aufgegeben werden? Ist damit das letzte Wort gesprochen?

Flamme des Widerstands: General de Gaulle in London

17. Juni 1940: Um zwölf Uhr dreißig war Charles de Gaulle in London gelandet. Um fünfzehn Uhr schon sprach er, geleitet von Sir Edward Spears, Churchills persönlichem Verbindungsmann zur französischen Seite, in Downing Street, No. 10, vor. Vergeblich hatte der Premierminister am Abend des 15. versucht, die französische Regierung – oder das, was als solche firmierte – vom Waffenstillstandsgesuch abzubringen, und vergeblich hatte er bis zuletzt gehofft, wenigstens einen großen Namen für die Sache der Alliierten gewinnen zu können, Paul Reynaud etwa, den Ministerpräsidenten der letzten Monate, der soeben – am 16. – das Handtuch geworfen hatte, oder den Admiral Darlan oder, noch besser, den Generalstabschef Maxime Weygand. An ihrer Statt nun also ein hochgeschossener neunundvierzigjähriger Brigadegeneral, der in diesem Augenblick, da er Winston Churchill im Garten seines Amtssitzes aufstörte, niemanden vertrat als sich selbst und nichts darstellte als eine gewisse Idee von der Ehre Frankreichs, die in sich zu tragen sein fester Glaube war. Doch Einsamkeit war dem Brigadier nichts Neues und schon gar nichts, was ihn gestört oder wankend gemacht hätte.

Am 5. Juni war er noch zum Unterstaatssekretär ernannt worden. Zu einem Zeitpunkt, da es jedenfalls zu spät war, den deutschen Vormarsch aufzuhalten. Immerhin war tags zuvor, am 4., die Operation »Dynamo« abgeschlossen worden, die Evakuierung von 338 226 englischen und französischen Soldaten; seither wehte über der Reede von Dünkirchen das Hakenkreuz. Von de Gaulles strategischen Einlassungen – 1934 hatte er ein hellsichtiges Plädoyer für die Schaffung selbständiger Panzereinheiten publiziert – war kaum Notiz genommen worden, und er selbst erkannte, daß der politische Wille für militärischen Wandel fehlte. Im Januar 1940, »le drôle de guerre« war im vollen Schwange und Hitlers Westfeldzug noch weit, hatte er britischen Parlamentariern erklärt: »Meine Herren, dieser Krieg ist verloren. Man muß einen anderen vorbereiten und – gewinnen. Avec la machine.« Was hier soviel heißen sollte wie: mit der Technik, die verfügbar ist. Daß auch die Luftwaffe dazu gehörte, war ihm im Polenfeldzug, nicht früher, aufgegangen. Im selben Monat Januar ließ er in achtzig Exemplaren ein Memorandum verteilen und geißelte darin die Kriegführung des Generalstabs. Ohne Wirkung.

André Malraux kam 1948 auf de Gaulle zu und fragte ihn, warum er jener Tage im Juni 1940 in so extremer Zurückhaltung gedenke und ganz auf die Einsamkeit und die Hoffnungslosigkeit abhebe; der Memoirenschreiber hatte das Bild eines Mannes gebraucht, der an der Küste eines Ozeans innehält, bevor er ihn durchschwimmt. Die Antwort, ohne alle Koketterie: »Mais, Malraux, ce fut épouvantable« – einfach schrecklich. In der Tat, nach einem anderen Krieg war leicht rufen. Doch wie ihn führen ohne Truppen? In seinen »Mémoires de guerre« hat de Gaulle enthüllt, warum er nicht aufsteckte: »Damit die Anstrengung die Mühe lohne, mußte der Krieg wieder aufgenommen werden – nicht nur von Franzosen, sondern von Frankreich.« Frankreich war er selbst, und deshalb schien zunächst zweitrangig, was und wen er hinter sich hatte. Vorrangig galt es, dieses Frankreich sichtbar und hörbar zu machen. Dazu brauchte man englische Hilfe, einerlei, was man sonst von England halten mochte. Charles de Gaulle nahm, so die Beschreibung seines Biographen Jean Lacouture, die Haltung eines stolzen Bettlers ein, als er Winston Churchill gegenübertrat. Doch brauchte er nicht zu betteln, um Zugang zum englischen Rundfunk zu bekommen. Der Premier zögerte keinen Augenblick; die Mikrophone der BBC würden zu seiner Verfügung sein, vorausgesetzt, in Bordeaux, wo die Regierung Zuflucht gesucht hatte, gehe das Gesuch um Waffenstillstand tatsächlich heraus. Die Bedingung ist hinfällig, als sie ausgesprochen wird. Zwei Stunden zuvor hat Marschall Pétain mitgeteilt, daß er sich in der Nacht an den Gegner – »l'adversaire« – gewandt habe:»... il faut cesser le combat.« Die Kampfhandlungen also sollen eingestellt werden, ohne Vorklärung und ohne daß nach dem Preis gefragt würde. Die englische Presse titelt kurz und knapp »France surrenders«, und de Gaulle schreibt den ersten Entwurf einer Radioansprache, die er am folgenden Tag zu halten gedenkt. Unterdessen werden im englischen Kriegskabinett Einsprüche gegen den Auftritt laut; der Abschied von dem französischen Kriegsalliierten fällt schwer. Es ist ein doppelter Abschied – von großen Namen und von großen Zeiten; die Entente Cordiale des Ersten Weltkriegs hat niemand vergessen. Wer war dagegen der lothringische Hüne, bis vor kurzem noch Obrist und, wie man sich zuraunt, von gewaltigem Selbstwertgefühl. Zumal im Foreign Office steht der »überspannte Außenseiter« in keinem hohen Kurs, und die Amerikaner üben bremsenden Einfluß aus.

Das aufgeregte Hin und Her teilt sich Charles de Gaulle nicht mit, unentwegt feilt er an seinem Text. Zudem hat er in Informationsminister Duff Cooper einen ebenso verschwiegenen wie hilfsbereiten und effizienten Fürsprecher gefunden, der noch einmal Churchill einspannt und schließlich grünes Licht gibt. Anderen wurde es nicht ganz so leicht gemacht. Als wenige Tage später der norwegische König, mit Glück den deutschen Besatzern entkommen, am Oxford Circus erschien, um sich an seine Landsleute zu wenden, meldete der Pförtner der BBC einen Typen, der behaupte, der König der Norweger zu sein: »Here is a guy who says he is the king of Norway.« Haakon, an Statur so lang wie der Franzose, hatte große Mühe, ein Mikrophon zu ergattern.

Am 18. Juni, achtzehn Uhr, betritt Charles de Gaulle das Studio 4B und wird sofort um eine Sprechprobe gebeten. Er sagt: »La France«. Den wenigen Zeugen der Szene fällt die feste und klare Stimme auf, die Stimme eines Mannes, der sich vor der Schlacht an seine Soldaten wendet: Diese Regierung, gebildet aus langjährigen Armeeführern, berufe sich auf die Niederlage der Armeen und sei mit dem Feind – »l'ennemi« – in Kontakt getreten, um die Kampfhandlungen einzustellen. Die Deutschen aber hätten weniger durch Quantität als durch Qualität die Oberhand behalten. »Ist damit das letzte Wort gesprochen? Darf die Hoffnung aufgegeben werden? Ist die Niederlage endgültig? Nein.« Nichts sei verloren für Frankreich.

Die gleichen Mittel, die in die Niederlage geführt hätten, könnten eines Tages den Sieg bewerkstelligen. »Denn Frankreich ist nicht allein. Es ist nicht allein. Es ist nicht allein.« Und der Krieg nicht entschieden. Denn »dieser Krieg ist ein Weltkrieg«. Und dann der Appell dieses Truppenführers ohne Truppe: »Moi, Général de Gaulle, actuellement à Londres«. Er lädt die französischen Soldaten ein, die sich auf britischem Boden aufhalten oder bald dort aufhalten würden, mit ihm Verbindung aufzunehmen. Was auch geschehe, die Flamme des französischen Widerstands dürfe nicht erlöschen, und sie werde nicht erlöschen.

Die Zahl derer, die sich um ihn zu scharen bereit waren, blieb zunächst klein. Nach und nach meldeten sich Journalisten und Propagandisten, und aus der Heimat kam, wem der Boden unter den Füßen zu heiß geworden war. Offiziere, an die der Appell zuerst und vor allem gerichtet war, taten sich noch schwerer als andere, mit der Legalität zu brechen und statt dessen den Oberbefehl des aufrührerischen Patrioten im Exil anzuerkennen. Die Diplomaten dachten kaum anders, solange Gehälter und Aufwandsentschädigungen flossen. Die Techniker der BBC waren an jenem Abend auf eine andere Stimme konzentriert – die Winston Churchills. Am Vormittag hatte er vor dem Unterhaus geredet, und nun, um einundzwanzig Uhr, würde er sich über den Rundfunk an sein Volk wenden und ihm in diesem dunklen Augenblick, da das reale Frankreich aufgegeben hatte und die Luftschlacht über England erst noch bevorstand, verkünden, daß es seiner »schönsten Stunde« entgegensehe. Die Folge für den einsamen und stolzen Franzosen in London: Sein Appell wurde nicht aufgenommen, und die Zeitungen kannten anderntags nur ein Thema – die leidenschaftliche Rede des Premierministers. Die »Times«, immerhin, nahm auf ihrer dritten Seite Notiz von der Stimme eines Frankreich, das keine Realität hatte und von dem niemand wissen konnte, ob es sie je erlangen würde, und das dennoch beanspruchte, das einzige und das wahre Frankreich zu sein. Gab es ein Echo? BBC hörten die Franzosen nicht, und nur zwei Blätter von Gewicht veröffentlichten Auszüge, dabei die Hinweise auf die »Chefs« der Armee sorgsam aussparend, »Le Progrès de Lyon« und in Marseille »Le Petit Provençal«. Ein Echo? Eher das letzte Flackern einer Berichterstattung, die zu wählen hatte zwischen Anpassung und Widerstand, der Untergrund heißen würde. Und überhaupt: Kam es auf solche Reaktionen in der bedrängten Heimat an?

Wer sich nicht ergibt, hat immer recht gegen den, der sich ergibt, hatte Charles Péguy gedichtet und mit diesen Worten Pate gestanden, als Charles de Gaulle am 18. Juni die Flamme des Widerstands entzündete. Aber überall im Land kursierten Texte, die – oft nur maschinengeschriebene Kopien oder wenige Male abgezogen – die Dichterworte zitierten und variierten. Überall im Lande setzten einzelne den fremden Eroberern und den einheimischen Mitspielern ein Nein entgegen – damit jenen Grund legend, auf dem die Résistance erst Gestalt und de Gaulle Gewicht bekam. Jener Widerstand, von dem später generalisierend die Rede sein sollte, bestand von Anfang an. Aktivisten, die sich sowohl an die patriotische Linke wie an die demokratische Rechte anlehnten, wandten sich in dieser frühen Runde der Information zu, militant wurden sie erst später. Die Kommunisten, die am Ende das

82

meiste Blut vergossen haben würden, tauchten zunächst weg; für die linientreue KP sollte Frankreich erst mit dem Überfall auf Rußland wieder existieren.

Da war, zum Beispiel, Jacques Chaban-Delmas, bald einer der wichtigen Widerständler im Norden des Landes und 1944, nun als Jüngster im Generalsrang, mit der militärischen Koordination der Befreiung beauftragt. Aus dem Nachkriegsfrankreich ist er nicht wegzudenken – Minister und Premierminister, Präsident der Nationalversammlung (und fast des Staates), Bürgermeister und ungekrönter König von Bordeaux. Im Juni 1940 war er in Nizza aus seiner Einheit entlassen worden; die Niederlage erkannte er vielleicht als vorübergehend, aber keinesfalls als dauerhaft an. Nach Paris zurückzukehren weigerte er sich, weil er die Stadt in deutscher Hand nicht erleben und weil er – »la rage au cœur« – weiterkämpfen wollte. Im französischen Fernsehen legte er jüngst Zeugnis ab: »Den Appell des 18. Juni habe ich nicht gehört. Ich wußte also nicht, daß in London ein General saß, der zum Kampf aufrief, und so bin ich zwei Monate lang in und um Nizza herumvagabundiert, immer auf der Suche nach einem Widerstandszirkel. Durch einen blanken Zufall erfuhr ich Anfang August von der Existenz des General de Gaulle. Das hat mir die innere Ruhe wiedergegeben.«

Da war, zum Beispiel, Jean Moulin, aus London kommend am 1. Januar 1942 mit dem Fallschirm abgesprungen – als des Generals Bevollmächtigter im Lande, am 21. Juni 1943 in Caluire bei Lyon verhaftet, unter Umständen, die auch der Barbie-Prozeß nicht erhellt hat. Der Schlächter von Lyon brachte ihn zu Tode, und im Nachkriegsfrankreich, ob allseits aufrichtig oder nicht, gewann der Name Jean Moulins mythischen Klang; bevor er 1981 in den Elysée einzog, ehrte ihn François Mitterrand im Panthéon. Als die Dritte Republik in Trümmer fiel, war er Präfekt im Département Eure-et-Loir. Die entscheidenden Tage hielt er in einem »Journal. Chartres 14.–18. Juni« fest. Jean Moulin hatte beschlossen, auf seinem Posten auszuharren, obwohl die meisten Bürger, vor allem die Bediensteten, auch der Bischof, die Stadt in Richtung Süden verließ und in ihren Mauern das aus dem Norden heranwogende Flüchtlingselend Platz griff. Am Morgen des 17. rückten deutsche Truppen in Chartres ein, der Präfekt ließ sich, als Unehrenhaftes verlangt wurde, nicht beugen und wurde in ein Verließ geworfen, wo er herumliegende Glassplitter aufsammelte und sich die Kehle durchschnitt. Am Morgen jenes 18. Juni, an dem Charles de Gaulle sich auf seinen Appell vorbereitete, wurde er gefunden, bevor es zu spät war. Er trug fortan einen Schal, weil die Wunde ihn verraten hätte. Man hat Moulin den ersten Widerstandskämpfer genannt. Doch dieses Urteil ist gesprochen im Wissen um das, was kommen sollte, und ungerecht gegen alle, von deren früher Standhaftigkeit kein Geschichtsbuch erzählt.

Wie hätte sich der innerfranzösische Widerstand gefunden ohne den überhöhten, mehr noch: ohne den absoluten Anspruch, den Charles de Gaulle erhob und der in der Verkörperung Frankreichs gipfelte? Daß er den Anspruch aufrechterhalten und untermauern konnte, dazu hatte es der Impulse bedurft, die aus dem Land kamen und für die Jacques Chaban-Delmas und Jean Moulin stellvertretend stehen. Doch welche Bewegung hält stand und wirkt fort, der Name und

Begriff nicht zuwachsen? Beides hatte Charles de Gaulle der Bewegung des französischen Widerstands vorgegeben, und das in einem Augenblick, da für Frankreich galt, was Karl Jaspers 1930 auf die Weimarer Republik gemünzt hatte: »Es gibt nichts, was nicht fragwürdig wäre.« Der Immobilismus – die Lust zu verharren, die Unlust, sich auf Neues einzulassen – ist Frankreich eingeboren. Das Ausmaß indes, das die Unbeweglichkeit, die geistige und die politische, in den Jahren vor dem Zusammenbruch erreichte, war nur eine Umschreibung für die Brüchigkeit der Verhältnisse; auf festem Boden hätte ein Pierre Laval, jener Mann, der aus dem Zwielicht kam und nur im Zwielicht gedieh, Karriere nicht gemacht.

Die Therapien, die das Land von der militärischen Niederlage heilen sollten, ließen zunächst nicht erkennen, daß die Diagnosen am Rande des Abgrunds gestellt waren. Ob England standhalte, ob der Krieg ein Weltkrieg werde und ob Nazi-Deutschland untergehe, drei Fragen, die de Gaulle sämtlich mit Ja beantwortete und Pétain mit Nein; der Marschall Frankreichs hatte schon im Kabinett Reynaud gewirkt und amtierte seit dessen Rücktritt als Regierungschef; der starke Mann, ohne den nichts mehr zu gehen schien, war er längst – mit und ohne Amt. Für Frankreich schloß das Ja das Weiterkämpfen ein und das Nein den Waffenstillstand. Eine nüchterne Abwägung, ohne Hintersinn, ohne Ideologie?

De Gaulle stufte die Niederlage als technischen und damit umkehrbaren Vorgang ein; denen, die sie verantworteten, unterstellte er nicht, sie benutzten den militärischen Zusammenbruch als Mittel zum Zweck der politischen Neuordnung. Taktische Zurückhaltung? Oder konnte er gar nicht anders, als in der Kategorie der äußeren Unabhängigkeit zu denken? Nicht nur im Appell des 18. Juni sucht man den Ruf nach Freiheit und Demokratie vergebens. Jene gewisse Idee von der Ehre Frankreichs gründete allein in dessen nationaler Freiheit und Größe, die die Zeiten überdauert hatte und weiter überdauern würde – auch wenn sie derzeit nicht faßbar war. Damit sie es wieder würde, dazu bedurfte es innerer Stabilität, gewiß, aber wie und wodurch war im einzelnen nicht wichtig. Deshalb schloß jene Idee, die de Gaulle beseelte, die Möglichkeit späterer Versöhnung nicht aus. Nach dem Krieg, als die Ehre wiederhergestellt war, fanden de Gaulle und seine Anhänger auf der einen und Pétain und seine Erben auf der anderen Seite zusammen, und der General hielt, als er 1958 die Macht übernahm, die pétainistischen Werte – patrie, famille, travail – hoch, ohne sich in dieser Reihenfolge auf sie zu berufen. In der mörderischen Auseinandersetzung um die Unabhängigkeit Algeriens standen Pétainisten gegen, aber auch hinter dem Staatschef.

Philippe Pétain, der Held von Verdun, hatte über Jahre hin den Marschall Foch beschuldigt, daß 1918 der Krieg nicht fortgesetzt und den Deutschen nicht ein weit härterer Frieden als in Versailles auferlegt worden war. Nun wollte er, wie die Armeeführung, nicht kämpfen, weil er den deutschen Sieg für definitiv und weil er die Stunde für gekommen hielt, offene – politische – Rechnungen zu begleichen. Seine und seiner Gefolgsleute Kapitulation war eine doppelte: Indem die Waffen schwiegen, bevor sie geschliffen waren und bevor sie tatsächlich gesprochen hatten, sicherte er Nazi-Deutschland den äußeren und

Vichy-Frankreich den inneren Sieg; Vichy, die kleine Stadt in der nördlichen Auvergne, geriet zum Synonym für die antiparlamentarischen und die antisemitischen, die autoritären und die pazifistischen Strömungen, die das Land durchzogen. So wurde das Vertrauen einer Bevölkerung mißbraucht, die – kampfesmüde seit dem Blutzoll des Ersten Weltkriegs – in dem greisen Marschall, Jahrgang 1856, ihren Schutzschild sah.

Schon im Ministerrat am 13. Juni hatte er seine Karten auf den Tisch gelegt und zum ersten Mal den keineswegs zwingenden Zusammenhang hergestellt, aus dem ein Entkommen nicht mehr sein sollte. An den Waffenstillstand mit Nazi-Deutschland würde die Neuordnung Frankreichs gekoppelt sein. Jene Neuordnung, die viel eher »aus der Seele unseres Landes kommen« werde als »aus der Rückeroberung unseres Territoriums durch die Kanonen der Alliierten«. Die Regierung, dem Ansehen des Marschalls zum Trotz, keineswegs fest im Sattel sitzend und voller Sorge, daß einzelne ihrer Mitglieder und Parlamentarier den Krieg in Nordafrika fortsetzen könnten, überließ sich einer Waffenstillstandspsychose. Schon am 20. Juni verließen die französischen Bevollmächtigten Bordeaux, um sich anderntags im Wald von Compiègne wiederzufinden, in ebenjenem Eisenbahnwaggon, in dem am 8. November 1918 schon einmal Waffenstillstandsbedingungen diktiert worden waren. In Gegenwart von Goering, Hess, Ribbentrop, Admiral Raeder und Generaloberst Keitel, der das Wort führte, überreichte Hitler 24 Artikel, die mit marginalen Änderungen am 22. akzeptiert wurden und die Pétain hart, aber nicht entehrend nannte. Immerhin sollten drei

Fünftel des Landes durch die Wehrmacht besetzt und die französischen Truppen sofort entwaffnet und demobilisiert werden. In London befand Charles de Gaulle: Frankreich sei »ausgeliefert, ausgeplündert, geknechtet«.

Hitler war die Eile willkommen gewesen. An dem Bestand einer »legalen« Regierung auf französischem Boden lag ihm alles, an ihrem Nein gegen etwaige zu harte Bedingungen nichts; er sprach es frank und frei aus, als er an jenem 18. Juni Mussolini im Führerhaus zu München ins Bild setzte. Der Zweck war ein einziger: Hitler brauchte Ruhe in Frankreich, um die Invasion Englands vorzubereiten. Als die gescheitert war, wurde, November 1942, prompt auch der französische Süden besetzt.

Mit der Unterschrift, die General Huntzinger am 22. Juni unter den Waffenstillstandsvertrag setzte, war der Weg nach Vichy frei. Am 2. Juli wurden die Kurhotels in Ministerien zwangsverwandelt, und Laval, der Pétain diente und ihn zugleich lenkte, machte sich nun ans Werk – die Errichtung des Etat Français. Am 3. Juli versenkten die Engländer – fürchtend, sie falle dem Feind in die Hände – den Großteil der französischen Flotte, die vor der algerischen Küste lag. Mers-el-Kébir, der Ort des grausigen Geschehens, wurde zum Synonym für englische Treulosigkeit und grub sich in das französische Gedächtnis tief ein. De Gaulle, von England als Chef aller freien Franzosen inzwischen anerkannt, tat sich schwer. Über die Wellen der BBC bedauerte er die schreckliche Kanonade und begrüßte doch, daß die Flotte im Bruderkampf kampfuntauglich gemacht worden sei. Nahm es Wunder, daß »France Libre« für eine gewisse Zeit die Anziehungskraft einbüßte? Nahm es Wunder, daß Laval nichts Besseres hätte passieren können? In der Woche zwischen dem dritten und dem zehnten Juli entfaltete er eine abgründige Betriebsamkeit. Die Abgeordneten und Senatoren, deren eine Hälfte 1936 die Volksfront Léon Blums getragen hatte, strömten in die Badestadt am Allier – beherrscht von nichts als Kleinmut und Angst. Angst vor den Deutschen, deren Besatzungszone nur einen Steinwurf entfernt endete, ebenso wie vor den Landsleuten, die auch aus eigenem Antrieb zu morden verstanden; nicht nur die Schlägertrupps der faschistischen Bewegung des ehemaligen Kommunisten Doriot schürten den Schrecken. Daß die exekutive und die legislative Ermächtigung an die Regierung des Philippe Pétain überging, war - Laval nicht genug. Er wollte das Votum des Parlaments. Er wollte dessen Selbstentmachtung. Am 10. Juli 1940 beerdigten fünfhundertneunundsechzig Parlamentarier die Dritte Republik, die eines natürlichen Todes gestorben war, und gaben der Errichtung des Etat Français eine legale Weihe. Achtzig Abgeordnete sagten nein; unter den nur fünfunddreißig Sozialisten war Léon Blum, dessen Leidensweg nach Buchenwald führen sollte. Die Kommunisten waren schon ausgeschaltet, ihre Mandate galten nicht mehr. Im London des - Charles de Gaulle wuchs das Vertrauen in die Kraft des Parlamentarismus nicht, als die Nachricht eintraf. Daß sich Vichy-Frankreich vollends Nazi-Deutschland überantworten würde, galt als Frage der Zeit. Als Frage der Zeit aber galt auch, daß die Résistance zur nationalen Gegenmacht würde. Moralisch war sie es, materiell würde sie es werden.

Drei Monate später: Am 24. Oktober empfängt der

Marschall Hitler in Montoire, nahe Bleis im besetzten Teil, und besiegelt das Schicksal seines Frankreich. Die Stunde der Kollaboration ist gekommen. Am 27. Oktober zeichnen sich in Brazzaville, in Französisch-Kongo, die ersten Umrisse einer Regierung de Gaulle ab: »Le Conseil de défense de l'empire« – der Reichsrat für Verteidigung – wird ausgerufen. Die Stunde der nationalen Wiedergeburt ist auch gekommen. Die Übergänge sind fortan fließend; der französische Individualismus – die leichte Art, sich aus einmal eingegangenen Bindungen zu lösen – hilft die Résistance festigen. Die Mißverständnisse, die der Etat Français heraufbeschworen hat, lichten sich; der Kriegsverlauf zeigt, daß Europa keineswegs deutsch wird, und gibt de Gaulle recht, der der Sieger bleibt.

Es sollte vier lange und opferreiche Jahre dauern, bis aus jener gewissen Idee von der Ehre Frankreichs Realität geworden ist und Charles de Gaulle die Champs-Elysées hinunterschreitet. Als er am 26. August in die Kirche Notre-Dame einzieht, sind der Mann, der Widerstand und das Land eins. Zu den stürmischsten Gratulanten gehört Winston Churchill, dem – ebenso wie Roosevelt – der Franzose zunehmend auf die Nerven gegangen war. In seinen Erinnerungen hielt der Engländer fest, daß in jenem kleinen Flugzeug, das ihn am 17. Juni 1940 nach London brachte, de Gaulle die Ehre Frankreichs mit sich genommen habe. Nun kehrte sie heim, und die Kontinuität eines gegen Nazi-Deutschland kämpfenden Frankreich war hergestellt.

Diese Kontinuität, die er verkörperte, schloß viele einzelne Entscheidungen und Ereignisse ein, auch den schrittweisen Übergang der nordafrikanischen Départements und der anderen Teile des Kolonialreichs zu seiner Exilregierung, auch den Widerstand, der mehrere deutsche Divisionen band, auch die Mitwirkung von Kampfeinheiten an der Befreiung. Auf diese Kontinuität pochte Charles de Gaulle, als er Frankreich zur vierten Siegermacht – einer Siegermacht honoris causa – hochstilisierte. Ohne seinen Appell vom 18. Juni säße Monsieur Dumas fünfzig Jahre später nicht unter den Außenministern, die über Deutschlands äußeres Schicksal befinden.

Nachdem der General 1958 nach Paris zurückgerufen worden war und er eine neue Republik aus der Taufe gehoben hatte, attestierte ihm François Mitterrand »permanenten Staatsstreich«. Heute, nach neun Jahren Präsidentschaft, steht derselbe François Mitterrand im Verdacht, de Gaulle zum Ahnherrn erhoben und sich ihm über Gebühr angepaßt zu haben. Die Sicherheitspolitik des Generals war aus seinem Verständnis von nationaler Unabhängigkeit und Geltung erwachsen und ein Kind der sechziger Jahre gewesen. Ist ihm anzulasten, daß unter den Händen der Nachfolger sein Erbe zu erstarren droht?

Vor fünfzig Jahren stand de Gaulle fast allein gegen ein Frankreich, das um seine Ehre nicht mehr kämpfen wollte. Im Jahr seines hundertsten Geburtstags und zwanzigsten Todestags findet sich in ihm fast die ganze Nation wieder – jenseits der Frage, wie sein politisches Erbe weitergetragen wird.

Der Künstler als Kommunist:
Valentin Falin

An geraden Tagen denkt er an die Sowjetunion, an ungeraden an Deutschland. An welchen der Blick sorgenvoller und die Blässe durchscheinender ist, wer wollte darüber befinden? Trauer umhüllte das schmale Haupt, und Melancholie lag in den Augen, als seine Welt noch nicht aus den Fugen geraten war. Daß er einer Leningrader Adelsfamilie entstamme, die er verleugnen müsse, und sein Vater Kunsthistoriker und Kunsthändler gewesen sei, glaubt man bis heute; die Hinweise fehlen in keiner Biographie und verleihen Aussehen wie Ausdruck die passende Aura. Wahr daran ist nur die Herkunft: In Leningrad wurde Valentin Michailowitsch Falin 1926 geboren, in jenem Jahr, in dem der Vater, ein Bauernbursche mit Bildungshunger, der Kommunistischen Partei beitrat. Die Familie zog alsbald nach Moskau, und der Vater wurde Gewerkschaftssekretär; daß er aufgrund seines geraden Charakters schon mal Schwierigkeiten mit der Obrigkeit bekam und heruntergestuft wurde, vermerkt der Sohn nicht ohne Stolz.

Die Deutschen mochten ihn, wahr oder falsch, ob seiner Noblesse und nannten ihn einen Kummerkasten. Sie mögen ihn noch heute, weil er wirkt, als sei er nicht von dieser Welt und in deren Wirren wider Willen verstrickt. 1976, er war damals Botschafter in

Bonn, sollte er Direktor der Eremitage in Leningrad werden, und er überlegte ernsthaft. Daß er drauf und dran war, seinen eigensten Neigungen nachzugehen, glaubt ihm jeder, der seine Augen leuchten sieht, wenn er davon erzählt. Ein Machtwort von Breschnew reichte hin, daß er entsagte. Gehorsam war dem Kommunisten – Parteieintritt: 1952 – anerzogen, und der hatte immer leichtes Spiel, den Künstler zu verdrängen. Die Deutschen aber mögen ihn auch, weil er ihre Sprache so schön spricht und den Anschein erweckt, als wolle er ihnen wohl. Seine Beziehung zur deutschen Kultur geht bis ins Jahr 1932 zurück, sein sechstes Lebensjahr. Eine alte Frau wohnte damals im Haus, die mehrerer Sprachen mächtig war und ihm die deutsche bei- und nahebrachte. Die Märchen der Brüder Grimm gehörten zu seinen ersten Leseproben. Auch in der Schule blieb er dem Deutschen verbunden – bis zum 22. Juni 1941. Im Jahr zuvor war er in eine Armeeschule eingetreten, wo alle Jungen die achte und neunte Klasse zu absolvieren hatten. An jenem Tag nun sollte die ganze Schule ins alljährliche Sommerlager überführt werden; ein primitiver Kahn hatte gerade über ein Wasser gesetzt, als die Nachricht eintraf. Zu jung für den Waffendienst, holten ihn Mutter und Schwester ab. Man mußte Moskau verlassen und fand sich im Ural wieder. 1942, nach der Rückkehr in die Hauptstadt, verdingte sich der nun Sechzehnjährige im Werkzeugmaschinenbau, und es offenbarte sich ihm während dreier endloser Jahre, was es heißt, nackt zu leben. Dabei das geringste Übel: der Wodka, für den man einen Anrechtsschein bekam, wenn das Plansoll erfüllt war. Er aber trank nicht, trinkt auch heute nicht, weder Wein noch Wodka.

Den Hohn konnte er ertragen, die Beleidigung, als die er diese Art von Anreiz empfand, quält ihn noch heute. Aus seiner weiteren Familie waren siebenundzwanzig Mitglieder gefallen, und er schwor sich, mit Sprache und Volk der Deutschen nichts mehr zu tun haben zu wollen. Ein Vorsatz, der nicht lange hielt. Am Institut für Internationale Beziehungen, wo er 1945 zu studieren begann, mußte er ein fremdes Land wählen, und was wählte er? Deutschland. »Weil ich wissen wollte, wie ein Volk von einer solchen Höhe herabstürzen konnte und ob vielleicht die Entscheidung auch im Charakter begründet lag.« Im Unterschied zu den Kommilitonen vertiefte er sich nun – »konsequent und systematisch« – in die deutsche Kultur und ihre Geschichte. Wirtschaft und Statistik und Technik folgten, ob gezwungenermaßen, verrät er nicht, jedenfalls schrieb er seine erste Arbeit über den Braunkohlebergbau in Deutschland. Nach zweieinhalb Jahren schließt sich ein Jurastudium an, und als auch das getan ist, kann er sich zwei lange Forschungsjahre gönnen. Er wälzt Berge von Akten und Dokumenten – alles, was sich vom Alliierten Kontrollrat in Moskau und im sowjetisch besetzten Berlin, wo er sich ein Jahr aufhält, angesammelt hat. »Ich bin einer der wenigen, die so etwas getan haben«, sagt er noch heute mit Genugtuung. Die Gewißheit, die er über die Abläufe jener Jahre zu haben meint, rührt aus dieser Beschäftigung.

Daß er Russen und Deutsche lange schon Seite an Seite gesehen habe und heute erst recht sehe, würde er jederzeit unterschreiben, dabei keinen Zweifel lassend, daß es ein Bund wenn nicht zu seiner Bedingung, so doch nach seinem Bild, seinem Deutschland-Bild, zu

94

sein habe. Seine Wünsche schließen das vereinigte Deutschland ein und die Anwesenheit der Amerikaner aus. Sein mühsam gezügelter Anti-Amerikanismus entspringt weniger politischem Kalkül denn einem Lebensgefühl. Er verkennt nicht Leistung und Errungenschaften jenseits des Atlantiks, und jederzeit ist er zu politischem Geschäft bereit. Schließlich steht er im Dienst einer Weltmacht, und deren einzig bedeutender Partner ist und bleibt die andere Weltmacht. Wozu auch hätte er sonst seinen Präsidenten zum Gipfel nach Washington begleitet? Doch bei dem Gedanken, in New York leben zu sollen, schüttelt er sich. Amerika heißt für ihn, den Moralisten, die Materie zum Maß der Dinge zu nehmen. Das Lebensglück im materiellen Erfolg zu suchen aber heißt für ihn, bescheiden und unbestechlich, wie er ist, gegen die Weltordnung zu verstoßen. Er gibt zu, daß die Bundesrepublik eine Erfolgsgeschichte hat. Dabei preist er nicht die Demokratie, die ihm zu vieldeutig ist, wohl aber wirtschaftliche Effizienz wie soziale Sicherheit, das Lob sogleich relativierend durch den Verweis auf den anderen deutschen Staat: »In sozialer Hinsicht hat die Existenz der DDR der Bundesrepublik gar nicht geschadet.« Und noch im selben Atemzug beschwört er die negative Kehrseite des Erfolgs: »Die Bundesrepublik ist, kulturell, wesentlich amerikanisiert.« So hat sich die Legende, daß die DDR der deutschere Teil gewesen sei, abzüglich einiger preußischer Erbschaften, die er nicht mag, auch in seinem Kopf festgesetzt, und hat auch er sich die Hoffnung zu eigen gemacht, daß das künftige Deutschland die verlorene Zeit zurückholen werde, jene Zeit, die in Kategorien von Geld und Macht nicht zu fassen ist. Kann er nachvollziehen, daß der Erfolg der Bundesrepublik auch durch die Bindung an die Vereinigten Staaten und die Zugehörigkeit zur westlichen Verteidigungsgemeinschaft bedingt gewesen ist und man eben deshalb beides nicht preisgeben, statt dessen den anderen Teil teilhaben lassen möchte?

Das Ja, mit dem Valentin Falin antwortet, wirkt gequält und keineswegs überzeugend. Es steht auch in Widerspruch zu seiner Überzeugung, durch nichts und niemanden zu erschüttern, daß die Nato als weltweites Herrschaftsinstrument Amerikas gedacht gewesen sei und zur Staatsräson der Bundesrepublik gehöre, daß im übrigen die Vereinigten Staaten die deutsche Teilung allein zu verantworten hätten; er könnte auch sagen: der Westen oder die Westmächte. Die englische Mitwirkung ist gegeben, aber marginal, und Frankreich spielt weder im Blick zurück noch im Blick voraus irgendeine wesentliche Rolle. Der Westen ist Amerika, und auch insoweit muß Falin sich gefallen lassen, antiwestlich genannt zu werden.

Was die Teilung anbelangt: Solange man nicht unterstellt, sie werde nun zu westlichen Bedingungen aufgehoben, hat er es immer schon für das Natürlichste der Welt gehalten, sie zu überwinden. »Alles, was nach 1945, genauer: 1947 zustande kam, habe ich immer als ein Provisorium betrachtet und immer gemeint, es sei eine Frage der Zeit, wann etwas Dauerhaftes an seine Stelle trete.« Somit wäre heute nur aktuell, was man schon nach dem Krieg hätte haben können? Valentin Falin bejaht und schränkt doch ein. Die Einheit, von der er fast beschwörend sagt, es sei das Recht der Deutschen, sie zu vollziehen, mißfällt ihm durch die Art, in der sie sich tatsächlich vollzieht. Was zu tun hat mit seiner – des Diplomaten, des Russen, des Kommunisten – Fähigkeit, von Realitäten zu abstrahieren und Denkfiguren zu bewegen.

Daß die Dinge nicht begreifen kann, wer von der Gleichwertigkeit beider deutscher Staaten ausgeht, will er, unter dem Hinweis auf zwei gleiche Subjekte des internationalen Rechts, nicht wahrhaben. Schon zu Zeiten des Moskauer Vertrages habe er gesagt, daß Reisefreiheit in beiden Richtungen hergestellt werden müsse, nicht ahnen wollend oder könnend, welche Dynamik damals schon freigesetzt worden wäre. Die Einheit zuzugestehen, durchaus mit Herz und Verstand, ist eines, sie als Folge westlicher Anziehungskraft hinzunehmen, durchaus etwas anderes. So widerspricht seinem Ja zur »Neuvereinigung« nicht, wenn er beklagt, daß noch vor drei Jahren ein reformkommunistischer Kurs der DDR Leben eingehaucht und die deutsche Entwicklung in ruhige Bahnen gelenkt hätte. »Und vor zehn Jahren wäre den Staat und die Gesellschaft zu reformieren noch viel einfacher gewesen«, fügt er hinzu, dabei sich selbst verschweigend, daß die Staatsmacht, der er damals wie heute diente, ebendies zu verhindern gewußt hätte.

Valentin Falin widerspricht nicht, wenn behauptet wird, jener Satz, den Michail Gorbatschow am vierzigsten Jahrestag der DDR, Oktober 1989, sprach und der in die Geschichtsbücher eingeht, stamme aus seiner Feder: »Wer zu spät kommt, den straft das Leben.« Und er lacht, wenn hinzugesetzt wird, daß er ein Patent darauf hätte anmelden sollen. Wußte er und wußte sein Chef in jenem Augenblick, daß es tatsächlich schon zu spät war? Die Antwort ist ein freimütiges Ja. Das Gefühl, daß es zu spät sei, habe bereits vor der Reise nach Berlin um sich gegriffen und sich dort nur zugespitzt. Gorbatschow zu Honecker laut Falin:»Man muß sich an die Spitze der Ereignisse setzen und nicht warten, bis …« Er benützt ein russisches Sprichwort, das wohl soviel heißen soll wie:»bis man von den Ereignissen überrollt wird«. Die Reaktion Honeckers? »Vollkommen negativ, de-konstruktiv.« Und die Gorbatschows?»Nun ist alles zu erwarten.« Im Augenblick der Abreise und auf dem Rückflug nach Moskau habe die Stimmung vorgeherrscht, daß»etwas Unberechenbares« heraufziehe.

Etwas unberechenbar Neues? So neu nun auch wieder nicht. Denn Valentin Falin zieht, Deutschland betreffend, eine gerade Linie von Stalin zu Gorbatschow, parallel zu jener westlichen Linie verlaufend, an deren Anfang die Teilung gestanden habe. Deutschland-Experte Falin:»Stalin hat im April 1945, in einem engen Kreis – wie es scheint – im Hinblick auf die amerikanisch-englischen Pläne für eine Teilung Deutschlands seine Vorstellung für ein einheitliches Deutschland entwickelt. Dieses Deutschland sollte entmilitarisiert sein, entnazifiziert, demokratisch, sozial und wirtschaftlich an der Weimarer Republik orientiert. Er ging davon aus, das Land werde fortan unter der Dominanz von Sozialdemokraten stehen.« Um diese dann in die Ehe mit den Kommunisten zu zwingen, wie bald darauf in der eigenen Zone durchexerziert? Und auf diesem Wege das ganze Deutschland dem sowjetischen Machtbereich einzufügen? Der Exeget legt noch einmal Wert auf die Feststellung, der Westen habe Deutschland geteilt, als ein Vorwand – sei es die Blockade Berlins, sei es der Umsturz in Prag – noch nicht herhalten konnte.

Von Zwangsvereinigung zwischen KPD und SPD will er noch nie etwas gehört haben, und auszuschließen ist nicht, daß er seine Wahrheit tatsächlich für die ganze hält. »Das ist bewiesen«, diese Wendung gebraucht er häufiger, wenn er die frühe Nachkriegszeit zu erhellen sucht, sich auf sein umfängliches Quellenstudium beruft und darauf, daß Stalin sein Angebot vom Frühjahr 1945 zunächst in Potsdam und dann drei Jahre später, Mitte 1948 – die Blockade Berlins hätte also gerade begonnen –, wiederholt habe. Scheuklappen gibt es überall auf der Welt, aber in diesem Fall gehören sie einem Intellektuellen, dem es verboten war und der sich selbst verbot, die Welt je mit anderen denn mit offiziell-russischen Augen zu sehen. Oder müßte es heißen: mit bolschewistischen Augen, unter denen sich Fakten zu immer neuen Vexierspielen verschieben lassen?

Wie anders wäre es möglich, daß ein hochgebildeter und sensibler Mann, der niemandem je etwas zuleide tun könnte, freie Kommunalwahlen in der Sowjetisch Besetzten Zone anführt, die ersten auf deutschem Boden, wie er sagt? Diese Wahlen durften nicht sein, weil zuvor die KP der sozialdemokratischen Blutzufuhr bedurfte; als sie dann tatsächlich im Herbst 1946 stattfanden, waren sie erstens nicht mehr frei, und zweitens hatten die Wähler in der amerikanischen Zone ihr Votum schon längst abgeben können. Bei diesem Hinweis zitiert er ein – sowjetisches – Kontrollratsdokument, dem zufolge unter englischer Oberhoheit für eine angerechnete Stimme die KP zwanzig, die SPD zehn und die CDU eben nur eine Stimme hätten beibringen müssen. Er meint mit allem Ernst und aller Überzeugung, die Wirklichkeit in den Moskauer Akten eingefangen zu haben. Nicht-Ereignisse finden statt und umgekehrt. Der brutale Zugriff der sowjetischen Besatzungsmacht auf die eigene Zone darf nicht gewesen sein, weil sonst die Konstruktion vom bösen Westen, der Deutschland geteilt hat, und vom guten Osten, der die Einheit retten wollte, zerfiele.

Kann überraschen, daß er die Stalin-Note vom 10. März 1952 in klarer Kontinuität sowjetischer Deutschland-Politik sieht, als beispielhaft auch und gerade aus heutiger Sicht? Stalin sei, so die Erläuterung, über das Angebot der unmittelbaren Nachkriegszeit weit hinausgegangen. Sein Befund laut Falin: »Deutschland darf eigene Streitkräfte für die nationale Verteidigung besitzen, und dies widerspricht nicht dem Interesse der Sowjetunion.« Deshalb habe er dem vereinigten Deutschland eigene Streitkräfte und eine eigene Rüstungsindustrie zugestehen wollen, die Bündnisfreiheit vorausgesetzt. Ist nicht zu verstehen, daß der Anschauungsunterricht im sowjetisch beherrschten Teil Europas die Offerte verdüstern mußte? Von Stalin ist die Rede als einem Menschheitsverderber; Falin zögert nicht, ihn mit Hitler in einem Atemzug zu nennen, und er schreibt ihm die Perversion der sozialistischen Idee zu. Doch das ist ein anderer Zusammenhang, und keine Brücke führt von der einen in die andere Art des Denkens. Die Staatsräson Rußlands wie die der Sowjetunion löst sich von den handelnden Personen, und mit der größten Selbstverständlichkeit spricht der Diplomat von der Kontinuität seines eigenen deutschlandpolitischen Wirkens – unter Stalin, Chruschtschow, Breschnew, Gorbatschow. In den zwei Jahrzehnten von 1950 bis 1970, dem Jahr, in dem er zum Botschafter in Bonn ernannt wurde, war Valentin Falin in der einen oder anderen Weise mit Deutschland befaßt. Zunächst in einem »Komitee für die Information des Außenministers«, dann als stellvertretender Leiter der Dritten Europäischen – der deutschen – Abteilung im Außenministerium, als Chefberater des Ministers, als Leiter der Zweiten Europäischen Abteilung, schließlich als Leiter der Dritten. Nach dieser Laufbahn und acht weiteren Jahren als Missionschef am Rhein konnte er den deutschen Dingen unmöglich den Rücken kehren, einerlei in welcher Position. Er landete einstweilen in der ZK-Abteilung für internationale Information; 1976 schon war er Mitglied der Zentralen Revisionskommission beim ZK geworden. Dann, 1983, nach dem Tod Breschnews und dem Machtantritt Andropows, machte die Karriere einen Knick, verursacht durch die enge Bindung an das alte Regime, die Flucht des Stiefsohns in den Westen und die eigene unorthodoxe zweite Heirat.

Er fiel weich auf den Posten eines Sonderkorrespondenten der »Iswestija«. Er konnte schreiben, wann und worüber er wollte, und sich im übrigen historischen Studien widmen, auch seiner Leidenschaft für die schönen Künste. Die Zwangspause währte keine drei Jahre. Michail Gorbatschow reaktivierte den Deutschland-Kenner, Falin wurde 1986 Chef der Presseagentur Nowostij, nun auch Kandidat zum ZK, und begleitete seinen obersten Dienstherrn bereits zum Gipfel nach Reykjavik. Seit Oktober 1988 nun sitzt er nicht nur selbst im ZK, sondern auch auf einem jener Stühle, auf dem sowjetische Deutschland-Politik nicht nur beraten, sondern mitgemacht wird, dem des Leiters der Internationalen Abteilung beim ZK der KPdSU.

Gewiß, der Job ist nicht mehr der, der er einmal war. Bis weit ins Jahr 1972 hinein hatten der Generalsekretär der Partei und deren Apparat den auswärtigen Kurs des Landes bestimmt und die Außenamtsbürokraten deutlich auf den zweiten Platz verwiesen. Boris Ponomarjow, zu Komintern-Zeiten Vorgesetzter von Tito und Herbert Wehner und dann eine Ewigkeit Chef jener Internationalen Abteilung, brachte es zwar über einen Kandidaten zum Politbüro nie hinaus, zog sich auch den Ruf eines großen Langweilers zu, war aber Vorgesetzter des Außenministers – bis Andrej Gromyko, in der Folge des Moskauer Vertrages und des Berlin-Abkommens, ins Politbüro aufrückte und auf diesem Wege dem Mann des Parteiapparats erst gleichgestellt, dann übergeordnet wurde. Die einstige Rangfolge hatte für den damaligen Botschafter in Bonn die angenehme Folge von sehr viel Freiraum, einem Freiraum, ohne den das Berlin-Abkommen noch viel länger auf sich hätte warten lassen.

Gemeinsam mit dem amerikanischen Botschafter Kenneth Rush und Kanzleramts-Staatssekretär Egon Bahr hatte Falin in Bonn ausgehandelt, was im Berliner Kontrollratsgebäude der Vier mit märkischem Streusand finalisiert wurde. Ohne die lange Leine, von der er noch heute schwärmt, hätte er auch seine bisher ausgefallenste Rolle nicht spielen können. Denn als die damalige Bonner Opposition herausfinden wollte, ob die Sowjetunion eine den Moskauer Vertrag ergänzend interpretierende Entschließung entgegennehme, saß der Botschafter mit am interfraktionellen Beratungstisch und gefiel sich durchaus in der Rolle eines Orakels, das die Opposition mehr noch als die Regierungsseite meinte anrufen zu sollen.

Daß seit dem Aufstieg des Außenministers ins Politbüro, dem auch Schewardnadse angehört, der Internationale Sekretär dessen Untergebener sei, wäre eine leichtfertige Annahme. Als Falin den Schreibtisch Anatol Dobrynins, des langjährigen Botschafters in Washington und unmittelbaren Ponomarjow-Nachfolgers, übernahm, trat an die Spitze eines neuen für internationale Fragen zuständigen Parteiausschusses der engste Gorbatschow-Vertraute, Alexander Jakowlew, und der ist nun Falins unmittelbarer Vorgesetzter. Wer in einer Zeit, da dem Präsidenten Gorbatschow andere Dinge noch wichtiger sind als die deutschen, neben Jakowlew den größten Einfluß auf ihn hat, weiß niemand. Daß die Häufigkeit der Audienzen dafür kein Maßstab ist, ist offenkundig.

Frage an Falin: Wer hat sich jenen Vorschlag ausgedacht, der seit der ersten Runde der Zwei-plus-vier-Verhandlungen auf dem Tisch liegt und auf die Entkoppelung der inneren und der äußeren Aspekte der Einheit zielt? Er, Falin? »Nein.« Wer dann? Die Antwort, fast genüßlich vorgetragen: »Es war die Idee des Außenministers.« Hat die Idee die Billigung Gorbatschows, und stimmt er ihr selbst zu? »Ich würde sagen«, der Tonfall ist nun gedehnt, »dieser Vorschlag ist eine Investition großen Vertrauens vor allem in die bundesrepublikanische Seite, daß nach der inneren Vereinigung die Regelung der externen Aspekte nicht lange auf sich warten läßt. Andernfalls wäre diese Investition umsonst getätigt worden.«

Von Juri Kwizinski, bis vor kurzem Botschafter in Bonn, nun Chefunterhändler bei den Verhandlungen über Deutschland und ein Mann, der das besondere Vertrauen des Außenministers genießt, weiß man, daß er vier bis fünf Jahre ins Auge fassen möchte. Eine Perspektive, bei der es manchen Deutschen graust: Wie viele Finger wollen im gesamtdeutschen Teig rühren und wie lange? Eine Sorge, die Falin überhaupt nicht versteht. Er nennt »ein paar Monate«, er möchte die Deutschen, so sie die Einheit wirklich wollen, zwingen, sich zu bewegen, und verhehlt nicht seine Skepsis gegenüber dem Angebot des Ministers. Ein Angebot, von dem er meint, es spiele den Deutschen das Gesetz des Handelns in die Hand – je länger es dauere, desto mehr.

Im Überschwang unserer Tage vergißt sich leicht, daß gegen die Sowjetunion, auch oder erst recht gegen eine geschwächte Sowjetunion, die deutsche Einheit – die Einheit, die diesen Namen verdient – nicht zu bewerkstelligen sein wird. Daß 380 000 Soldaten auf dem Territorium der heutigen DDR ein Faustpfand seien, will Falin zwar nicht gelten lassen; daß sie nur abgezogen würden, wenn »die Fremdtruppen im westlichen Teil« auch gingen, will er betont wissen und damit auch gesagt haben, daß die nationale Selbstbestimmung dort aufhöre, wo das Recht der internationalen Gemeinschaft anfange. Für wen die Nato nie etwas anderes war als das Instrument der Amerikaner, die Welt zu beherrschen, der kann sich mit der Zugehörigkeit eines vereinten Deutschland zur atlantischen Gemeinschaft und ihrer Ausstrahlung in das östliche Europa hinein nun einmal nicht abfinden.

Falin: »Das ist *die* sowjetische Position.« Alles andere? »Wunschdenken.« Daß den Vereinigten Staaten auf lange Sicht das Verhältnis zur anderen Weltmacht wichtiger sei als die deutsche Nato-Zugehörigkeit und in Washington das letzte Wort noch lange nicht gesprochen sei, dessen ist er nach dem Gipfel so gewiß wie zuvor. Und der Ausweg, wenn die Sowjetunion Verzögerung nicht eintreten lassen wolle? »Wenn etwas Bitteres zu schlucken ist, dann bitte schnell«, bestätigt er erst einmal die Abneigung, die Dinge auf die lange Bank zu schieben, eine Neigung, die auch er eher anderswo ansiedelt. Der Streit um den Friedensvertrag wird am leichtesten aus der Welt zu schaffen sein, denn er ist ein Streit um Worte. Daß Deutschland mit den westlichen Siegermächten und jedenfalls mit Frankreich, mit dem seit 1963 ein Verhältnis besonderer Art besteht, keinen Friedensvertrag schließen kann, sieht auch ein sowjetischer Spitzendiplomat ein, der sich im übrigen wundert, warum noch vor Monaten nach einem solchen gerufen worden sei und nun, da das Subjekt, das den Vertrag schließen würde, tatsächlich Gestalt annimmt, dies alles nicht mehr wahr sein solle. Der Sowjetunion geht es, so das Fazit, um zweierlei: erstens um die Grenzgarantie und zweitens um die Ablösung der originären Siegerrechte. Beides wäre auch mit einer Regelung zu haben, die expressis verbis den Friedensvertrag ersetzt. Schließlich wird in Moskau ausdrücklich »etwas Neues« gewünscht und nicht etwa, ein halbes Jahrhundert nach dem Krieg, eine Versailler Neuauflage, vielmehr eine Übereinkunft, »die das Ende von Zweitem Weltkrieg und Kaltem Krieg besiegelt«.

Nein, nicht die Form schafft das Problem, sondern der Inhalt. Und die von Falin mehrfach hervorgehobenen »originären Siegerrechte« – auch die Westmächte könnten sie für Deutschland als Ganzes jederzeit ins Feld führen – sind nicht so leicht zu den Akten zu legen, wie zu glauben der gesunde Menschenverstand zuläßt. Die Sowjetunion wird sie nur abtreten, wenn ihr die künftige Ordnung in und um Deutschland paßt, wenn, wie man hier sagen würde, sie ihre Sicherheitsinteressen gewahrt sieht; Valentin Falin ist nicht nur amüsiert, wenn sich ausgerechnet die Deutschen darüber den Kopf zerbrechen. Da diese mit der Ausdehnung der Nato an die Oder, in welcher Form auch immer, und einer bereits einkalkulierten Eigendynamik jenseits der Oder keinesfalls zu vereinbaren seien, bleibe, so Falin, »die einzige Alternative das gesamteuropäische Sicherheitssystem«, das noch vor Ende des Jahrzehnts verwirklicht sein könne – unter Beteiligung (Kontrolle?) – der beiden halbeuropäischen Supermächte. An diesem Punkt überlagert das eigene Weltmachtbewußtsein denn doch die antiamerikanische Grundstimmung, es offenbart sich eben nur im Verhältnis zur anderen Weltmacht.

Betrachtungen, daß ein militärisch ungebundenes Deutschland gerade nicht mit den sowjetischen Sicherheitsinteressen harmoniere und der Verbleib der Amerikaner erwünscht sein müsse, sind Falin fremd und fern, Gedanken an die Stalin-Note von 1952 und die darin verborgenen Möglichkeiten hingegen immer wieder nah. Wenn die Sowjetunion schon in den Jahren nach dem Krieg ein vereintes und neutrales Deutschland hätte haben wollen, dann doch wohl heute erst recht! Um es so unter sowjetische Kontrolle zu bringen? Falin überhört. Vielleicht hat er tatsächlich nie daran gedacht, daß nach dem Zweiten Weltkrieg die Deutschen, die das Glück hatten zu wählen, um keinen, auch keinen nationalstaatlichen Preis in den stalinistischen Einflußbereich geraten wollten. Es mag sein, daß ihm diese innere Dimension verschlossen geblieben ist und er nur darum die Gleichung von 1952 und 1990 so unbefangen aufmachen kann.

Die gesamteuropäische Sicherheitsbehörde steht in seinem Kopf schon längst; sie würde Konflikte beizeiten unter Kontrolle bringen und andernfalls das Instrumentarium zur Hand haben, sie zu entschärfen. Conditio: Abrüstung und nochmals Abrüstung und Reduzierung des auf deutschem Boden vorhandenen militärischen Potentials, das fünf- bis zehnmal höher liege als irgendwo sonst in Europa und das die Deutschen bisher diskriminiert habe. Er erinnert an den Oktober 1961, als zweihundert Berliner Meter die Welt vom dritten Krieg trennten, und schlußfolgert: Deutschland müsse zuerst und vor allem militärisch ausgedünnt werden und – in der Zahl der Soldaten wie der Dichte und der Art der Objekte – anderen Nationen gleichgestellt werden. Welche Nationen? »Finnland, Polen, Österreich.« Die Frage nach Atomwaffen erledigt er mit einer Handbewegung. Die seien unnütz, denn die zivilen Kernkraftwerke und chemischen Fabriken reichten allein hin, jeden, auch konventionell geführten Krieg zur Katastrophe werden zu lassen.

Wieso geht dann die Abrüstung – so viel guter Wille war nie – nicht nennenswert voran und stocken allerorts die Verhandlungen? Warum sind in Genf die einst hohen Erwartungen auf den Nullpunkt gerutscht, und warum hat die Sowjetunion in Wien auf die Bremse getreten? Letzteres wird bestritten und ersteres mit dem Hinweis auf die bisher fehlende Bereitschaft des Westens beantwortet. Kritik an die eigene Adresse würde niemals über Valentin Falins Lippen kommen. Mehr noch: Der Glaube, daß die Sowjetunion – von - Stalin bis Gorbatschow – richtig gehandelt hat, ist tief in ihm verwurzelt. Was das allgemeine Problem der Abrüstung angeht: Die Asymmetrie zwischen politischem und militärischem Denken liege an der Wurzel des Übels. Mit einem Bein stehe man eben immer noch in der Vergangenheit.

So schließt sich der innere Kreis von Abrüstung und deutscher Frage, den die Diplomaten dieser Welt aufbrechen – oder auch nicht. Noch ist, allen Schönredereien zum Trotz, die Formel nicht gefunden, die die einander entgegengesetzten Wünsche auf einen Nenner bringen könnte. »Sackgassen gibt es nicht, außer in den Köpfen von Politikern«, tröstet Falin und macht Hoffnung auf unbekannte Kompromisse. Die Sowjetunion wolle schnell schlucken, wenn sie denn schlukken müsse, hatte er gesagt, aber doch keinen Zweifel gelassen, daß sie allein bestimme, ob und wann sie es tatsächlich müsse; daß niemand auf ihre Käuflichkeit spekulieren möge und entsprechende Avancen schon jetzt auf den Anbieter zurückfielen; daß sie auch – oder gerade? – in einer Zeit schmerzhafter Schwäche ihr Machtbewußtsein nicht verliere. Die Veteranenaufmärsche am 9. Mai und die sich häufende Erinnerung an siebenundzwanzig Millionen Tote im Krieg gegen Nazideutschland sprechen für sich. Gewiß, es läßt sich auch ein Szenario ausmalen, in dem eine sowjetische Zentralregierung nicht mehr existiert und die Soldaten in Deutschland einem Oberbefehl kaum noch unterstehen. Aber wer wollte darauf bauen mögen?

Es schließt sich auch der äußere Kreis von Strategie und Geschichtsphilosophie. Wo das Machtstaatsdenken, das Valentin Falin verinnerlicht hat, aufhört und die Träumerei, die auch zu ihm gehört, anfängt, ist nicht herauszufinden. Ob nicht der Schwur auf das kollektive Sicherheitssystem den Glauben an die schöne heile Welt voraussetze, auch den Glauben an die Planbarkeit und irgendein »Endstadium« der Geschichte, und ob einer, der sich auch als Historiker fühle, diesem Glauben überhaupt anhängen könne? Er verneint entschieden, daß man von Utopien rede. Denn es sei nun auf Erden wie am Himmel. »Es kommt sehr selten vor, daß sich die Sterne in so glücklicher Konstellation zusammenfinden.« Von wegen Utopien. Ist er noch Kommunist? »Ja.« Leninist? »Ja.« Ist Stalin ohne Lenin denkbar? »Aller Anfang ist gut«, und es komme darauf an, zu den Anfängen zurückzukehren. Stalin sei *der* Antisozialist gewesen; es hört sich an, als sage er: der Antichrist. Er spricht von dem bevorstehenden Parteikongreß, »dem wichtigsten und schwierigsten seit 1921«, und räumt die Möglichkeit, wenn nicht die Wahrscheinlichkeit der Spaltung, »der Abspaltung der Sozialdemokraten menschewistischer Richtung«, freimütig ein. Ob er mit von der Partie sein wolle? Nein, er werde nicht, und unterstreicht mit einer Handbewegung, wie abwegig er die Frage findet.

Schon jetzt bestehen in der Sowjetunion andere Parteien, und kein herrschender Kommunist, erst recht Valentin Falin nicht, bestreitet ihre Legitimität. Die KPdSU selbst gleiche mittlerweile einer demokratisch verfaßten Partei eher denn einer Kaderorganisation. Um die Delegiertenplätze für den Kongreß wurde überall hart gerungen, und Falin kostet es harte Kämpfe und Abstimmungen, in letzter Minute ein Mandat zu erhalten. Er nennt das »natürlich« und entzieht sich prompt der Frage, was denn diese Partei noch mit der überkommenen KP gemein habe und was es heiße, heute noch Kommunist zu sein. »Die Idee ist richtig, sie ist aber sehr schlimm ausgeführt und in ihr Gegenteil verkehrt worden.« Eine Flucht auch vor sich selbst und der eigenen Geschichte, so zu sprechen? Als er aufsteht, sieht er auf seine feingliedrigen Finger. »Wenn man ein Jahr lang kein altes Silber, nicht das Holz der alten Möbel und nicht die Uhren berührt hat, dann verliert man Gefühl und Sinn dafür.« Im späten achtzehnten Jahrhundert ist er zu Hause, und er erweckt den Eindruck, wenn er davon redet, als kehre er zu sich selbst zurück. Die Kunst der Moderne sagt ihm nichts. Er liebt die Musik Mozarts und Beethovens, doch ebensosehr die Schumanns und Schuberts. Würde man ihn einen Romantiker nennen, er hätte nichts dagegen. Und könnte er nicht einem Roman der deutschen Romantik entstiegen sein? Zerrissen zwischen dieser und einer anderen Welt.

Diplomat für die Freiheit:
Vernon A. Walters

Am Ende löste sich alles in Harmonie auf, und in verklärendes Licht wurde gerückt, was die Diplomaten einige Monate lang in Atem gehalten hatte. Gemessen am Ausgangspunkt eine naheliegende Reaktion. Deutschlands äußeren Status zu regeln, galt seit Jahresbeginn als der Einigung schwierigere Teil, und daß beide deutschen Staaten zusammengefunden haben würden, ohne mit einer gemeinsamen Souveränität ausgestattet zu sein, noch zur Jahresmitte als möglich. Wo sind all die klugen und besorgten Mahnungen geblieben, die die deutsche Mittellage und Deutschlands viele Nachbarn zum Gegenstand hatten? Wo die Sorgen und die Ängste, die tatsächlichen und die unterstellten, von der geballten Macht in die Mitte Europas? Und wo die vielen Versuchsballons, die im Laufe des ersten halben Jahres in den Moskauer Himmel gestiegen waren? Hatte nicht Außenminister Schewardnadse die Zwei-plus-vier-Verhandlungen mit einem Paukenschlag eröffnet und auf Trennung der inneren und der äußeren Fragen der Einheit plädiert? Als sich Botschafter Kwizinski im Mai aus Bonn verabschiedete, sprach er von einer fünf- bis siebenjährigen Verhandlungsdauer, Deutschland betreffend. Im Monat darauf machte der Nachfolger seine Antrittsbesuche und malte genau die gleiche Perspektive aus.

Nun sind die äußeren Dinge geregelt, ohne daß nennenswerte Fragen offengeblieben wären, und die Zufriedenheit ist allgemein, viel allgemeiner als in den inneren Angelegenheiten. In der Umgebung des einstigen Ministerpräsidenten der DDR hatte man seit langem gespottet, daß in Gestalt des Staatssekretärs Krause die Bundesregierung mit sich selbst verhandele und Gespräche mehrerer Weltmächte leichter zu führen seien als Selbstgespräche einer einzigen Regierung. In dem Echo auf den Abschluß der Zwei-plus-vier-Verhandlungen war von Gesprächen kaum noch die Rede. Die Welt rühmte Gorbatschow, als habe er allein den Durchbruch erzielt und allein möglich gemacht, daß der Vollzug der inneren Einheit mit der Erlangung der äußeren Souveränität auf den Tag genau zusammengefallen ist und Deutschland in den Kreis einander gleichberechtigter Nationen eintritt. Vor diesem Hintergrund leuchtete ein, daß sich die Deutschen dankbar erwiesen und erkenntlich zeigten. Ein Fall von Ungerechtigkeit?

Der amerikanische Botschafter in Bonn ist ein Mann, der genug erlebt hat und genug Weitblick besitzt, um die Geschichte in der Geschichte zu sehen und die Frage von Verdienst und Lohn schlicht zu ignorieren; nicht umsonst hat er neun Präsidenten gedient. Die Welt ist mit dem Fall der Mauer nicht neu erschaffen worden, und tatsächlich hat die Sicht der Vergangenheit Verständnis und Mißverständnis der Gegenwart bestimmt. Die Sicht von Vernon A. Walters, die in Amerika verbreitet war: In dem Augenblick, in dem die Sowjetunion ihren Zugriff auf Europa lockerte, würden die Tage aller kommunistischen Regime gezählt sein und damit die deutsche Einheit auf der Tagesordnung stehen. »Die DDR abzüglich Kommunistische Partei, das war immer Deutschland.« Nirgends in der westlichen Welt war man, über die Jahre hin, so ablehnend gegen die DDR wie in den Vereinigten Staaten. Reagans Aufforderung an Gorbatschow, die Mauer einzureißen, fiel aus dem Rahmen und war auf mehr als einer deutschen Seite belächelt worden. Kein europäischer Staatsmann hätte den Satz zu jener Zeit – 1987 – noch ausgesprochen. Und während für Erich Honecker in Paris, London, Rom, Bonn der rote Teppich ausgerollt wurde, stellte man sich in Washington stur. Sein Lebensziel, der Empfang im Weißen Haus, blieb aller Wendungen zum Trotz unerreichbar. Vernon A. Walters macht, um die politische Einschätzung zu veranschaulichen, einen Ausflug in die Sprache. Immer schon habe er gefunden, daß das deutsche Wort »Landsleute« sehr schwer übersetzbar sei, ebenso schwer wie »Heimat«, und daß das Wort von den »fellow countrymen« nicht den Sinn erfasse, wenn von den Landsleuten in der DDR die Rede gewesen sei. Als dann die Glienicker Brücke wieder begehbar wurde und er die privaten Szenen beobachtete, die sich abspielten und die ihn bestätigten, wurde ihm die Bedeutung klar: »These are my very own people.«

Lockern würde Moskau den Druck, so Walters in seinem Rückblick, wenn sich die Sowjetunion selbst öffne und Demokratie ins Land ziehe. Konnte, wer so dachte, überrascht sein von den deutschen Entwicklungen? Mußte sie nicht gar einrechnen, seit sich die Sowjetunion tatsächlich und dauerhaft wandelte? In seinem Buch »Perestroika«, so setzt der Botschafter nach, habe Gorbatschow die Vorschau dessen gegeben, was komme. In der erst langsam, dann rasant fortschreitenden Demokratisierung des Landes liege der Grund für die außenpolitischen Erwartungen der Vereinigten Staaten, die in den frühen Willensbekundungen, aus Afghanistan abzuziehen, ihre Bestätigung gefunden hätten:»Gorbatschow ist nicht Breschnew.« Wenn die Breschnew-Doktrin aber nicht mehr galt, »-konnte in Europa und in Deutschland nichts bleiben, wie es war«.

Als der neu gewählte Präsident entschied, Walters, ihm aus gemeinsamen CIA-Tagen bestens bekannt, nach Bonn zu entsenden, lieferte George Bush den Grund mit:»Ich brauche Deine Hilfe in Deutschland.« Warum?»Germany is where the action will be.« Leute mit gutem Gedächtnis werden mutmaßen, mit»action« seien die nuklearen Querelen gemeint gewesen und antiwestliche Absetzbewegungen. Aber diese Deutung greift zu kurz. Und Walters sagte eben in jenen Tagen, da er ernannt wurde, die deutsche Einheit komme bald, wofür er sich den Vorwurf gefallen lassen mußte, Öl ins Feuer zu gießen. Auch als er im Senat um seine Bestätigung nachsuchte, gebrauchte er starke Worte: »Ich kann mir gegenwärtig kein Verhältnis von größerer Tragweite vorstellen als das deutsch-amerikanische.«

Im Jahr 1989 trat er seinen Posten an und verfügte in einer seiner ersten Amtshandlungen, daß künftig allen Texten, die an deutsche Dienststellen gerichtet seien, eine deutsche Fassung beigefügt werde. Gezielt ließ er sodann Relikte des Besatzerdaseins aufspüren; im Chiemsee war nun Wasserski für keinen mehr möglich, auch nicht, wie früher, für Angehörige der amerikanischen Streitkräfte, und in Berlin der einzige

Golfklub nicht mehr ein amerikanischer, sondern ein deutsch-amerikanischer. Irgendwann im Frühsommer 1989 meldete er nach Washington: »Die Flut steigt.« Daß er die Deutschen besonders kenne und möge, würde er bestreiten. Er spricht ihre Sprache wie die sieben anderer Völkerschaften auch. (Höflichkeit und Perfektionismus gebieten ihm, sein Deutsch jeden Morgen mit Hilfe einer Lehrerin zu verbessern. Was da noch zu verbessern sei? »Die Artikel. Das soll doch mal einer begreifen: das Weib, der Feminismus, die Männlichkeit.«) Er ist oft in Deutschland gewesen, und seine Eindrücke von dem zerstörten und dann so rasch wiederaufgebauten Land blieben haften. Vor allem hat er, von Kind an, viel gelesen, und die Erinnerungen Kaiser Wilhelms, die dieser ihm mitsamt Autogramm aus Doorn geschickt hatte, gehören zu den Raritäten in seiner an Raritäten reichen Bibliothek, die er sofort vorzeigt; im übrigen legt er Wert darauf, daß er es war, der – ohne Abitur und ohne je eine Universität von innen gesehen zu haben – der amerikanischen Residenz jenes geistige Flair verliehen hat. Doch war er, eine Seltenheit für einen amerikanischen Offizier, nie in Deutschland stationiert und hat andernorts länger gelebt, in Brasilien acht Jahre – seither trinkt er keinen Kaffee mehr – und in Frankreich 22 Jahre, zehn Jahre vor dem Krieg, drei in Sachen Marshall-Plan, vier bei der Nato, fünf als Militärattaché. De Gaulle hat er 1942 in London kennengelernt und war in den sechziger Jahren wieder mit ihm in Kontakt; in den diesjährigen Gedenksendungen über den General ist er ein gesuchter Interviewpartner. Ob ihn Frankreich geprägt habe? »Ich kenne es eben sehr gut und bin noch heute sehr gern dort.«

115

Aber er ist kein Mann von Einseitigkeiten und fühlt sich Deutschland freundschaftlich verbunden, er bewundert seinen Aufstieg nach dem Krieg und nennt seine Demokratie, Bestand habend fast ein halbes Jahrhundert, beispielhaft. Doch die Distanz hat er darüber nicht verloren. Wie sonst könnte sein Blick scharf und einfühlsam zugleich sein? So antwortet er denn auch auf die Frage, ob sich sein Deutschlandbild im Laufe des vergangenen Jahres etwas geändert habe, ziemlich cool:»Nein, nicht.«Tatsächlich spricht er über ein anderes Land fast mit mehr Anteilnahme und jedenfalls mit größerer Spannung; daß er im vergangenen August fünftausend Kilometer mit dem eigenen Auto durch Rußland gefahren ist, war mehr als professionelle Neugier, die auch im Spiel gewesen sein mag. Daß sein Russisch fabelhaft ist, versteht sich von selbst. Einer wie er würde ohne die entsprechenden Sprachkenntnisse eine solche Tour nicht machen. Seine Eindrücke? Nicht verheerend, und:»Ein großes Volk.«

In seinem Interesse an Rußland und der Sowjetunion – er gebraucht beide Namen, glaubt auch nicht an ein Auseinanderfallen der Völkerschaften – mischen sich der Stolz auf die eigenen Leistungen und die aus anfänglicher Skepsis erwachsene Sympathie für den Weg Gorbatschows, der ohne den amerikanischen Druck nicht eingeschlagen worden wäre. Immer wieder kommt er auf diesen Punkt und damit auf die Frage nach dem Verdienst in Sachen Deutschland zurück:»Dreihundert Milliarden Dollar jährlich haben die Vereinigten Staaten in den vergangenen neun Jahren in die Verteidigung gesteckt. Das hat Einfluß gehabt auf alles, was in der Sowjetunion geschehen ist.« In der Tat, Gorbatschow hatte, noch bevor die deutschen Dinge sichtbar in Bewegung gerieten, eingestanden, fünfundzwanzig Prozent des Bruttosozialprodukts für Rüstungszwecke auszugeben, sei nicht mehr möglich. »Na bitte, wer hat ihn zu diesem Eingeständnis gezwungen?« Walters bleibt dabei, daß die sowjetische Hochrüstung aus dem Wettlauf erwachsen ist, nicht aus jener Eigendynamik, die gerade in den siebziger Jahren die Spätzeit Breschnews kennzeichnete. Wie auch immer, »Gorbatschow ist ein intelligenter und ein vernünftiger Mann. Er hat gesehen, daß ohne Rüstungsabbau und ohne Verständigung mit uns die Probleme der Sowjetunion überhaupt nicht mehr in den Griff zu bekommen sein würden.« Der Botschafter kommt, die diplomatische Contenance mühsam wahrend, auf das Verdienst zurück: »Wer also redet von unsren Opfern? Alle reden von unseren Defiziten. Aber niemand in Europa macht sich ein Bild, was das amerikanische Volk beigetragen hat. Hätten wir unsere Truppen aus Japan und aus Deutschland beizeiten abgezogen, wir hätten kein Defizit.«

Von einem besonderen Verdienst der Vereinigten Staaten, die Begleitung des deutschen Einigungsprozesses betreffend, will er nichts wissen, erst recht nichts von seiner eigenen Einflußnahme auf die Regierung in Washington. Entsprechende Fragen findet er indiskret, und so ist nicht auszumachen, ob er nicht erzählen will, weil es sich für einen Diplomaten nicht ziemt, er auch einer Schule entstammt, in der man eher zu schweigen lernt, oder ob er bereits in einer neuen Ära lebt und deren Gesetze und Rücksichtnahmen schon vorwegnimmt. Abwegig nennt er Spekulationen, erst die klare Vorgabe aus Washington habe auch

Engländer und Franzosen auf Kurs gezwungen; jeder habe gewußt, daß hier nichts aufzuhalten sein würde. Ob abwegig oder nicht, nachdem der Weg, der schließlich zum Erfolg führte, eingeschlagen war, hat George Bush die britische Premierministerin und den französischen Präsidenten auf eben diesen Weg eingeschworen.

Unterstellt, die Erkenntnis vom nicht durchzuhaltenden Rüstungswettlauf habe die Russen zur Räson gebracht und am Beginn der europäischen Umwälzungen gestanden, es bleibt die spannende Frage nach dem Moskauer Umschlag des vergangenen Sommers. Bis dahin war die gesamtdeutsche Nato-Mitgliedschaft nach Kräften verhindert worden, und verschiedene Leute hatten verschiedene Modelle auf den Tisch gelegt. Die deutsche Neutralität war beschworen worden und sogar die deutsche Mitgliedschaft in zwei Bündnissystemen. Und immer wieder hatte man die eigenen Sicherheitsinteressen hochgehalten und die Welt und vor allem die Deutschen veranlaßt, über deren Bestimmung nachzudenken. Hatte nicht Valentin Falin, immerhin Chef der Internationalen ZK-Abteilung der KPdSU, unmittelbar vor der Abreise zum Gipfel in Washington angekündigt, es werde eine Lösung außerhalb der Nato geben oder keine? Woher der Umschlag? Wurde er verursacht durch neue Einsichten oder durch Machtverschiebungen? Daß man in Moskau nicht mehr mit einer Zunge sprach, hatte sich herausgestellt und auch, daß sich Welten zwischen den Apparaten im ZK und den Akademien der Wissenschaftler aufgetan hatten. Aber um die jeweiligen Einflüsse wußte man lange nicht viel.

An jenem letzten Mai-Wochenende in Washington

hatten die Sowjets, in dieser Form zum ersten Mal, interne Konflikte nicht mehr zu verbergen gesucht und Gorbatschow und sein Außenminister den Amerikanern zu verstehen gegeben, daß die Sichtweise eines - Falin die ihre nicht sei; daß ohne Einschwenken auf die amerikanische Linie in Sachen Deutschland ein langfristiges Einvernehmen mit den Vereinigten Staaten schwer zu erzielen sein würde, war den Pragmatikern im Kreml inzwischen klargeworden. Von da an konnte es nur noch eine Frage der Zeit sein und des Lohns, bis der Umschlag sichtbar gemacht wurde. Sichtbar aber wurde er, als sich Mitte Juli Kohl und Gorbatschow im Kaukasus trafen und – Botschafter Walters zieht sich auf diese eine Mitteilung zurück – den Amerikanern »eine angenehme Überraschung« bereiteten.

Aus der Faszination, die das deutsche Geld – oder nicht nur das deutsche Geld? – ausübt, macht niemand in Moskau einen Hehl. Aber niemand auch stört sich daran, und niemand kümmert sich um etwaige Hinterabsichten. Weil der abschüssige Weg, auf dem die Sowjetunion trotz allen Reformmühens dahingleitet, nicht dazu angetan ist, Gespenster von deutsch-russischen Sonderbünden zu wecken? Oder weil die Verankerung Deutschlands im Westen nun doch unumkehrbar geworden ist? Im Leben sei sehr wenig unumkehrbar, hat Vernon A. Walters einmal gesagt, eigentlich nur der Tod und die Steuer. Aber wenn er irgend Voraussagen über den Gang der Geschichte machen solle: Die deutsche Westbindung hält auch er für nicht umkehrbar. Die Nato ist nicht »der« Westen und für die Ewigkeit nicht gemacht, und daß sie schon jetzt nicht mehr die ist, die sie in der Nachkriegszeit war, gehört zu den politischen Alltagsweisheiten. Und daß die Anpassung an die neuen Gegebenheiten, die die Nato auf ihrem Londoner Gipfel, dem Treffen im Kaukasus voraufgehend, vollzog, ein wichtiges Glied in der Entscheidungskette der letzten Monate war, bestreitet niemand. »Die Wahl, die dort getroffen wird«, hatte Schewardnadse die versammelten Staats- und Regierungshäupter zuvor wissen lassen, »wird weitreichende Folgen sowohl für die Deutschen als auch für Europa haben.« Die Wahl, die getroffen wurde, hatte weitreichende Folgen, und doch blieb der Kern der Sache unberührt. Denn jenseits allen Wandels liegt in der Nato-Zugehörigkeit der greifbare Nachweis beschlossen, daß die Amerikaner, anders als nach dem Ersten Weltkrieg, Deutschland verbunden bleiben und daß es nicht für sich selbst stehen wird. Dies vorausgesehen zu haben und gegen zunächst harten Widerstand Moskaus dabei geblieben zu sein, war allerdings keine Alltagsgeschichte.

Botschafter Walters wird noch heute böse, wenn er an gewisse Zeitungsmeldungen denkt; die deutsche Nato-Zugehörigkeit sollte er zur Bedingung dafür gemacht haben, daß die Dinge überhaupt in Bewegung kämen und die Vereinigten Staaten den Einigungsprozeß positiv begleiteten. Das hätte nicht zu ihm gepaßt, und tatsächlich war, zu Jahresbeginn, sein Votum gewesen: Auch Deutschland müsse seine eigene Wahl treffen und seine Allianz selbst bestimmen. Als der Bundeskanzler, Februar 1990, in Camp David eben dieses tat, war eine andere Entscheidung bereits vorausgegangen. In einer hitzigen Nachtsitzung am Rande einer Konferenz in Ottawa hatte der amerikanische Außenminister durchgesetzt, daß die vier Siegermächte den deutschen Status nicht unter sich aushandeln würden, sondern gemeinsam mit den beiden Staaten, die Deutschland ausmachten; andernfalls dessen Souveränität von vornherein belastet wäre. Wiederum schwang die Erinnerung an den Versailler Vertrag mit. Verhandlungsrahmen und Verhandlungslinie waren also beizeiten vorgegeben, doch mochte man in Bonn lange nicht dran glauben, und die Gedankenspiele gediehen auf mehr als einer Seite. Wer erinnerte sich nicht noch an Kohls Machtwort, das mit dem Weißen Haus abgesprochen und an die Adresse seines Außenministers gerichtet war? Dieser hatte noch am 5. Mai, in der ersten Runde der Zwei-plus-vier-Verhandlungen, dem auf jahrelangen Zeitgewinn zielenden Vorschlag seines sowjetischen Kollegen öffentlich Geschmack abgewonnen. Auch in der Frage der Stationierung sowjetischer Truppen blieben die Amerikaner stur – aus der Überzeugung heraus, daß ihr Weg richtig und ohne Alternative sei, und darauf setzend, daß Moskau nicht anders würde können und – wollen. »I'm not going to dance on the Berlin Wall«, hatte George Bush beizeiten gesagt und damit angedeutet, daß er einen entsprechenden Triumph nicht ausreizen werde und Stabilität in der Sowjetunion in amerikanischem Interesse liege. Eine Voraussetzung dafür, daß die deutschen Dinge bereinigt werden konnten? Oder die Frage nach Ursache und Wirkung in der Geschichte?

Die Supermächte haben sich nicht erst über der Regelung der deutschen Angelegenheiten zusammengefunden. Doch mit der Regelung der deutschen Angelegenheiten haben sie sichtbar gemacht, daß sie sich durch Dritte nicht mehr gegeneinander ausspielen lassen würden und die Welt fortan eher gemeinsam denn getrennt zu kontrollieren gedächten. »Früher sagte die eine Weltmacht, die Wand ist schwarz, und die andere, die Wand ist weiß«; diese Zeiten, so auch Botschafter Walters, seien nun vorbei, und fast beschwörend klingt es, wenn er hinzufügt, daß die Sowjetunion Weltmacht bleibe.

Die Vision von einem goldenen Zeitalter des Friedens war rasch heraufbeschworen, und es mochte scheinen, als habe der irakische Diktator die Welt provoziert, damit diese ihre Träume rasch wieder austräume. Kann es sein, daß die zwei Weltmächte zusammenfinden und doch zusammen nicht stark sind? Jedenfalls nicht stark genug, der Welt in Nord und in Süd ihren Willen auf friedliche Weise aufzuzwingen?

Deutschland wird keine Zeit gelassen werden, sich in eine Rolle hineinzufinden, die nichts mehr zu tun haben wird mit dem beschaulichen Spiel der alten Bundesrepublik. Der Botschafter beschreibt die künftige Rolle als groß – »unvermeidlich groß« – und fügt, nicht ohne Hintersinn, hinzu: »Die Verantwortung wächst, und mit der Verantwortung kommt die Kritik.« Daß der Drei-Milliarden-Beitrag, mit dem der amerikanische Außenminister ausgestattet wurde, zur Zufriedenheit ausfiel, bestätigt er und hütet sich sogleich, der deutschen Politik Anregungen zu geben. Doch der Nachsatz läßt ahnen, daß schon binnen kurzem Deutschland sich aus der Verantwortung nicht mehr wird herauskaufen können: »Es will doch keine Singularisierung? Oder?« Ein Alleingang kann auch in Abstinenz bestehen, und beiseite stehen zu wollen neuer Ausdruck alten Sonderweg-Strebens sein. Aber der Wille, Verantwortung wahrzumachen, heißt auch für das vereinte Deutschland, nicht nur mitzumachen, sondern auch mitzusprechen. Der Vollzug der deutschen Einheit und die Krise am Golf haben in einer faszinierenden Wechselwirkung die Unübersichtlichkeit der internationalen Politik hervortreten lassen. An jenem Samstag, da James Baker in Sachen Golfkrise in Bonn Visite machte, brachte Vernon A. Walters, 73 Jahre alt, es fertig, sechsmal eine fliegende Maschine zu besteigen. Eine Kleinigkeit für einen Mann, der in den vier Jahren, da er Reagans Sonderbotschafter war, 1,6 Millionen Flugkilometer zurückgelegt hat? Immerhin hält er selbst einen Tag aus dem Botschafterleben für erwähnenswert: In der Frühe war er mit einem der Giftgas-Züge in Nordenham eingetroffen; diesen zu begleiten war für ihn von Anbeginn an selbstverständlich gewesen. Von Nordenham also mit dem Hubschrauber nach Bremen, weiter nach Köln, sodann nur noch Hubschrauber: zur Residenz, mit Baker auf den Petersberg und weiter nach Oggersheim.

Ein wenig ruhiger wird es zukünftig werden, aber ruhig gewiß nicht. Immerhin ist er Herr über zweihundert amerikanische und vierhundert deutsche Bedienstete; die Botschaft in Bonn ist die größte amerikanische Botschaft überhaupt. Wirtschaftliche Gründe waren maßgebend, aber auch militärische. Ob die es bleiben, kann Walters so wenig voraussagen wie irgendeiner sonst. Nun, da der institutionelle Rahmen gezogen ist, mündet alle Diskussion in die Frage nach dem Selbstverständnis des vereinten Deutschland. Wie wird es den Rahmen ausfüllen? Welches Ende die Zwei-plus-vier-Verhandlungen gesetzt haben, liegt offen zutage. Aber welchen Anfang? Daß den Deutschen die Autorität niemand abnehmen kann, darin bleibt der Botschafter stur. Daß sie spannend wird und nicht herauszulösen ist aus dem neuen Wissen dieser Welt, gesteht er gern zu. So bleibt aus Sicht der Vereinigten Staaten der Botschafter-Posten in Deutschland aufregend und wichtig, wichtiger als manch anderer in Europa.

Der Typ für einen ruhigen Job ist Walters ohnehin nicht. Seine Autobiographie – »Silent Missions« – ist soeben auf Deutsch erschienen. Ein Blick schon lehrt, daß ein Akteur am Werk ist. Am Repräsentieren liegt ihm nichts. Er will dabeisein und seine Neugierde befriedigen. Im Gegensatz zu manchen seiner Vorgänger hat er keinerlei Berührungsängste und pflegt Umgang mit allen und jedem, Schwarzen, Roten, Grünen. Er ist wachen Sinnes, und wenn man ihn einen aufgeklärten Konservativen nennt, hat er nichts dagegen, vorausgesetzt, »konservativ« wird in amerikanischem Sinne verstanden: »Not narrow-minded, but open-minded.«

Flucht ins Geld: Die Bundesrepublik ein Jahr nach der Einheit

Ein Leitbild hat sich festgesetzt: Er oder sie ist zwischen dreißig und fünfzig und selbstgewiß, lebt in Sicherheit und liebt die Überschaubarkeit, mag sich mit dem Untergang der alten Bundesrepublik nicht abfinden und meint, für die eigene Generation zu sprechen. Jene Generation, die den Staat des Grundgesetzes kennengelernt hat und seinen ruhigen Lebensfluß und wenig sonst. Und von sich sagen darf, diesen Staat am reinsten zu verkörpern.

Der Anspruch hat Echo gefunden, und auch in anderen Jahrgängen und bei anderen Einstellungen wird die egozentrische Spezies für repräsentativ gehalten. Weil Jüngere sich noch nicht artikuliert und Ältere sich angepaßt haben? Weil keiner frei ist von der Sehnsucht nach der guten alten Zeit, als die die Bundesrepublik nun erscheint? Und noch in der kritischen Distanz nach Haltepunkten und nach Erklärung gesucht wird? Auch dieses Mal wäre also die Verklärung, die sich über die vergangenen vierzig Jahre legt, die Abwehr gegen den Wandel und die Unruhe gegenüber dem Unbekannten? Von Verklärung ist nicht nur im Rückblick zu reden, sondern auch im ungläubigen Staunen: »Die Bundesrepublik soll nicht mehr sein? Wieso?« Schließlich habe man in allem recht gehabt, und äußerlich sei doch alles beim alten geblieben, sogar der Name.

Zu Lebzeiten hätte niemand in die Bundesrepublik hineingelegt, was nach ihrem Ende als ihre Hinterlassenschaft ausgemacht wird. Die Überschaubarkeit der Verhältnisse und der Verantwortung, der unteilbar-endlose Wohlstand und das gute Gewissen, die Inbesitznahme des Staates durch das Ich.»Weil ich hier aufgewachsen bin« und »weil mein politisches Vaterland die Bundesrepublik ist« waren gängige Formeln, mit denen die Forderung nach der Hauptstadt Bonn Nachdruck hatte finden sollen. Hernach, als die Flucht zurück verbaut war und die Suche nach einem neuen Ausweg begann, galt es, »die Bonner Demokratie« in Berlin fortzusetzen. Welche Bonner Demokratie? Doch nicht die, die sich östlicher Bedrohung ausgesetzt sah, Berlin immer als einen Kern ihrer Staatsräson aufgefaßt hatte und sich der Bedingtheit ihres Daseins bewußt war.

Seit 1949 stand nicht nur verbal im Mittelpunkt der Bonner Politik das Schicksal jener Deutschen, die unter sowjetischer Besatzung lebten und dort nicht leben wollten. Ihre Abstimmung mit den Füßen erinnerte die Bundesrepublik daran, daß sie selbst ein Teilstaat war, und hinderte sie, sich selbst genug zu sein. Der leidenschaftliche Streit der frühen Jahre ging nicht um das Ob einer Einheit in Freiheit, sondern um das Wie: Wie dorthinkommen? Auf keiner Seite wurden die Prioritäten absolut gesetzt. Adenauer hatte mehr als einen Grund, Westbindung und Wiederbewaffnung ins Werk zu setzen; wer aber wollte ihm die Überzeugung absprechen, auf diesem Wege die Wiedervereinigung herbeizuführen? Es gingen viele Jahre ins Land, bis er am Ende seines Lebens erkannte, daß der Faktor Zeit seine eigenen Gesetze entfaltet und die Teilung sich vertieft hatte. Aus der Sackgasse herauszufinden, hatte er nicht mehr Zeit noch Kraft. Die Westdeutschen aber wollten Taten sehen. Taten, die die Teilung linderten und die Bedrohung minderten. Wie anders hätte die Deutschlandpolitik der sozialliberalen Koalition ein so großes Echo finden können. Der Faktor Zeit aber wirkte auch jetzt. Der feste Griff, mit dem die Sowjetunion ihre deutsche Kriegsbeute umschlossen hielt, schuf Verlegenheiten, denen niemand, woher er auch kam und welches Bild von Deutschland er auch in sich trug, entkommen konnte. Im Westen mochte es scheinen, als sei die staatliche Einheit kein Thema mehr. Die Gefährdungen, denen sich die DDR ausgesetzt sah, seit sie die Anerkennung mit Zugeständnissen bezahlen mußte, blieben verborgen. Zum Vorschein kam statt dessen ein Staat, der sich einer gesicherten Existenz rühmen durfte. Gleichzeitig schwand das Gefühl der Bedrohung, und nun erst, in der neuen Ruhe der späten siebziger und der achtziger Jahre, gewann die Bundesrepublik jenen unverwechselbaren Charakter, der heute für typisch gehalten wird. Und von dem nicht nur die Eiferer meinen, dies sei es, was in das geeinte Deutschland hinüberzuretten sei. Das gewandelte Selbstverständnis hatte, wie in einem Brennglas, auch Berlin erfaßt, das seine neu errungene Sicherheit eintauschte gegen die Rolle des gelittenen, aber, gemessen an der eigenen Leistungskraft, eher anspruchsvollen Angehörigen. So geschah es, daß die Hauptstadtfrage aufgerollt werden konnte; Berlin war nur noch ein Relikt einer abgesunkenen Epoche und mußte zu neuem Leben erweckt werden – durch den Schwur auf die Zukunft des geeinten Deutschland. Bonn hingegen versinnbildlichte eine

Bundesrepublik, deren Zeit erst spät begonnen hatte. Es ist die Zeit, von der man nicht wahrhaben will, daß sie abläuft. Daß in einer Mischung aus Bosheit, Schwerfälligkeit und Großmannssucht – nichts ist gut und teuer genug – der Umzug behindert wird, mag zu vernachlässigen sein; die Wirkung ist allenfalls aufschiebender Natur. Doch in der populären Wendung vom Fortsetzen – Weitermachen – steckt das Programm, die Einmaligkeit der Einheitsaufgabe herunterzuspielen, und steckt die Abwehr dagegen, sich selbst in Frage zu stellen. Probleme hatte man auch früher schon, nun sind es einige mehr, na und! Geld, guter Wille und gutes Gewissen werden's schon richten. Woher die Weigerung, den Grund zu prüfen, auf dem man agiert? Wohin tragen die Folgen? Die Aufgaben, die die Bundesrepublik durch quantitative Erweiterung zu bewältigen hat, sind nicht nur größer und gewichtiger als alle, die sie je zuvor zu bewältigen hatte. Sie bescheren eine vollkommen neue Erfahrung, eine Erfahrung, die von materiellen Grenzen handelt und von der Art, damit umzugehen.

Wer hätte vor einem Jahr, am 3. Oktober 1990, als der zweite deutsche Staat auch der Form nach unterging, sich klarmachen mögen, daß der erste nicht unberührt bleiben würde? Man freute sich über die Einheit, hatte jedenfalls nichts dagegen, weil sie sich in westlichem Sinn vollzog und ein Deutschland erstand, im Innern und nach außen, wie es sich die Gründerväter der Bundesrepublik vorgestellt hatten und wozu sie den Teilstaat keinesfalls in Widerspruch geraten lassen wollten. Ob eingestanden oder nicht, das Gefühl, alles richtig gemacht zu haben, das Siegergefühl, das Gefühl von der moralischen Überlegenheit, aus dem bisweilen Verdienst wurde, trug zur Selbstgefälligkeit bei und nährte die Illusion, die Einheit werde sich von selbst herstellen.

Und wer sich nicht freute? Und sich längst angewöhnt hatte, beide deutsche Staaten komplementär zu sehen? Dunkle Ahnungen mußten aufsteigen, daß mit dem einen auch der andere versinken würde. Und Trauer sich verbreiten, wenn einer daran dachte, »daß es den faden, kleinen, ungeliebten, praktischen Staat Bundesrepublik«, in dem er groß geworden war, künftig nicht mehr geben würde? In den Abgesang, den Patrick Süskind im Augenblick der Vereinigung anstimmte, fielen die Minderheiten ein, Spielverderber, die von der Einheit nichts wissen wollten und die darüber einen Staat entdeckten, an dem sie nie zuvor etwas hatten entdecken wollen. Aber hatte sich das Bild, das der Schriftsteller von der Bundesrepublik entworfen hatte, nicht längst verselbständigt, und war es nicht auch den Mehrheiten längst vertraut geworden? Jenen Mehrheiten, die lediglich nicht wahrhaben mochten, daß das Bild bald der Vergangenheit angehören würde. Ist es das richtige? Oder das Wunschbild, das man sich vom Staat des Grundgesetzes machte? Es muß doch einen Grund haben, daß ein Gegenbild nie entworfen wurde?

Widerstand gegen die Einheit war Widerstand gegen die Beschädigung des eigenen Baus. Diesen Bau aber wollten doch alle über die Zeit und die Einheit hinwegretten? Daß sechzehn Millionen Landsleute durch Zufall und nicht durch Verschulden unter die sowjetische Knute geraten waren, begriff man rasch, und in ihrer überwältigenden Mehrheit gönnten ihnen die Westdeutschen Freiheit und Wohlstand; sie sollten leben können wie sie selbst. Mißgunst, Hochmut oder auch nur demonstrative Gleichgültigkeit beflügelten, mancher Zweckmeldung zum Trotz, nur eine Minderheit unter den westlichen Zeitgenossen. Eine Welle von mitbürgerlicher Hilfsbereitschaft und professionellem Engagement erfaßte viele einzelne, aber auch Vereine, die unpolitischen noch mehr als die politischen, Städte und Gemeinden, die manchen Mann abstellten und manche Mark abzweigten. Davon ist wenig in die Öffentlichkeit gedrungen. Um so mehr aber von der Mauer in den Köpfen und der Trägheit in den Herzen. Warum?

Weil Kleinmut Trumpf ist und man nicht wahrhaben möchte, daß man einer Herausforderung wie der Einheit tatsächlich gewachsen sein könnte? Weil man dem eigenen Unvermögen entflieht und das eigene schlechte Gewissen entlastet, indem man auf »die« Deutschen mit den Fingern zeigt und sich selbst als nicht dazugehörig vorstellt? Unter den Eliten ist die Schimpferei auf das eigene Volk zur Mode geworden; sie ist älter als die Einheit, aber in Blüte steht sie erst jetzt. Was ist der Nährboden für Ressentiments dieser Art, und wann sind sie zuerst aufgetaucht? Antworten würden die Spätzeit der Bundesrepublik, keine andere, erhellen. Immerhin kündete noch vor knappen zwei Jahrzehnten ein Wahlplakat vom Stolz auf das eigene Land – mit durchschlagender Wirkung. Heute würde es dem allgemeinen Gespött anheimfallen – bei jung und alt, rechts und links.

Man kommt immer wieder darauf zurück: Die Einheit vollzog sich als Erweiterung der Bundesrepublik, und so entsprach es Willen und Empfinden ihrer Bürger. Der Formalisierung durch den Artikel 23 hatte es kaum noch bedurft, um dieses Empfinden zu festigen. Im Geltungsbereich des Grundgesetzes lebten nun sechzehn Millionen Deutsche mehr, man konnte, wenn man wollte, seine Ausflüge in eine neue Himmelsrichtung ausdehnen, und sonst? Was merkten die Bundesbürger von der Einheit? Abgaben, Gebühren, Steuern erhöhten sich und die Preise auch. Doch Lasten des bisherigen Umfangs sind einstweilen zu tragen, und die Proteste fallen bescheiden aus; niemand weiß, wo die Schmerzgrenze liegt. Es blieb alles beim alten, innenpolitisch wie, dank der Zugeständnisse der Sowjetunion, außenpolitisch. Wem wäre nicht der Bundestagswahlkampf noch in frischer Erinnerung? Als der eine orakelte, man werde schon noch sehen, was man von all dem habe, und der andere verkündete, es sei alles bestens, weil kostenlos, fanden sich die Wähler in der einen oder in der anderen Aussage wieder und hatten noch kaum Grund zur Kritik. Also nicht Einfälle zweier Politiker, sondern Ausdruck ein und desselben Besitzstanddenkens? Die reuigen Bekenntnisse, daß versprochen wurde, was nicht zu halten war, verhallten. Dem fortgesetzten Griff in die Brieftasche der Bürger haftet der Charakter der Beliebigkeit an, Zeichen der Umkehr werden nirgends gesetzt. Auch ein Jahr nach der Einheit muß niemand seine Gewohnheiten überprüfen, die Politik nicht und das Publikum auch nicht.

Über kosmetische Korrekturen hinaus bemühte sich niemand, alte Subventionen abzubauen, aber jeder, neue zu fordern; allgemeinen Sparappellen entsprachen besondere Ausgabenwünsche. Gründe ließen sich immer finden, für die Familie, das ungeborene Leben, den öffentlichen Dienst, ein Stadtparlament oder eine Ausstellung oder ein Institut in Amerika. Man zeigt nun einmal gern, wie wohl es einem geht. Die Parteien sind sich einig, tragen Händel aus um diese Einnahme oder jene Ausgabe und tun sich doch nichts. Im Gegenteil, es ist, als scheue sich jeder für sich und hätten alle miteinander Angst, Spielverderber zu sein. Verderber im Gesellschaftsspiel um das größte Beharrungsvermögen. Die Grundlinie, die Einheit durch Geld, wieviel auch immer, zu bewerkstelligen und darüber den Wohlstand zu bewahren, ist noch nirgends in Frage gestellt worden.

Solange der Anfang in den neuen Ländern noch kaum gemacht war, schien der Vergleich zum Nachkriegsaufbau im deutschen Westen nahezuliegen; die Illusion, das Unternehmen, einmal in Gang gesetzt, laufe von selbst, war allgemein; an materieller Anschubhilfe sollte es auch keinesfalls fehlen. Wo lag der Kurzschluß? Jenes westliche Maß, nach dem sich die Einheit vollzog, war das der Jetzt-Zeit, nicht das der frühen und nicht einmal das der mittleren Jahre. Über der sozialen Marktwirtschaft und dem Zauber, der von ihr ausging, vergaß man leicht, daß sie eine feste Größe nicht ist und allein in der Bundesrepublik vielfachen Wandel durchgemacht hat. Der Rahmen mag gleichgeblieben sein in vierzig Jahren, und sonst? Wie heute erklären, daß diese soziale Marktwirtschaft auf den Kopf gestellt wird, wenn dort, wo nichts oder nicht viel erwirtschaftet ist, die soziale Komponente die wirtschaftliche überlagert?

Diese Priorität, die sich der Westen infolge hoher Produktivitätszuwächse hat leisten können, ist in den Osten hineingetragen worden, von den Beamten, die die Einheit verwalten, nicht den Ökonomen, die es nicht mehr zu geben scheint. Schließlich bestand Konsens darüber, daß es so zu sein habe. Die neuen Länder sollen werden wie die alten, die ihre Gewohnheiten beibehalten und weitergeben. Daß einstweilen viel mehr konsumiert als investiert wird, mag auch hier seinen Grund haben.

Über Ursache und Wirkung darf spekuliert werden: Verläuft die Politik in den eingefahrenen Gleisen und verfährt nach der Regel des geringsten Widerstands, weil das Publikum geschont werden und keinesfalls wahrhaben will, daß das Wohlstandsidyll bedroht ist? Oder ist die Politik unfähig und unwillig geworden zu führen, und entzieht sie sich dem Bedürfnis nach Erklärung und Wegweisung? Oder aber wohnen der nachindustriellen Mediengesellschaft Gesetze inne, die genau dieses verbieten?

Die Gesellschaft des deutschen Westens, durchgeschüttelt schon in Krieg und unmittelbarer Nachkriegszeit, ist während vierzig guter Jahre sehr homogen geworden und gerade darum über keinen einheitlichen Leisten zu schlagen. Gleichförmigkeit und Vereinzelung gehören zusammen. Die Verantwortlichkeiten zerfließen, die überkommenen Trennlinien werden unscharf, und die überkommenen Bindungen, auch die privatesten, lockern sich. Ein Psychogramm zu erstellen, das über die Ansammlung von Umfragedaten hinausginge, wäre ein kühnes Unterfangen. Die Gesellschaft der achtziger Jahre, gekennzeichnet von einem neuen Wohlstandsschub und einem nie gekannten Ruhe- und Harmoniebedürfnis, war frei von den Auf- und Umbrüchen vorangegangener Jahrzehnte, und doch läßt sie sich fast nicht beschreiben; nicht nur in der Politik verloren die Gesichter ihre Konturen.

Aber wie kann man ohne eine solche Skizze darlegen, daß und warum das geeinte Deutschland mehr ist und anderes als die erweiterte Bundesrepublik? Und wie über deren Erbe urteilen, wenn ihr Ende noch nicht auszumachen ist? Sie im Gegenteil sich abmüht, das Leben zu verlängern?

Es mag kommen, wie so oft: Was man nicht selbst regelt, nötigen andere einem ab. In diesem Fall: Wenn nicht doch noch von innen, wird der Anstoß von außen kommen. Der Anstoß, den Begriff der Verantwortung mit Leben zu füllen, der des einzelnen gegenüber dem Land und der des Landes gegenüber der Welt. Ein statisches Selbstverständnis hatte den bundesrepublikanischen Teilstaat erfüllt, solange dieser eingezwängt war in eine stabile Ordnung und seit er sich nicht mehr bedroht fühlen mußte. Kann es halten, wenn rundum die Welt im Umbruch ist?

Unter dem Druck der Ereignisse, erst des Golfkrieges, dann der Wirren unter den Nachbarn im Osten, zumal in der Sowjetunion, galt es, der überkommenen Selbstbescheidung zu entrinnen und die deutsche Verantwortung in der Welt neu zu bestimmen. Indes, eine Öffentliche Debatte, die diesen Namen verdiente, ist noch nirgends geführt, entschiedene Position noch nirgends bezogen worden. Gerade auf diesem Feld nehmen die Parteien größte Rücksicht aufeinander; die Debatte um UN-Missionen und eine deutsche Teilnahme wirkte, als wollten sich die einen hinter den anderen verstecken und alle zusammen hinter der Verfassung. Auch hier die Scheu, unbehagliche Tatbestände beim Namen zu nennen und aufgetürmte Tabus zu durchbrechen. Auch hier die Flucht ins Geld. Der Verlockung, auch die Außenpolitik mit dem Scheckbuch zu betreiben, war nicht zu widerstehen, als Haltung hätte sein müssen, nicht Taktik nach außen und Beschwichtigung nach innen. Man erinnere sich: Im Golfkrieg kam Deutschland in lautes Gerede; wahr oder falsch: daß es sich drücke, war überall im Ausland der bestimmende Eindruck geworden. Tatsächlich erwartete kein Land der Welt einen deutschen Soldaten auf dem Schlachtfeld, sehr wohl aber ein klares Wort über Versäumnisse im eigenen Land und über Beiträge, die einer neuen Friedensordnung auf die Beine helfen könnten. Und fragen hätte man vielleicht einmal dürfen, ob nicht wenige Schiffe viele Milliarden gespart hätten und ob nicht gerade eine allzu ausgeprägte Zahlungsmoral den Ruf beschädigt. Was die Sowjetunion angeht und den gezielt erweckten Eindruck, reich genug zu sein, um auch deren Dinge auf einen guten Weg zu bringen: Nicht nur setzte man von Amts wegen einmal mehr die Gebote der Effizienz außer Kraft, es wurde auch der Stolz der russischen Reformer verletzt, und die Freunde im Westen, stetig ermahnt, auch großzügig zu sein, mögen sich ihr Teil gedacht haben. Kann es sein, daß Großspurigkeit die Kehrseite mangelnder Selbstachtung ist?

Woher rührt mangelnde Selbstachtung? Immerhin war sie vorhanden, solange die Bundesrepublik herausgefordert war, sie sich behaupten und bewähren und ihren Platz, erst nach Westen, dann nach Osten, noch suchen mußte. Man kannte seine Grenzen und versuchte sich darin einzurichten. Allerdings durfte und brauchte die Bundesrepublik, die nicht nur ein Teil-, sondern auch ein Frontstaat war, ihre vitalen Interessen niemals allein zu bestimmen; das Gefühl, daß diese mit denen ihrer Schutzmächte identisch seien, war grundlegend. Ein vorauseilender Gehorsam gegenüber der amerikanischen Schutz- und Weltmacht, aber auch dem französischen Nachbarn, dem der selbstverständliche Vortritt in Europa überlassen wurde, war ihr eingeboren, und der Glaube, in »Europa« aufgehoben zu sein, ihr zur zweiten Natur geworden. Wie anders hätten so viele europäische Fluchtlinien gezogen werden können, als die nationale Einheit im Werden war? Ob mit dem Hinweis auf den fahrenden europäischen der nationale Zug gar nicht erst fahren sollte oder die Einheit mit dem Schwur auf Europa schmackhaft gemacht werden sollte, zum Vorschein kam eine Idealvorstellung, in die sich die Bundesrepublik hineingesteigert hatte. Das europäische »Nun erst recht« erhob der Kanzler der deutschen Einheit zum Leitsatz der Politik; er investierte Zeit und Kraft, um die Dinge voranzubringen und Gemeinsamkeit in der Außen- und Sicherheitspolitik herzustellen. Damit eilte er der Wirklichkeit weit voraus. Die Franzosen dachten bisher noch nicht daran, an den Kern eigener Souveränität rühren zu lassen, und bauten Atomraketen, die auf deutschem Boden niedergehen würden. In der Bundesrepublik hatte man vor dieser Wirklichkeit die Augen verschlossen. Warum brachte niemand in der Bundesrepublik den Mut – Mut? – auf, davon laut zu reden? Daß das geeinte Deutschland die europäische Zukunft mitgestaltet, setzt voraus, was es bisher nicht gab – die Bestimmung der eigenen nationalen Interessen.

Im Aufschrei gegen den Truppenabzug von Amerikanern und anderen Mächten wirkte das Anlehnungsbedürfnis einer Bundesrepublik nach, die andere Wünsche nicht kannte. Die materiellen Folgen mögen schwer wiegen, gewiß, und der unmittelbare Ruf nach dem einspringenden Staat ist keine Eigenart der von der Abrüstung in Mitleidenschaft gezogenen Regionen. Aber die sichtbare Gegenwart der westlichen Sieger hatte ein Gefühl von Geborgenheit vermittelt und die Gewißheit, auf der richtigen Seite zu stehen. Nun war es, als müsse man selbst laufen lernen und etwas tun, was man nie zuvor hatte tun müssen – für sich selbst sorgen. Daß man an der Spitze der Nato, die Zukunft des Bündnisses betreffend, offener und problembewußter denkt als in den deutschen Zirkeln doktrinärer Atlantiker, ist nur ein Symptom neben anderen.

Die Bewußtseinsgrenze war nach Westen hin so offen gewesen wie nach Osten geschlossen. Die Idylle der Bundesrepublik, ihre Gemütlichkeit, an die jetzt soviel erinnert wird, ist zwischen diesen beiden Extremen gewachsen. Nun also plötzlich der Zwang zur Normalisierung, der Zwang, sich auch im Westen zu behaupten und gen Osten zu öffnen und zugleich zu begreifen, daß keine Welten mehr dazwischenliegen.

Die Besonderheiten des Raums waren nicht die einzigen. Ihnen entsprachen die der Zeit, die stets viel mehr im Mittelpunkt gestanden haben; die Auseinandersetzung mit der Vergangenheit war der Bundesrepublik in die Wiege gelegt worden. Merkwürdig oder nicht, auch hier überschneiden sich die Gegensätze. Der Weigerung, überhaupt noch zurückzublicken, und dem selbstgesetzten Zwang, die deutsche Geschichte auf Hitler hinzuführen, liegt ein gleicher Wunsch nach Ruhe und reinem Gewissen zugrunde. Je älter die Bundesrepublik, desto stärker die Neigung, den Staat des Grundgesetzes abzusetzen gegen alle Vorgeschichte. In der Hauptstadtdebatte war darüber eine Menge zu erfahren und wiederum zu lernen, daß sich hinter einem demonstrativen Schuldbewußtsein eine Menge Bequemlichkeit und Verantwortungsscheu verbergen läßt. Und die andere Zeit? Die, die in die Zukunft weist? Wer denkt an sie, wenn man meinen darf, alles bleibe, wie es ist.

Es greift eins ins andere. Und doch wird in der Selbstfindung des neuen Deutschland die Vergangenheit wiederum schwer wiegen und die Beliebigkeit im Umgang mit dem Erbe zunehmen. Zunächst waren die Schatten lang gewesen, und die Menschen hatten sich geweigert, noch einmal in den Abgrund hinunterzublicken – eine Bedingung des Weiterlebens. Dann wuchs eine Generation heran, die nichts zu verantworten und nichts zu vergeben hatte und die Teilung als Strafe für die Verbrechen Nazi-Deutschlands begriff; diese Deutung der Geschichte war in den ersten beiden Jahrzehnten der Bundesrepublik fremd gewesen. Nun aber löste sich der Teilstaat, der keiner mehr sein wollte, aus der Zeit und wurde jenes geschichtslose Land, in dem beides zugleich gedieh – die Vorstellung vom völligen Neuanfang 1949 und die Inanspruchnahme Nazi-Deutschlands, um der Bundesrepublik dieses zu verbieten und jenes zu gestatten.

Während des Golfkrieges erklärte der Bundespräsident die deutsche Enthaltsamkeit mit dem Hinweis, die Welt wolle die Tüchtigkeit deutscher Soldaten nicht noch einmal feststellen. Welch vieldeutiger Bezug! Das demokratische Selbstbewußtsein rebelliert. Denn was für die Bundesrepublik gilt, muß doch auch für ihre Soldaten gelten? Aber in manchem Teil der Welt, nicht nur auf dem Balkan, überdeckt das Bewußtsein von der Vergangenheit immer noch das von der

Gegenwart. Welche deutsche Politik könnte darüber hinwegsehen? Die Abwägung ist schwer. Selbstverantwortliches Abwägen aber war nicht Sache einer Bundesrepublik gewesen, die sein durfte, was das geeinte Deutschland nicht mehr sein kann – sich selbst genug.

Die nach-industrielle Mediengesellschaft hat überall ähnliche Formen angenommen, und in Europas Norden, Westen und Mitte beobachtet man den gleichen Substanzverlust der Politik und die gleiche Austauschbarkeit der Politiker, die gleiche Annäherung der Parteien und die gleiche Aushöhlung der Parlamente. Reformunfähigkeit ist das allgemeine Kennzeichen; Staatsmänner machen, wenn überhaupt, nur noch außenpolitisch Furore. Technologischer Wandel und Wohlstand haben überall ähnliche Spuren gezogen.

Doch in der Idylle der alten Bundesrepublik haben die Besonderheiten von Zeit und Raum besondere Mentalitäten wachsen lassen. Und ausgerechnet in diese Idylle ist ein Ereignis hineingeplatzt, von dem man eher ahnt als weiß, daß es die eingefahrenen Denk- und Verhaltensweisen durcheinanderschütteln wird. Daß daraus produktive Unruhe erwachse und zukunftsträchtiges Kapital geschlagen werde, ist die eine Möglichkeit. Wer möchte sich die andere ausmalen? In einer Bundesrepublik, in der Sicherheit und Wohlstand feste Größen sind, denkt man nicht daran, sie zu verrücken, nur weil die Neubürger daran teilhaben wollen und sollen.

In einem Jahr Einheit hat es Indizien gegeben, daß die Rechnung nicht aufgeht. Indizien, die für einen Beweis noch lange nicht ausreichen. Der wirtschaftliche Erfolg der alten Bundesrepublik war groß und der Glaube an die Macht der Mark unerschütterlich. Wie der Versuchung widerstehen, sie im Augenblick der Herausforderung in Umlauf zu setzen und die Folgen auf sich beruhen zu lassen? Doch gerade wenn die Mark die Gesellschaft der Bundesrepublik so sehr beseelt, dann doch nicht nur im Haben, sondern auch im Soll? Markiert die Erkenntnis, daß sie eben doch keine beliebig verfügbare Masse ist, das eigentliche Ende der Bundesrepublik?

Von der Anziehungskraft der Mark war vor einem Jahr mehr als von allem sonst die Rede. Daß die Wirtschafts- und Währungsunion der staatlichen Einheit voranging, war sinnvoll. Jede Währung ist nur soviel wert wie das Leben in dem Land, in dem sie gilt. Insoweit bedarf der materielle Vorrang auch nachträglich keiner moralischen Rechtfertigung. Ein Jahr danach aber ist Anlaß, an die stillschweigende Voraussetzung zu erinnern, die damals gemacht wurde – die ungebrochene Leistungsfähigkeit der alten Bundesrepublik. Sollte sie nun, da sie nicht mehr ist, Rache nehmen und ihre Grenzen testen wollen? Die Turbulenzen, in die sie sich und das ihr zugewachsene Land stürzte, wären groß.

Aber es mag ja sein, daß die gewachsene Kraft der grundgesetzlichen Ordnung stark genug ist, sie zu beherrschen.

Julius Leber

Der Volkstribun als Verschwörer,
der Tatmensch als Opfer

Damit der Umsturz herbeigeführt werde, wollte er das Bündnis mit dem Teufel eingehen; nachher – nach dem Umsturz – würden sich die Kräfte ohnehin neu finden. Am 22. Juni 1944 ging er das Bündnis, auf den einen Zweck gerichtet, ein. Tags zuvor war in der Wohnung Yorcks von Wartenburg das Für und Wider noch einmal erwogen worden: Sollten die Kommunisten einbezogen werden oder nicht? Wilhelm Leuschner, Gewerkschafter und einstiger hessischer Innenminister, von Leber zuvor in die Pläne einbezogen, hatte gewarnt, die anderen warnten jetzt – aus Gründen der Sicherheit. Für die Kontaktaufnahme mit den Kommunisten sprach sich Adolf Reichwein aus, der hochgebildete Pädagoge, der sich nie hatte an eine Partei binden wollen und dieses tat, als, 1933, die Zugehörigkeit zur Sozialdemokratie eine Frage von Leben und Tod wurde. Anders als er hatte Leber mit Kommunisten nie Umgang gehabt, ihn auch nie gesucht, in Weimarer Zeiten pflegte er sie als eine »Rotte Halbstarker« abzuqualifizieren. Doch Berührungsängste waren ihm fremd, der Umsturz diktierte seine eigenen Gesetze, und in der Zeit des Übergangs sollten möglichst viele Kräfte gebunden werden. Darin war er sich mit dem Mann einig, der ihm näher stand als alle anderen: Stauffenberg. Sie hatten sich erst Ende

1943 kennengelernt, der Mittler war Fritz von der Schulenburg gewesen.

Zum verabredeten Zeitpunkt – Gastgeber ist der Berliner Arzt Rudolf Schmidt – erscheinen drei KP-Leute; erwartet worden sind zwei, Anton Saefkow und Franz Jacob, Lebers Lagergefährte. Als die beiden Sozialdemokraten dazustoßen, wird Leber, mutmaßlich von jenem dritten Mann, mit Namen begrüßt. Man tauscht sich aus und verabredet ein zweites Treffen. Zeit: 4. Juli. Ort: der U-Bahnhof Reichskanzlerplatz. Doch Julius Leber fühlt sich gewarnt und bleibt fern. Reichwein geht hin und wird verhaftet. Am Tag darauf wird Leber in seiner Kohlenhandlung abgeholt. Zuvor hat er gesagt: »Ich habe nur einen Kopf, und ich kann ihn für keine bessere Sache einsetzen als diese.« Er verschwindet im Zuchthaus Brandenburg.

Die Nachricht verbreitet sich über den Kreis der Verschwörer hinaus. Theodor Heuss erfährt sie, hingeworfen inmitten familiärer Nachrichten, am 18. oder 19. Juli: »Der Kohlenhändler ist nicht mehr da.« Er hatte, während manchen Besuchs in dem »fragwürdigen Häuschen« nahe dem Bahnhof Schöneberg, zwischen den Kohlebergen, jenen Eindruck auf sich wirken lassen, den er nach dem Krieg bei mehr als einer Gelegenheit wachrief: »Er war aus dem Holz, aus dem Napoleon seine Marschälle schnitzte.« Napoleons Totenmaske begleitete Leber durchs Leben.

Am 18. Juli läßt Stauffenberg Annedore Leber eine Nachricht zukommen: »Wir sind uns unserer Pflicht bewußt.« Gustav Dahrendorf, Reichstagskollege, Mitverschwörer und enger persönlicher Gefährte, hat nach dem Krieg bezeugt, wie unmittelbar nach Bekanntwerden der Verhaftung das Attentat terminiert worden sei – zwischen sofort und dem 20. Juli. In einem erregten Wortwechsel mit Adam von Trott, nach zwei gescheiterten Versuchen und kurz vor Ablauf der selbstgesetzten Frist, habe Stauffenberg ausgerufen: »Wir brauchen Leber. Ich hole ihn raus, und ich hole ihn raus.« In einem Kabinett Goerdeler hatte Leber Innenminister werden sollen, doch nicht nur Stauffenberg drang darauf, daß Leber unmittelbar Regierungschef werde. Auch Generaloberst Beck, präsumtives Staatsoberhaupt, war zu der gleichen Ansicht gelangt. Er hatte Leber zu Jahresbeginn 1944 in der Kohlenhandlung aufgesucht und ihn, nicht lange vor der Verhaftung, auf die Kanzlerschaft angesprochen.

Als er, im Sommer 1933 und in der Bitternis einer mecklenburgischen Zuchthauszelle, die »Todesursachen der deutschen Sozialdemokratie« bloßlegte, wußte Leber: »Große Führer kommen fast immer aus dem Chaos, aus der richtigen Ordnung kommen sie selten, aus der Ochsentour nie.« Julius Leber, im elsässischen Biesheim am 16. November vor hundert Jahren geboren, kam aus dem Chaos: Das Geheimnis um seinen Vater wurde nie gelüftet, das Gerücht, es handele sich um »eine hochgestellte Persönlichkeit in Paris«, hielt sich hartnäckig. Seine Mutter heiratete vier Jahre später einen Tagelöhner namens Leber, der den Jungen als eigenes Kind anerkannte.

Aufgewachsen aber ist er beim Großvater, der sich an das Reichsland Elsaß-Lothringen nicht gewöhnen mochte und zu Frankreich hielt. Ein Ortsgeistlicher nahm sich des hochbegabten Jungen an und schickte ihn auf die Schule nach Breisach. Das wenige Geld, das er während der Lehre in einer Tapetenfabrik verdiente, wurde in die häusliche Landwirtschaft ge-

143

steckt, und so mußte er auch, als er schließlich eine Freiburger Oberschule besuchte, allerlei Nebenerwerb nachgehen, nun schon dadurch, daß er Zeitungsartikel verfaßte. Aus dem derb-bäuerlichen Milieu seiner elsässischen Heimat ist er nie herausgewachsen, keine Schule und keine Hochschule haben daran je etwas zu ändern vermocht. Graf von Moltke wußte, wovon er schrieb, als er, im Januar 1944, den »bäuerischen« Eindruck hervorhob, den Leber mache, die »spontane Gleichrichtung« seines Kreisauer Kreises wähnte er eben dadurch gestört. Der Sozialdemokratie schloß sich Leber schon als Schüler an; die Abiturientenrede, die dem Primus zugestanden hätte, durfte er eben deshalb nicht halten. Das frühe Bekenntnis war Ausdruck des Unterlegenheitsgefühls und des daraus erwachsenen Protests. Die Bürger erkannten ihn, den Bauernjungen, als ihresgleichen nicht an, und auch weil er Elsässer war, blieb er Deutscher zweiter Klasse; die Offizierslaufbahn durfte er nicht einschlagen. Meldete er sich am 2. oder 3. August 1914 gerade deshalb freiwillig? Über seine Motive hat er sich nie verbreitet. Er war immer der Mann der Tat und der Bewährung, nie der Mann des Zweifels. Die schweren Wochen der Ypernschlacht erschienen ihm später »reicher und stärker« als die leichteren, die folgten, nachdem er 1915 Leutnant geworden war. Einsätze im Westen und im Osten, unterbrochen von Lazarettaufenthalten, trugen ihm Ehren ein; er wurde mit dem EK II und dem EK I ausgezeichnet. Bei Kriegsende optierte der Elsässer für Deutschland und – blieb Soldat. Er half, gegen die Polen und gegen die Kommunisten, die Ostgrenze sichern und bald auch schon die Republik. Dem Kapp-Putsch, seine Batterie lag in

144

Hinterpommern, widersetzte er sich in eigener Verantwortung und mit sehr viel Mut; der standrechtlichen Erschießung durch die Putschisten entging er nur knapp. Das Studium der Nationalökonomie, noch vor dem Krieg begonnen, schloß er am Ende desselben Jahres 1920 mit der Promotion ab. Wo nun hin mit so starken republikanischen Überzeugungen und so vielen »Willenskräften«, von denen er seiner Frau rückblickend schrieb?

Am 15. März 1921 trat er die Stelle eines politischen Redakteurs beim »Lübecker Volksboten« an; er hatte sich beworben und war genommen worden. Sofort machte er Anstalten, mittels seiner scharfen Feder und seiner lebendigen Rede die örtliche Partei zu erobern. Er lebte erst ein halbes Jahr in der fremden Hansestadt, als er in die Bürgerschaft einzog. Seine erste parlamentarische Schlacht führte er um die Symbole der Republik. Ein Flaggenstreit galt, so belehrte er seine Leser, als »Anstoß zu einem Kampf um die Staatsform und damit um die Macht«. Nichts haßte er mehr als »Lauheit und Gutmütigkeit«, die er seinen Parteifreunden nicht nur in diesem Kampf zuschrieb. Die radikale Phase, die er in den frühen zwanziger Jahren durchmachte, mag Reaktion gewesen sein – auf die Bedrohung der Republik von rechts und die linken Halbheiten in ihrer Verteidigung. Lebers Radikalität war Ausdruck radikalen Tatendrangs. Die Theorie war seine Sache nicht, Weltflucht ihm keine Versuchung. Er fühlte sich mit dem Volk verbunden und verstand sich auf Menschenführung. In seiner Art, die Dinge zu nehmen, aber auch in seinem Lebenszuschnitt war er das Gegenteil des Außenseiters. Er strotzte vor Kraft und vor Lebenslust. In Lübeck, das ihm eng vorgekommen sein mochte und in dem er sich doch heimisch fühlte, war er der König der kleinen Leute, und im Gewerkschaftshaus in der Johannisstraße durchzechte er im Kreis seiner Getreuen so manche Nacht.

Daß gerade er, kaum war er 1924 für den Wahlkreis Mecklenburg-Lübeck in den Reichstag eingezogen, in den Ruf des »Außenseiters und Querulanten« kam, bezeichnete die Eigenart einer Partei, die sich im eigenen Minderheitendasein eingerichtet hatte. 1933, als er sich in den Briefen an seine Frau fragte, ob er das Menschenmögliche getan habe, um der SPD den Zugang zur Macht zu weisen, kam er immer wieder auf dieses Thema des unfreiwilligen Außenseitertums zurück. Er war zum ersten Mann geboren und wußte, daß er Verantwortung tragen und vorleben wolle. Doch angepaßt hätte er sich, um nach vorne zu kommen, ebensowenig wie in einen Schmollwinkel zurückgezogen. Er fügte sich notgedrungen – solange die Gesetze von Mehrheit und Minderheit noch etwas galten und die Verantwortung sich selbst gegenüber noch nicht zum alleinigen Maß geworden war. Die Berichte, die er den Lesern des »Volksboten« vom Reichstag darbot, waren so farbig, daß sie unmöglich einer hätte schreiben können, der nicht mit Leib und Seele dabeigewesen war. Einstweilen verkraftete er durchaus, in Berlin kein Bein auf die Erde zu bekommen. Er hoffte auf Besserung und tat das Seine dazu. Julius Leber suchte seiner Partei eine Einsicht von zeitloser Gültigkeit nahezubringen: »Wenn Du nicht willst, daß die Macht mit Dir umgeht, mußt Du mit ihr umgehen wissen.« Die Reichswehr und ihre Identifikation mit der Republik war Lebers großes Anliegen, bevor die nazistische Flut heranbrandete und völlig neue Prioritäten setzte. Dem Kriegsfreiwilligen und Grenzschützer, der sich die Demokratie nie anders denn als wehrhaft und Deutschland nie anders denn als gleichberechtigt gegenüber anderen Nationen vorstellen mochte, muteten die pazifistischen Strömungen in der Partei fremd, wesensfremd an. Er hielt sie für verheerend – was das Schicksal der Republik betraf. In der unseligen Panzerkreuzer-Debatte fand er ein ums andere Mal Anlaß festzustellen: »Als Republikaner können wir nur wünschen, daß die Republik eine zuverlässige Macht hat.« Warum fand sein Credo, formuliert im »Volksboten«, kein Echo? Weil die Reichswehr geißelte, wer die Republik meinte? Und sich über deren Wirren zu erheben suchte? »Auf politische Tatsachen«, so schrieb er, könne man natürlich »mit der Formulierung von unerschütterlichen Grundsätzen« reagieren, aber die Tatsachen setzten sich gewöhnlich durch, und dem Grundsätzlichen bleibe »nur der Trost oder die Genugtuung, für ein Ideal gekämpft zu haben«. Ihrer Wahlkampfparole von 1928 – »Panzerkreuzer oder Kinderspeisung« – vermochte die SPD nicht zu entfliehen. Sie verfing sich im Widerspruch einer Partei, die auch in der Regierung Opposition bleiben wollte. Bisweilen durfte Leber an die Kraft seiner Argumente glauben, doch wenn abgestimmt wurde, standen stets nur wenige Abgeordnete gegen die Führung von Partei und Fraktion. Immerhin wurde 1929, Folge des Hin und Her um den Panzerkreuzerbau, die Wehrfrage in den Mittelpunkt eines Parteitages gerückt. Doch der Erfolg war nur scheinbar, die Wehrhaftigkeit nach innen und außen versickerte in Kommissionen und Resolutionen. Der erleichterte

Abschied, den die SPD 1930 von der Regierung nahm, überraschte Leber nicht mehr. Die düsteren Wolken hatte er schon in den zwei vorangegangenen Jahren heraufziehen sehen, in denen die SPD noch einmal regierte und nicht wußte, warum. Wenn aber nicht die Sozialdemokratie, wer dann sollte der Republik Leben geben? Deshalb hatte er seine politische Heimat in ihr gesucht, und natürlich wegen der sozialen Frage, die er nirgends sonst aufgehoben fand.

Seine unendlich große und auf keinen rationalen Kern zurückzuführende Enttäuschung, die mehr war und anderes als die Enttäuschung über eine Partei, schrieb er sich 1933 mit den »Todesursachen« von der Seele. Er rechnete gnadenlos ab mit einer Partei, die ihre Verbindung mit den Instinkten und dem Glauben »der unbekannten und namenlosen Masse des deutschen Volkes« verloren habe. »Sie wußte zuletzt nichts mehr von den Träumen und triebhaften Leidenschaften in der unendlichen Tiefe von Millionen, viel mächtiger als alle Symbole und Programmpunkte ... Sie redete von der Geschichte und ihren Lehren, sie redete von den gesellschaftlichen Entwicklungsgesetzen, sie redete und debattierte über die verschlungenen Pfade des wissenschaftlichen Sozialismus und des historischen Materialismus, sie verkündete den Marxismus als Wissenschaft für alle und jeden und riß ihn dadurch aus den Höhen und den Grenzen seiner Gültigkeit. Alles das geschah unter der bestechenden Parole: Wissen ist Macht! Und man vergaß, und man ließ vor allem die Jugend völlig vergessen, daß Macht niemals von Wissen kommt und lebt, sondern vom Willen. Nur der harte Wille schafft, herrscht und will herrschen, Wissen allein aber macht müde und edel.«

Den Nazis hatte er sich entgegengestellt, seit sie die Straße und die Parlamente zu erobern begannen. Er war, so Gustav Dahrendorf im Rückblick des Jahres 1952, »Frontoffizier auch in der Politik«. Er beteiligte sich an keiner Analyse und keiner Ursachenforschung, mischte auch nicht in jenem intellektuellen Kreis mit, der sich am rechten Rand der SPD aufgetan hatte und, zwecks Verbreitung der eigenen Ideen, eine Zeitschrift unterhielt, die »Neuen Blätter für den Sozialismus«. - Leber will den Aktivismus nicht propagieren, sondern praktizieren. Mehr noch denn je zuvor ist ihm der eine Grundsatz heilig: Persönlichkeiten sind gefragt, nicht Programme.

Jene Lübecker Versammlung, 1931 oder 1932, in der die SA das Reichsbanner aus dem Saal herausgeprügelt hatte und nun auf Leber, allein auf der Bühne verblieben, losging, ist ebensowenig Legende wie die Szene, die von dem Redaktionsbesuch eines kommunistischen Stoßtrupps erzählt. Das eine Mal zerlegt er mit bloßen Händen einen Stuhl in seine Bestandteile und schlägt sich, ein Bein in jeder Hand, gewaltsam den Weg ins Freie. Das andere Mal geht er, die Ruhe und Entschlossenheit in Person, durchs Vorzimmer bis auf die Treppe, nimmt den Anführer scharf ins Visier und sagt beiläufig: »Nun, was wollt ihr denn hier?« Bei jedem Schritt, den er vorwärts tut, weichen die ungebetenen Gäste einen zurück. Als Leber schließlich brüllt »Raus hier!«, suchen sie fluchtartig das Weite.

Der Haß, den die Nazis ihm entgegenbringen, ist unbändig. Am Abend des 31. Januar 1933 kehrt Leber aus Berlin zurück und wird Zeuge des Lübecker Fakkelzuges. Er betäubt sich durch einigen Alkohol. Auf dem Nachhauseweg, begleitet von zwei Reichsbannerleuten, kommt es zur Schlägerei mit SA-Leuten. Leber wird das Gesicht zerschnitten, er findet sich in einer Gefängniszelle wieder. Am Morgen des 1. Februar wird er entlassen und am Abend erneut verhaftet. Am 3. legen Lübecks Arbeiter für eine Stunde die Arbeit nieder – aus Protest gegen die Verhaftung ihres Reichstagsabgeordneten. Als er am 16. gegen Kaution entlassen wird, geleiten sie ihn in einem großen Triumphzug ins Krankenhaus. Am 19. erscheint er, das rechte Auge verbunden, vor den fünfzehntausend Getreuen, die sich auf dem Burgfeld versammelt haben. Sprechen kann er, der vielfältigen Verletzungen wegen oder weil es ihm verboten ist, nicht, er ruft nur ein Wort in die Menge: »Freiheit!«

Er begibt sich auf Erholung nach Bayern und wehrt alle Aufforderungen zur Flucht ab. Am 5. März, dem Tag der Reichstagswahl, ist er wieder in Lübeck. Er ist stolz, daß keine deutsche Stadt »ein ähnlich günstiges Resultat« aufweise »wie gerade Lübeck«. Sein Haus in der Gertrudenstraße ist nun ständig von SA umlagert, so reist er mit seiner Frau, die beiden Kinder sind längst ausquartiert, vorzeitig zur Reichstagssitzung nach Berlin. Wieder verwirft er den Gedanken an Flucht. Als er am 23. März die Kroll-Oper betritt, jenen Ort, an dem das Ermächtigungsgesetz den Reichstag passieren soll, wird er verhaftet und in Ketten abgeführt. Daß man gerade ihn nicht im Saal haben will, ist kein Zufall.

Er landet im Marstall, dem Lübecker Untersuchungsgefängnis, aber schon Anfang Mai wird er nach Dreibergen verbracht und Ende des Monats – Vorwand ist die SA-Schlägerei am 1. Februar – zu zwanzig Monaten Haft verurteilt, die er erst im Lübecker Lauerhof und dann in Wolfenbüttel absitzt. In sein Tagebuch kritzelt er:»Allmählich begreift man die Gefängnispsychologie immer mehr: Hier lebt alles von der Hoffnung! Nur solche Dinge interessieren, die irgendeinen Bezug auf diese Hoffnung haben.« Er wird, als 1935 die zwanzig Monate herum sind, nicht entlassen, sondern zum Moorsoldaten gemacht – im emsländischen KZ Esterwegen. Mithäftlinge berichten schon 1936, was ihm widerfahren ist: Er soll sich in Jauche und in Mist wälzen, wie immer weigert er sich, woraufhin Wachtposten ihre Notdurft auf ihm verrichten, einen Stock hindurchziehen und ihm in den Mund stopfen.

Im KZ Sachsenhausen, wohin er im August 1936 überstellt wird, verbringt er – Annedore Leber berichtet es nach dem Krieg – drei Monate »ohne Pritsche, Stuhl, Tisch, Beschäftigung, Ausgang und warmes Essen«. Bei 18 Grad Kälte liegt er des Nachts »ohne Decke, Stroh oder Mantel auf nacktem Boden«. Seine Handschrift in den wenigen Briefen, die er schreiben darf, verrät, was mit ihm los ist. Seine Frau, die sich und die Kinder mit Schneiderei am Leben erhält und 1935 ins anonyme Berlin gezogen ist, läßt nichts unversucht, ihn freizubekommen. Gesuche über Gesuche werden geschrieben und vorgetragen, sie erniedrigt sich selbst und garantiert, für ihn zu sorgen. Am 5. Mai 1937 verläßt Julius Leber Sachsenhausen – ungebrochen. »Schicksalsschläge und Prüfungen und Notlagen«, so hat er zuvor an seine Frau geschrieben, würden den inneren Menschen »zurechthämmern«. Im Lager habe er gelernt, »sich selbst klarer zu sehen, zu erkennen und zu beurteilen«.

Gustav Dahrendorf ist ihm nach der Entlassung der

treue Freund. Er ebnet ihm den Weg in die Kohlenhandlung und – in den Widerstand. In gemeinsamen familiären Sommerferien an der Ostsee verstehen sie es, die Zeit immer noch einmal anzuhalten. Schon 1938 sind, über den engeren Freundeskreis um Ernst von Harnack und Ludwig Schwamb hinaus, Kontakte geknüpft worden – zu Wilhelm Leuschner und Carlo Mierendorff, die ihrerseits wissen, wo noch sich Gesinnungstreue und Tapferkeit verbunden haben. Erst 1943 aber ziehen sich die Fäden zusammen – zwischen Leber auf der einen und den Kreisen um Goerdeler und Moltke wie den beteiligten Sozialdemokraten auf der anderen Seite; sie haben mit dem konservativen Widerstand immerhin die Intellektualität gemeinsam und die Wurzeln in der Jugendbewegung. Leber ist wieder der Außenseiter, er fällt aus allen Mustern des Denkens und des Verhaltens heraus. Aufzeichnungen und Briefe, die von anderem zeugen als der seit 1933 einzigartigen Beziehung zu seiner Frau, hat er nicht hinterlassen; die Regeln der Verschwörung wollten es so, und Programme mochte er jetzt, da es auf die Tat ankam und nur auf die Tat, noch weniger als sonst.

Vom Zuchthaus Brandenburg wird er nach Drögen in Mecklenburg geschafft, dort unter furchtbarster Qual und der Mitteilung, daß Frau und Kinder in Haft genommen seien, verhört. Im August verbringt man ihn nach Ravensbrück; Dahrendorf erinnert später an den täglichen Rundgang: »Julius Leber sieht mich durchdringend an, als wir mit Abstand einander passieren. Sein Körper strafft sich, sein Gesicht ist ein zugleich freundschaftlicher und trotziger Anruf: Laß dich nicht gehen, bewahre Haltung!« Der Leidensweg führt zurück nach Berlin, in die Lehrter, dann in die Prinz-Albrecht-Straße. Am 20. Oktober steht er, gemeinsam mit Gustav Dahrendorf, Hermann Maas und Adolf Reichwein, vor Freisler. Im Saal sitzt Paul Sethe, der Jahre braucht, um das Erlebnis mitzuteilen: »Die Zeit fliegt vorbei, man spürt das Herz klopfen, immer deutlicher senken sich die Schatten des Urteils, senken sich damit die Schatten des Todes über Julius Leber herab – aber die Stimme da vorn bleibt ruhig, gleichmäßig und gelassen wie am Anfang. Kein Zittern in den Worten, keine Unsicherheit in der Aussage, kein zu schnelles und kein zu langsames Wort, kein Zeichen, daß Julius Leber den Mann da vorn fürchtet.« Als Freisler anhebt, das Urteil zu verkünden, »sitzt Julius Leber da, so beherrscht und ruhig wie vom ersten Augenblick der Verhandlung an. Nicht eine Miene zuckt in dem großen und reichen Gesicht, und das Auge schaut über den Vorsitzenden, schaut gleichgültig und verachtend über den Vorsitzenden und seine rote Robe hinweg in Weiten, die für die Richter unerreichbar sind.«

Gustav Dahrendorf kommt, wie durch ein Wunder, mit einer Gefängnisstrafe davon. Das Todesurteil für Maas und Reichwein wird noch am Prozeßtag vollstreckt. Das Todesurteil für Leber nicht. Der SS-Mann, der ihn überwacht, verschleppt die letzte Entscheidung und versteckt mehrfach die Hinrichtungspapiere. Er holt sich das Versprechen, daß ihm und seiner Familie nach dem Krieg »geholfen« werde. Auf dem Höhepunkt der Ardennenoffensive verliert er die Nerven und sagt: »Frau Leber, ich habe Angst.« Am 5. Januar 1945 wird Julius Leber gehenkt. In einem seiner letzten Briefe an seine Frau Annedore, vor Jahresfrist in der Prinz-Albrecht-Straße geschrieben, hat er sich und sie beruhigt: »Meine Seele ist in sich fest und sicher und meine Selbstbeherrschung infolgedessen stark genug, um aller Schwankungen im Gemüt Herr zu werden. Ich weiß, daß mein Schicksal nicht sinnlos ist.« Im Nachkriegsdeutschland war sein Schicksal ohne Belang. Es lebte sowenig fort wie das seiner Mitverschwörer. Weil in der Totalität des Zusammenbruchs nichts mehr von jenem Deutschland zu retten war, das sie hatten retten wollen? Immerhin war es 1944 noch nicht besetzt, und die Sowjets hatten noch keinen Fuß auf seinem Boden. Oder weil im Kalten Krieg jene Offiziere gefragt waren, die den Eid auf Hitler nicht gebrochen hatten, und an die anderen, über Formalien hinaus, zu erinnern nicht opportun war? Oder weil der Wiederaufbau den Blick zurück in den Abgrund, dem man gerade entkommen war, gerade nicht erlaubte? Der Nimbus Jakob Kaisers, des östlichen CDU-Vorsitzenden, rührte daher, daß die Sowjets ihn amtsenthoben hatten, nicht aus seiner Teilhabe am 20. Juli. Doch auch Kaiser hat demonstriert, wie – jenseits der praktisch-politischen Möglichkeiten und deren Einschätzung – die Verwurzelung im Widerstand, ob im 20. Juli oder sonstwo, das Bild eines nichtgeteilten und weder von Feind noch von Freund besetzten Deutschland einschloß. Auch das nationale Pathos eines Kurt Schumacher war diesem Bild entwachsen. Den Anspruch auf ein unversehrtes Deutschland hätte Leber ihm nicht verwehrt; in der Art, wie sie sich den Nazis entgegengestellt hatten, waren sie einander gleich gewesen. Das Bündnis mit konservativen Antinazis aber konnte und wollte nur der eine eingehen.

Man hat darüber nachgedacht, was geschehen wäre, hätte Leber überlebt und den Machtkampf um die Führung der wiedererstehenden SPD für sich entschieden. Die Abneigung zwischen Leber und Schumacher, in gemeinsamen Reichstagszeiten gewachsen, beruhte auf Gegenseitigkeit und war mehr als jene Animosität, die zwei starke Persönlichkeiten gegeneinander zu hegen pflegen. In seiner 33er-Schrift zeichnete Leber einen »doktrinären Kaffeehausmarxisten«; Leber hatte weder Sinn für den Bohemien, der Schumacher war, bevor das Lager ihn umfing, noch für den Meister des marxistischen Vokabulars, der er auch war. Die Partei aber, die sich in ihrer großen Mehrheit über die Zeit gerettet hatte und nun wiederauflebte, war die gleiche, die 1933 untergegangen war und die sich in ihrer Führung wiedererkennen wollte.

Jene freiheitlich-militante Tradition, die Leber verkörperte, war die Tradition der Außenseiter gewesen. Daß sie so sehr dem Vergessen anheimgegeben wurde, lag in jenem Blutopfer begründet, das zu erbringen immer nur die wenigen gemacht sind. Und an das die vielen nicht gemahnt werden möchten. Denn es wäre das Eingedenken der eigenen Schwäche.

Was tun, wenn das Altbekannte nicht mehr gilt?

Vor Jahresfrist kursierte in der Führung der Sozialistischen Partei ein Plan: Der Präsident müsse noch vor den Parlamentswahlen 1993 abdanken. Nur wenn die Nationalversammlung im Windschatten eines neuen Staatschefs bestimmt werde, heiße er nun Delors, der rechts Stimmen hole, oder Rocard, der links Zuspruch finde, schramme die Sozialistische Partei an einer Katastrophe vorbei. Man wunderte sich nicht so sehr über die leichte Art, in der Institutionen der Republik zum Spielball eigener Interessen gemacht wurden. Sie gehört, wie die Beliebigkeit im Umgang mit dem Wahlrecht zeigt, zum Alltag der Fünften Republik, gegen den niemand prinzipielle Einwände vorbringt. Allerorts wurden in den vergangenen Wochen Modelle durchgerechnet, nun aber nicht mehr nur im Hinblick auf die parlamentarische Repräsentanz, sondern auch auf das innerparteiliche Machtgefüge. So war nicht ohne Sinn, daß sich ein alter Fuchs wie Pierre Mauroy gerade darin verfing und stürzte – zur Erleichterung des Präsidenten, der ihn auf dem Posten des Ersten Sekretärs nie hatte sehen wollen.

Man wunderte sich vornehmlich über die Naivität so geübter Taktiker. Über einen Präsidenten verfügen zu wollen, der es immer und überall darauf anlegt,

156

Herr des Verfahrens zu sein, und von dem ein Biograph sagt, er instrumentalisiere alles und jedes, war ein selbstmörderisches Unterfangen. Das Popularitätstief, in dem François Mitterand steckt, seit der Golfkrieg auch ihm die Bühne des Kriegsherrn nicht mehr bietet, bringt einen wie ihn gerade nicht auf Rückzugsgedanken.

»Il faut que je m'en débrouille«, pflegt er zu sagen, wenn die Lage verwickelt ist und ihn der Freiheit des Handelns zu berauben droht: Also müsse er sehen, wie er da rauskomme. Warum nicht diesmal? Warum nicht diesmal erst recht? Schließlich wird das Ende seiner zweiten Amtszeit – drei Jahre vor ihrem Ablauf spricht man allerorts vom Ende – das Bild der gesamten Präsidentschaft bestimmen. Amtsmüde ist er nicht, das Heft aus der Hand nehmen läßt er sich schon gar nicht. Und das Wechselspiel von Erfolg und Mißerfolg versteht Mitterrand zu meistern wie keiner sonst. Daß in jeder Niederlage der Wiederaufstieg angelegt ist, hat er früh erfahren und eine Lebensregel draus gemacht. Doch mochten ihm am Jahresende zwei von drei Franzosen Vertrauen nicht mehr entgegenbringen, und ernste Anzeichen deuten darauf hin, daß es unwiederbringlich verloren ist. Seit seiner grandiosen Wiederwahl im Mai 1988 hat er weder im Innern noch im Äußern erkennbare Spuren gezogen; die Jahre seither aber waren die Jahre des Umbruchs, und es mag sehr wohl sein, daß sie ihm die Orientierung erschwert haben. Oder sind Züge, die ihm immer eigen und zu Zeiten seine große Stärke waren, nun erst hervorgetreten, unter negativen Vorzeichen?

Auf dem Weg ins Allerheiligste des Elysée wird darum gebeten, Fragen zur inneren Politik nicht zu stellen. Ob sich in der Anweisung nicht auch jene Unentschiedenheiten spiegeln, die das Land prägen und aus denen der Präsident bisher nicht herauszuführen vermochte? Die Verve, mit der er das jüngste europäische Einigungswerk anpreist, offenbar in der Annahme, damit die Stimmung im Land zu drehen, wirkt aufgesetzt; daß der Gipfel von Maastricht »eines der wichtigsten Ereignisse des letzten halben Jahrhunderts« gewesen sei, finden die Franzosen übertrieben und eine Ausflucht. Dem europäischen Fortgang stehen sie durchaus aufgeschlossen gegenüber, aufgeschlossener denn je zuvor, aber begeistert sind sie so wenig wie andere Völker.

François Mitterrand betont oft und gern sein Europäertum und daß er immer entschlossen gewesen sei, am europäischen Bau mitzuwirken – so entschlossen ein Franzose eben sein konnte. Das Unternehmen sei, so sagt er im Gespräch, »in sich schwierig« und erinnere an das Abenteuer, so bald nach dem Weltkrieg Länder zu vereinen, »von denen einige eine sehr alte nationalstaatliche Vergangenheit haben«. Dieser Wette auf die Zukunft aber habe eine innere Notwendigkeit zugrunde gelegen, so daß das Unternehmen bis heute funktioniere. »Warum sollte der gleiche Antrieb nicht weiterwirken?«

Diesen Antrieb wünscht er aufrichtig, aber nur für das EG-Europa, das er vertieft und keineswegs erweitert sehen möchte; das unaufhörliche Mühen, seinem Volk die Wirtschafts- und Währungsunion nahezubringen, hat auch damit zu tun. Von seinem großen Ahnherrn im Elysée hat er jenes europäische Doppelspiel übernommen, das Frankreich heute zum Programm erhebt: Die Europäische Gemeinschaft für den

158

Westen und eine Konföderation für den Rest. »Sehen Sie«, so sagt er, »ich bin ganz und gar für die Gemeinschaft der Zwölf. Aber ich sehe nicht, warum es nicht eine Organisation geben sollte mit Moskau, Prag und Stockholm.«

Daß die Aspiranten des Ostens und erst recht die des Nordens und der Mitte von dieser Konföderation nichts wissen wollen, scheint ihn nicht zu beeindrucken. Er zieht sich auf das Argument zurück, daß viele Länder – warum nennt er Schweden und Rußland in einem Atemzug? – den Zwängen der Gemeinschaft nicht gewachsen seien. Im vergangenen September, in einer Rede in Berlin, hatte er einen handfesteren Grund genannt. Es gehe nicht an, die Europäische Gemeinschaft auf dem Rücken der französischen Bauern zu erweitern, denselben Bauern, denen im übrigen verschwiegen wird, daß sie wesentlich aus der EG-Kasse leben. Der wahre Grund aber sollte auch mit diesem Hinweis verdeckt werden: Nur in einem kleinen und überschaubaren EG-Europa ist Deutschland einzubinden und kann Frankreich seine Führungsrolle bewahren.

Wenn es nach dem Willen Frankreichs gegangen wäre, hätte die Europäische Gemeinschaft immer noch die sechs Gründungsmitglieder und keines mehr. Doch angesichts der Hartnäckigkeit des Präsidenten ist nicht damit zu rechnen, daß dem Druck leicht nachgegeben und bald Erweiterungsrunden eingeläutet werden. Mitterrand, dem niemand im Land laut widerspricht, wird bremsen. Er glaubt, eine gesamteuropäische konföderative Ordnung werde die »Zerstückelung« des Kontinents verhindern. Die Gefahr, daß Europa »in tausend Stücke« zerspringe, beschwört er in immer neuen Wendungen. Als wären die Geister auf diese Weise zu bannen.

Reicht die Deutung hin, daß er in der Kategorie bestehender staatlicher Einheiten denkt und für das Streben der Völker nach Selbständigkeit weder Sinn noch Sympathie hat? Reicht der Verweis auf das Minderheitenrecht – wer wollte widersprechen? – als Antwort auf eben dieses Streben? Aber was heißt Antwort? Er kleidet seine eigenen Überlegungen in lauter Fragen, zeigt damit an, daß er Antworten nicht habe, wohl aber viele Vorbehalte. Einseitige Unabhängigkeitserklärungen wie im kroatischen Fall findet er verwerflich, und man wisse ja, daß Kroatien, nicht Serbien, Bestandteil des »nazistischen Blocks« gewesen sei. Daß die Unabhängigkeit komme, daran wollte er im übrigen nicht zweifeln, auch nichts gegen die Anerkennung als solche sagen. Aber deswegen gleich dafür sein?

Mitterrands Hinweis auf die Nationalstaaten, die Europa gebaut hätten, ist wohlbedacht. Selbst in der Vorstellung Jean Monnets, des Kronzeugen für ein supranationales Europa, hatte ein vereintes Deutschland einen Platz nicht gehabt. Man war immer beides, Franzose und Europäer, doch zuerst das eine und dann das andere, und warum auch hätte man in Paris sein Europa anders denn vor dem Hintergrund deutscher Zweiteilung verstehen sollen? Auch insoweit brauchte sich Mitterrand, einst der entschiedenste Gegner des General de Gaulle, nicht zu verbiegen, als er in dessen Erbe eintrat. Wer erinnerte sich nicht noch jenes Februartages 1983, als er vor dem Bundestag die Stationierung amerikanischer Mittelstreckenraketen auf deutschem Boden forderte? Mitterrand, der Realist, so wurde er beiderseits des Rheins gerühmt. Doch bisweilen holt die Realität die größten Realisten ein. Denn wie hatte es damals in seiner engsten Umgebung geheißen?»Und wenn die Pershings zu sonst nichts gut sind, so doch dazu, uns die deutsche Teilung auch für die nächsten dreißig Jahre zu sichern.« Ohnehin ist Mitterrand nicht der Mann, der Zeichen setzt. Er besitzt keinen ausgeprägt strategischen Kopf und spielt auf der Klaviatur, die er vorfindet. Als er inmitten der umstürzenden Ereignisse in Europa darauf angesprochen wurde, daß die gaullistische Sicherheitsdoktrin keinen Bestand mehr habe, nickte er verständnisvoll und zuckte, in der ihm eigenen fast fatalistischen Art, die Achseln:»Die habe ich nun mal geerbt.«

Mitterrand, Fatalist oder Realist? Der Verdacht, daß die Grenzen fließend sind, drängt sich bei jeder Frage und Antwort aufs neue auf. Das Beharrungsvermögen ist groß, und der Gestaltungswille reicht über die unmittelbare Gegenwart nicht hinaus. Zeichen, daß das Ende eines langen Präsidentenlebens naht? Oder Folge der Umwälzung, die so ziemlich alles auf den Kopf gestellt hat, was zählte für die französische Politik, und Flucht aus einer Wirklichkeit, die ihm fremd geworden ist? Das Sündenregister, Deutschland betreffend, ist lang und umfaßt nicht nur die beiden Blitzbesuche in Kiew, Dezember 1989 und Moskau, Mai 1990, und die Geisterfahrt zu Krenz und Modrow. In jenem Dezember 1989 hatte er die DDR wenige Stunden vor Öffnung des Brandenburger Tores verlassen.

Der Eindruck, er habe die Zeit anhalten wollen und versuche es noch immer, hat sich festgesetzt und ist doch nicht die ganze Wahrheit. Intellektuell jedenfalls versteht und billigt er, daß sich die Deutschen die verlorene Einheit zurückholten, solange es ihnen möglich war. Wollte ihm jemand weismachen, daß sie diese längst abgeschrieben hätten, war er immer in höchstem Maße erstaunt gewesen. Als er 1990, fast überstürzt, den Abzug der französischen Truppen verfügte, meinte er, möglicherweise von sich auf andere schließend, einem Rausschmiß zuvorkommen zu sollen. Die Annahme, daß ein vereintes Deutschland fremde Truppen nicht auf Dauer dulden werde, liegt ebenso in der Logik seines Denkens wie die Mutmaßung, die Amerikaner würden abziehen aus Europa, sobald es ihnen geboten erscheine, unabhängig von den Wünschen Dritter. Daß es ihnen, über kurz oder lang, geboten erscheine, ist seine keineswegs neue Überzeugung. Sie bestimmt seine Haltung zur Nato. Was recht ist und verständlich, muß nicht zugleich angenehm sein. Recht und verständlich ist die deutsche Einheit, aber ob und wie Frankreich sich auf sie einstellt, ist damit noch nicht entschieden. Ist das Herauskehren der eigenen Großmachtrolle ein Indiz? Man handele »gemäß dem Rang, der der unsere ist«, sagt der Präsident in bezug auf den Golfkrieg. Er will diesen Rang auch sonst gewahrt wissen. Es fehlt nicht der Hinweis, daß man schließlich ständiges Mitglied im Weltsicherheitsrat sei. Die New Yorker Gipfelkonferenz, die zunächst eine der Atommächte sein sollte, hat Mitterrand erfunden, der Deutschland gerade jetzt vorzuführen gedenkt, daß jener Kreis von Großmächten exklusiv bleibe.

Es wächst das Unbehagen, im Land und außerhalb, daß der Präsident – und nicht nur der Präsident – eine Politik der bewußten Ungleichzeitigkeit betreibt. Nirgends kommt sie krasser zum Ausdruck als bei der

Frage der französischen Nuklearstreitmacht. Daß Europa irgendwann einmal auch militärisch zusammenfinden werde, sieht Mitterrand als zwingend voraus. Welche Bedeutung also hat die nationale atomare Komponente in einer gemeinsamen europäischen Sicherheitspolitik?

Der Präsident: »So weit ist man nicht.« Die Vereinigten Staaten von Amerika hätten gerade erst die Idee akzeptiert, einen Keim für eine europäische Verteidigung zu legen, und mehrere europäische Länder wie Großbritannien und die Niederlande stünden der Idee überhaupt feindlich gegenüber. »Es ist ein wichtiges und vieldiskutiertes Vorhaben, aber Wirklichkeit wird es noch lange nicht werden. Ich hoffe, daß binnen kurzem die atomare Abrüstung Fortschritte gemacht haben wird. Wenn die atomare Abrüstung, hauptsächlich eine Angelegenheit zwischen Russen, Ukrainern, Amerikanern, Fortschritte macht, wird sich Frankreich anschließen.« Wenn es bei einer enorm großen amerikanischen Streitmacht mit 13 000 oder 14 000 atomaren Trägerwaffen bleibe und bei einer russischen und bei einer ukrainischen Streitmacht, »ist Vorsicht geboten«. Im Laufe der nächsten Monate oder der nächsten Jahre dürfte man klarer sehen. Jedenfalls denke er, »daß in dem Augenblick, in dem Europa über eigene Mittel zur Verteidigung verfügt, alle diese Probleme geregelt sein werden und Frankreich ganz gewiß ein Arrangement mit seinen Partnern finden wird«.

Es kommt zum Disput über die dreißig berühmtberüchtigten Hades-Raketen. Versteht er, daß sie in Deutschland Zweifel wecken? »Ja, ich verstehe es, denn die Reichweite der Hades ist begrenzt.« Bis München und bis Berlin!»Sie erstreckt sich ein wenig weiter, und zwar bis in die Tschechoslowakei und bis nach Polen. Was auch nicht besonders angenehm ist.« Was also ist die Rechtfertigung?»Man muß die Dinge in ihren historischen Kontext rücken. Die Hades fand ihre volle Rechtfertigung, als wir unter der Drohung eines atomaren Krieges lebten. Die Hades wäre, im Fall aggressiver Handlungen des Gegners, die Waffe der allerletzten Warnung gewesen. Keine Waffe, die, wie es die Nato-Doktrin der abgestuften Abschreckung vorsah, für den Einsatz in einer Atomschlacht bestimmt gewesen wäre, wenn der konventionell geführte Kampf gekämpft und mutmaßlich verloren sei, sondern ein Signal. Der Gegner sollte abgeschreckt werden, überhaupt auf sein eigenes Arsenal zurückzugreifen. Denn wie ich immer gesagt habe: Das Nukleare ist dazu da, den Krieg zu verhindern.«

Und was sagt uns das alles heute?»Diese ganzen Überlegungen waren der früheren Lage vollkommen angemessen. Jetzt, wo man nicht einmal mehr genau weiß, wer der Gegner ist, müssen zuerst einmal die Erben der alten Sowjetunion ihre Vorstellungen auf den Tisch legen. Das müssen sie schnell tun. Wenn sie es schnell tun, wird man in ein neues nukleares Zeitalter eintreten, dem Frankreich sich einfügen wird.« Es ist kein Zufall, daß er kurz nacheinander die gleiche Formel benutzt: Wenn die und die Lage eingetreten ist, dann wird Frankreich sich anschließen oder einfügen –»La France s'associera.« Die Schlußfolgerung liegt klar auf der Hand: Bis auf weiteres also werden die europäischen Bemühungen um eine gemeinsame Sicherheitspolitik und die französischen Anstrengungen, nationale Nuklearmacht zu bleiben, nebeneinander herlaufen?»Ja. Die Stunde einer gemeinsamen Armee ist noch nicht gekommen…« Und wenn es europäische Fortschritte gibt, wird die Frage aufs neue gestellt werden können?»Unbedingt. Man wird die Frage prüfen können. Unbedingt.« Vergebens die Versuche, ihn auf Möglichkeiten aktiver Einflußnahme anzusprechen. Abwarten ist Trumpf. Wer aber wollte behaupten, daß es in diesen Zeiten eine Stärke ist, abzuwarten? An Altbekanntem festzuhalten, wenn Neues nicht erkennbar ist, mag verständlich sein, erst recht für ein so konservatives Temperament wie Mitterrand. Aber was ist, wenn Altbekanntes einen realen Gehalt verliert und zur Fiktion wird? Man fragt ihn nach dem Europaparlament und ob er nicht sehe, daß die nationalen Parlamente immer weniger zu entscheiden hätten? Sein oftmals wiederholtes Argument, daß jeder, der an einem Europäischen Rat teilhat, demokratisch legitimiert sei, sticht nicht; das demokratische Defizit in Europa wird größer, weil der Rat nirgends kontrolliert wird und weil die Brüsseler Bürokratie munter wächst.

Der Präsident gibt sofort zu, daß immer mehr europäische Entscheidungen »ohne demokratische Kontrolle« getroffen würden. Aber wie immer – man dürfe nicht »übertreiben«. Man sei eben noch nicht an dem Punkt angelangt, an dem man daran denken könne, daß das Europäische Parlament in Rechte nationaler Volksvertretungen eintrete. So wird der Schein gewahrt, und wen stört's, daß die Rechte unterdessen in diversen Staatskanzleien und Beamtenstuben versikkern? Daß man noch nicht soweit sei und an dem und dem Punkt noch nicht angelangt, ist ebenfalls eine stetig wiederkehrende Formel.

Wozu auch immer er sich äußert, Mitterrand ist konzentriert und gleichbleibend ernst, beim Thema Sozialismus aber wird er munter und verbirgt nicht, daß es ihm Spaß macht, darüber zu reden. Man muß wissen: Schon in den sechziger und siebziger Jahren, als das Wort vom »Demokratischen Sozialismus« die Runde machte, lehnte er das Attribut strikt ab. Als habe man es nötig, seine demokratische Überzeugung herauszustreichen? Die verstehe sich für jeden Sozialisten von selbst. Wozu sich die marxistisch-leninistischen Verirrungen zuziehen? Das sei doch 1920, anläßlich der großen Spaltung, schon alles geklärt gewesen.

Nun aber sind neue Mißverständnisse aufgetaucht, und da in der Sozialistischen Partei nichts, jedenfalls nicht viel ohne ihn läuft und deren neuer erster Mann immer von Modernisierung redet, warum drängt er nicht, dem österreichischen Beispiel folgend, auf eine Namensänderung? Er hält die Frage sichtlich für überflüssig, sein Bescheid ist kurz und knapp: »Ich bin dafür, daß sie die Sozialistische Partei bleibt.«

Mitterrand ist kein geborener Sozialist, und seitdem er als solcher gilt, hat er sich für verschiedene Traditionen in Anspruch nehmen lassen, zumal die kultursozialistische eines Jean Jaurès und eines Léon Blum. Aber auch klassenkämpferische Sprüche gingen ihm, man denke an die wilden Jahre nach seiner Amtsübernahme 1981, glatt von den Lippen. Allein in den nun bald elf Jahren seiner Präsidentschaft – wie viele politische Wandlungen und Kehrtwendungen hat er nicht, je nach aktuellem Bedarf, gemeistert. Und dennoch hält ausgerechnet er die Fahne des Sozialismus hoch? Was bedeutet es, heute noch Sozialist zu sein? Er stellt prompt die Gegenfrage:»Wieso heute?« Und setzt angesichts von soviel Begriffsstutzigkeit hinzu:»Dasselbe wie gestern. Die Abenteuer des Marxismus-Leninismus berühren uns doch nicht.« Die sozialistischen Parteien Europas seien doch wahrhaftig nicht kompromittiert.»Das ist nun wirklich nicht unsere Sache.«

Aber George Frêche, der Bürgermeister von Montpellier und Abgeordnete in Paris, der auszusprechen pflegt, wozu andere keinen Mumm haben, prophezeit der PS mit einigem Galgenhumor einen Rückgang auf sechs Prozent und findet, es sei ihr jede Idee abhanden gekommen.

François Mitterrand, der die Partei 1971 fast aus dem Nichts heraus geschaffen hat, läßt sich nicht provozieren. Der Sozialismus? Heute?»Er will sagen, daß man eine Gesellschaft schafft, in der die Schwächsten, die Arbeiter, nicht dem Wohlgefallen der Mächtigsten ausgeliefert sind, dem Wohlgefallen des großen Kapitals, das bereits der absolute Herrscher ist – nächst Gott und bisweilen sogar darüber. Es ist absolut notwendig, daß es politische Kräfte gibt, die fähig sind, die Schwächsten und die arbeitenden Schichten mit geeigneten Mitteln zu verteidigen, damit sie in unseren kapitalistischen Gesellschaften leben können.« Und so sieht er auch den ideologischen Graben zwischen der Rechten und der Linken fortbestehen?»Absolut. Es hat sich nichts geändert. Ja, davon bin ich überzeugt.«

Sein Wirtschafts- und Finanzminister wird mit diesen Begriffsbestimmungen nicht viel anfangen können, und er selber handelt, auf europäischer Bühne und auch sonst, nach anderen Gesetzen. Aber warum vergleichen, was nicht vergleichbar ist?

Wenn man sich schon so vielen Sachzwängen beugen muß und sich so viel um einen herum ändert, dann darf man seinem ganz privaten Weltbild, und sei es noch so archaisch, treu bleiben? Auch auf die Gefahr hin, nicht auf der Höhe der Zeit zu sein?

Die Hoffnung im Herzen,
das Machbare im Blick:
Der deutsche Weg

Gibt es glückliche Völker? Man zögert und meint, von glücklichen Menschen dürfe man sprechen, solchen, die mit sich und der Welt in Einklang leben und deshalb eines nicht sind – rückwärtsgewandt. Aber glückliche Völker? Immerhin, Annäherungswerte lassen sich ermitteln und Relationen bestimmen. Ein Volk, dessen Mehrheit Maß und Mitte zu wahren weiß auch in Augenblicken, da der Boden schwankt, hat es leichter als eines, das Schuld sucht und Sühne und in der Vergangenheit zu finden meint, was die Gegenwart verweigert – die Auflösung der Widersprüche und die Aufhebung der Bedingtheiten. Aber was ist »ein« Volk?

Sensation und Spektakel sind das allgemeine Zeichen der Zeit, und ein Narr ist, wer meint, man könne in dieser Zeit geräuschlos reden und rechnen. Es mag sein, daß der olympische Sport nur sensationeller zu werden versprach und spektakulärer als die Mitteilsamkeit einzelner Sportler und deren Verwicklung in das System von einst. Es mag aber auch sein, daß viele Wirklichkeiten neben- und gegeneinander bestehen und jede, je nach Zweck und Laune, für die ganze genommen wird. Wenn das in sich ausgeglichene Deutschland, im Frieden mit sich und der Welt, das Ziel ist: Vielleicht ist man mancherorts, so im Sport, tatsächlich dem Ziel nahe und andernorts nicht? Vielleicht will man gar nicht überall weit sein?

Die Lust, in Ausschließlichkeiten zu denken, ist das besondere Zeichen der deutschen Übergangszeit. Wenn die überkommenen Gewißheiten schwinden und das Gesetz ewigen Wohlstands gebrochen scheint, gibt der Zeigefinger Halt. Zu wissen, was einer wie und wann hätte tun müssen, verschafft fast soviel Genugtuung wie das Gefühl, besser zu sein als andere. Was wird nicht alles kurzgeschlossen! Der eine möchte seine Art der Entspannungspolitik retten und will deshalb Befehlsgeber wie Handlanger von Schuld freigesprochen wissen. Der andere will nachweisen, daß die Stützung durch die westliche Politik den kommunistischen Regimen das Leben verlängert habe und diese noch immer leben würden, hätten nicht Bürgerrechtler die Sache in die Hand genommen.

Von der einen Wirklichkeit ist das eine Deutschland weit entfernt, und wer will wissen, was Ursache ist und was Wirkung und was überhaupt nur Schein. Wer auch will wissen, ob nicht doch alte innere Zerrissenheit, der Hang zur Ausgrenzung und zu jenem Masochismus, den ein polnischer Schriftsteller ausmacht, fortleben, sich mit neuer Bequemlichkeit verbinden und es der demokratischen Ordnung erschweren, Bindekraft zu entfalten und politisch zu entscheiden, was juristisch nicht zu entscheiden ist. Wer was zu sagen hat und auf welchem Posten, ist eine Sache der politischen Vernunft und manchmal auch der Opportunität.

Der Rechtsstaat hat eine lange und sogar starke Tradition in Deutschland, seine Wurzeln reichen weit zurück. Aber daß er zur Fluchtburg wird, in der man sich verschanzt, um nicht einen Willen bekunden zu müssen, droht den Sinn der Rechtsstaatlichkeit zu verkehren. Das Grundgesetz hält her, wofür es nie zuvor hat herhalten müssen; Bundeswehr, Asylrecht und östliche Eigentumsregelung sind nur drei Beispiele für schwindende Gestaltungskraft der Politik. Und einer Zauberformel gleich kommt »der« Rechtsstaat, wenn es gilt, die eine deutsche Vergangenheit juristisch aufzuarbeiten. Gewiß, rechtsstaatliche Grundsätze werden auch beschworen, um der Neigung zum »kurzen Prozeß« zu begegnen. Tatsächlich ist diese Neigung nicht weit verbreitet, und der Eindruck setzt sich fest, als wolle man mit der Berufung auf jene Grundsätze ein schlechtes Gewissen loswerden. Daß Leute hinter Gitter sollen, mit denen guter Umgang gepflegt wurde und die man jedenfalls als Partner brauchte, will nicht leicht in den Kopf.

Ein Gut wie der Rechtsstaat wird auch beschädigt, wenn er leisten soll, was zu leisten er nicht geschaffen ist. Daß Rechtsstaat und Gerechtigkeit schon jetzt gegeneinander ausgespielt werden, läßt nichts Gutes ahnen. In der Unverhältnismäßigkeit zwischen bisher gesprochenen Urteilen, eingeleiteten Verfahren und erlassenen Haftbefehlen, denen keine Anklageschrift folgt, und der voraufgegangenen Ausübung diktatorischer Gewalt spiegelt sich die Unverhältnismäßigkeit zweier Ordnungen. Auch die Feststellung, daß die Kleinen nicht hängen dürfe, wer die Großen ziehen lasse, ist von banaler Richtigkeit und wird doch durch ständige Wiederholung nicht glaubhafter. Man wird »die« Großen nicht hängen und sie nicht einmal zu finden wissen – mangels gerichtsverwertbarer Vorwürfe oder weil sie nicht mehr zurechnungsfähig sind.

Oder weil sich ein Umsturz, wie er in Deutschland stattgefunden hat, im Gerichtssaal nicht fortsetzen läßt. Es sei jedermann bewußt gewesen, daß »der Teufel« komme, sagt man nicht nur in der Umgebung des Bundespräsidenten, wenn die Rede auf jenen 7. September 1987 kommt, an dem die Bundesrepublik Deutschland Erich Honecker die Ehre erwies. So allerdings stand es in keines ihrer Repräsentanten Miene geschrieben. Im Gegenteil. Man wollte etwas von seinem Gast, und so verstand sich die Aufmerksamkeit von selbst. Einen Anflug von Dankbarkeit, daß es nun endlich soweit sei, gönnte sich fast jeder, der den hohen Gast empfing, in Bonn und in Düsseldorf, in Saarbrücken und in München. Im Augenblick sichtbarster Zweistaatlichkeit kam die wechselseitige Verbundenheit beider Staaten zum Vorschein wie nie zuvor. Und sage keiner, es sei ihm nicht bewußt gewesen. Die Zahl derer, die die antikommunistische Kampfstellung über die Zeit und die Teilung hinwegretten und Konzessionen an das Regime keinesfalls machen wollten, auch nach dem Preis nicht fragten, war verschwindend gering geworden und in keiner Weise repräsentativ für die deutsche Politik.

Nun mag sein, daß in Kenntnis der Hinterlassenschaften der DDR man nicht mehr wahrhaben möchte, wofür man einst geradegestanden, und daß man es um so lieber vergessen will, als das glückliche Ende der Geschichte die kompromittierenden Zwischenspiele entbehrlich erscheinen läßt. Jede Geschichte, die an ihr Ende gekommen ist und im Licht eben dieses Endes betrachtet wird, liest sich anders als in Zeiten, da der Ausgang ungewiß und nicht einmal sicher ist, ob es einen Ausgang je geben werde. Auch im Fall der doppelten deutschen Nachkriegsgeschichte ist das intellektuelle Vergnügen groß, einmal durchzuspielen, was gewesen wäre, wenn: Wenn man nie darüber hinweggesehen hätte, um was für einen Staat es sich handelte, und Kontakte nie aufgenommen hätte. Es ist reizvoll und lehrreich, die Geschichte zu betrachten, als sei sie auf ihr Ende hin angelegt gewesen. Jenes Ende, das der Fall der Mauer markiert und von dem so schwer zu sagen ist, wann der Anfang eingeläutet wurde. Mit dem Machtantritt Gorbatschows und der Aufgabe der Breschnew-Doktrin? Mit der Weigerung des Ost-Berliner Politbüros, das System auch in der DDR zu lockern, und der gleichzeitigen Intensivierung der Beziehungen zu Bonn? Oder viel früher? Wann früher? Es ist ein Ende, von dem ebenso schwer zu sagen ist, warum es so spät kam. Ist erlaubt, zwischen 1949 und 1989 eine gerade Linie zu ziehen, Anfang und Ende der Geschichte zusammenzubinden und damit zu unterstellen, es sei der westliche Teilstaat ein in sich geschlossenes Ganzes gewesen?

Die Motive, aus denen heraus die Einheit bejaht oder hingenommen oder abgelehnt wird, sind vielfältig, in sich vielfältig gebrochen, und so schillern die Deutungen, die den Abläufen unterlegt werden. Schon der Blick in die Gegenwart lehrt, daß sich mehr als eine gerade Linie ziehen läßt und daß die Versuchung, das vier Jahrzehnte während Ringen um den Modus vivendi mit der Teilung zu rationalisieren, in mehr als einer Versuchung an die Historiker herantritt, zumal an die Publizisten und Politiker, die für Zwecke der Gegenwart die Vergangenheit zu instrumentalisieren suchen. Gründe, auch gute Gründe, lassen sich immer finden – für die Auffassung, daß die Politik der Stärke triumphiert habe, ebenso wie für die, daß Adenauers Politik auf die Einheit gar nicht angelegt gewesen sei; für die These, daß die Entspannung das Zusammengehörigkeitsgefühl wachgehalten und der Einheit, gerade der westlich geprägten Einheit vorgearbeitet habe, wie für die, daß der Status quo durch Entspannung und Zusammenarbeit zementiert worden sei.

Adenauer war zwar 1960, als die Amerikaner auf Wandel drängten, nicht mehr der, der 1954 den westdeutschen Teilstaat in die Nato geführt hatte. Aber trotz der Aufnahme diplomatischer Beziehungen zur Sowjetunion und trotz mancher Gedankenspiele war er in die Verlegenheit des Sich-Einlassens mit dem anderen deutschen Staat nicht mehr gekommen. Erst in der zweiten Hälfte der sechziger Jahre wuchs die Einsicht, daß der bloße Ruf nach Wiedervereinigung diese nicht nur nicht herbeiführe, sondern daß die Teilung sich – erst allmählich hat sich die Mauer ins Bewußtsein eingeprägt – noch vertiefe, wenn man die Dinge laufen lasse; die DDR, die man noch nicht so nennen mochte, wirkte nicht mehr, als sei sie von vorübergehender Existenz. Die Große Koalition spiegelte die Unsicherheit – wie reagieren? – und beschleunigte, unter weltpolitischem Druck, das Problembewußtsein und zugleich den Entscheidungsprozeß. Er mündete 1969 in jene Deutschland- und Ostpolitik, in deren Namen einerseits die Zweistaatlichkeit legitimiert wurde und als deren Erfüllung andererseits die Einheit galt. Heute allerdings geht es nicht zuerst um den Weg zur Einheit, der geebnet oder verbaut wurde. Die Entspannungspolitik steht auf dem Prüfstand, weil sie die Oppositionellen »verraten« habe – um des Einverständnisses mit den Herrschenden willen oder eines nationalen Zusammenhalts.

Die Suche nach dem Selbstverständnis des vereinten Deutschland ist eine Suche nach der inneren Vergangenheit des einen Teilstaates, und sie ist eine Suche nach der gemeinsamen deutsch-deutschen Vergangenheit. Wer die geraden Linien aufspüren will, wird sie finden. Es ist dann ins Belieben des Betrachters gestellt, sich die passende herauszuziehen und von allem abzusehen, was die Linienführung verunklaren könnte. Diese Beliebigkeit wird so lange vorwalten, wie die Deutschlandpolitik in die Gegenwart hineinragt und sich die Teile nicht vollends ineinanderfügen, das Ganze nicht zu sich gefunden hat und die Geschichte noch nicht abgeschlossen ist. Warum aber soll erst in zeitlichem Abstand jener Umstand wieder hervortreten, der die Deutschlandpolitik über vier Jahrzehnte hin bestimmt hat? Weil anders man sich klarmachen müßte, daß ohne sowjetische Besatzungsmacht sich kein Mielke, schon vor Gründung der SED als deren wichtigster Gehilfe geltend, aber auch kein Ulbricht und kein Honecker hätte entfalten können?

Es greift eins ins andere. Der Blick auf die Sowjetunion ist auch der Blick auf Amerika, den Kalten Krieg und die Entspannung zwischen den Weltmächten. Wie handlungsfrei war die Bundesrepublik und wie selbständig die DDR? Wieviel Objekt der Weltpolitik war die eine und wieviel Subjekt die andere? Der Begriff der deutsch-deutschen Beziehungen konnte geprägt werden erst nach der De-facto-Anerkennung des zweiten durch den ersten deutschen Staat und hat sich doch längst erstreckt auf die gesamte Epoche der Teilung. Der Begriff enthält das Eingeständnis, daß niemals nur die eine Seite agierte und die andere reagierte. Und doch ist die Geschichte zu schreiben aus der Sicht der »alten« Bundesrepublik. Sie war der allein freiheitlich verfaßte und mit seinen Bürgern in Einklang lebende Teil. Nur für die DDR war die Teilung konstitutiv und nicht aufhebbar, ohne sich selbst in Frage und zur Disposition zu stellen.

Über die Konsequenzen mochte sich die Große Koalition nicht mehr verständigen, aber die Erkenntnis war allgemein: Ohne Moskau lief nichts. Einvernehmen mit Moskau aber setzte die Bereitschaft voraus, einem Alleinvertretungsanspruch abzuschwören, der sich in keine Wirklichkeit mehr fügte. Alleinvertretung hieß: Die Staaten dieser Welt hatten als deutsch nur die Bundesrepublik anzuerkennen, andernfalls diese die Beziehungen abbreche. Der Anspruch wirkte nur noch bedingt, es schien eine Frage der Zeit, wann er vollends ausgehöhlt sein würde, dies auch wegen des Drucks, der von internationalen Organisationen ausging. Zu Jahresbeginn 1967 hatte die DDR eine eigene Staatsbürgerschaft eingeführt und eine eigene Staatsnation proklamiert. Am 9. April 1968 gab sie sich eine neue Verfassung und nahm darin nun auch offiziell von den gesamtdeutschen Ansprüchen ihrer Anfänge Abschied. Zwei Monate später nahm sie die Bonner Notstandsgesetze zum Anlaß, die Paß- und Visumspflicht bei Reisen zwischen der Bundesrepublik und West-Berlin einzuführen. Aus dem Nervenkrieg um Berlin, der den Existenzkampf zwischen 1958 und 1962 abgelöst hatte, erwuchs ein entscheidender Antrieb für das Wagnis eines politischen Neuanfangs. Die menschliche Neigung, die Geschichte immer einmal wieder bei Null anzusetzen, ist groß und keine Beson-

derheit des Jahres 1989. Zwanzig lange Zwischen-
jahre glaubte man auch, 1969 sei Deutschland in Gestalt zweier Staaten neu erschaffen worden. Aber
ohne das Erlebnis sowjetischer Bedrohung und sich
vertiefender Teilung, zumal in Berlin, wäre 1969 keine
Regierungserklärung gegeben worden, in der das
Wort von der Einheit der Nation häufiger verwendet
wurde als in irgendeiner sonst.

1968 waren die Außenminister der drei westlichen
Siegermächte, vom Auswärtigen Amt nachdrücklich
ermuntert, übereingekommen, einen Vorstoß zwecks
Besserung der Lage in und um Berlin zu wagen; der
Einmarsch in die Tschechoslowakei hatte die Einsicht
in die Notwendigkeit nicht getrübt. Die im Sommer
1969 in Moskau übermittelte Botschaft: Die Bundesrepublik sei zu Gesprächen mit der DDR bereit und
würde Bundesaktivitäten in West-Berlin – ständiger
Stein des Anstoßes – einschränken, wenn seine Bürger
den Ostteil der Stadt wieder besuchen könnten. Gromyko kündigte Gesprächsbereitschaft an. Ihm lag an
dem übergeordneten Thema; er nannte es Normalisierung, die deutsche Seite Gewaltverzicht. Die Suche
nach künftigen Sicherheitsstrukturen in Europa hatte
begonnen.

Der Alleinvertretungsanspruch galt seit 1949 und
war, mancher Relativierung zum Trotz, nicht aufgegeben worden. So mußte der Bruch, der sich nun auf-
tat, von weitreichender Wirkung sein, obwohl Willy
Brandt schon 1960 – mit amerikanischem Rücken-
wind – das Programm offengelegt und seither oftmals
ausgeführt hatte: Die Tatsachen anerkennen, um sie
zu verändern. Auf dem Status quo zu beharren, und
sei der Rechtsanspruch noch so überzeugend, würde

die DDR nicht gefügiger machen und die Teilung fest-
schreiben – zu Lasten der Menschen und der Nation.
»Zwanzig Jahre nach Gründung der Bundesrepublik
Deutschland und der DDR«, so hieß es am 28. Oktober
1969, »müssen wir ein weiteres Auseinanderleben der
deutschen Nation verhindern, also versuchen, über
ein geregeltes Nebeneinander zu einem Miteinander
zu kommen.«
Warum die Anerkennung der DDR vor allen anderen Schritten? Weil, so das Kalkül, anders mit Moskau nicht ins Geschäft zu kommen sei, dort aber »der
Schlüssel« gesucht werden müsse, wenn sich die innerdeutsche Tür wenigstens einen Spalt breit öffnen
sollte; als Bundeskanzler Kohl im Februar 1990 aus
Moskau zurückkehrte, nahm er das Bild vom Schlüssel auf, der ihm nun ausgehändigt worden sei. In der
Rechnung von 1969 lag die ursprüngliche Sicht der
DDR noch beschlossen: Die Sicht eines Staates, der
von den Gnaden der Sowjetunion existierte. Daß diese
Sicht sich änderte über die nachfolgenden zwei Jahrzehnte, zumal in einer nachwachsenden Generation,
aber auch unter Westbürgern, die zwischen Elbe und
Oder das eigentliche Deutschland zu entdecken mein-
ten, wie sollte es anders sein. Bestimmend für die Politik blieb die Auffassung, daß die DDR nur innerhalb
eng gezogener Grenzen für sich selbst verantwortlich
sei.

Im Moskauer Vertrag, unterschrieben am 12. August
1970, verpflichteten sich die Bundesrepublik Deutschland und die Sowjetunion zu ausschließlich friedlichen
Mitteln und gelobten, »die territoriale Integrität aller
Staaten in Europa in ihren heutigen Grenzen uneinge-
schränkt zu achten«. In einem Brief »zur deutschen

178

Einheit«, von Außenminister Scheel in Moskau übergeben und von der Sowjetunion bestätigt, wurde möglichen Mißverständnissen vorgebeugt: Der Vertrag stehe nicht in Widerspruch zu dem politischen Ziel der Bundesrepublik Deutschland, »auf einen Zustand des Friedens in Europa hinzuwirken, in dem das deutsche Volk in freier Selbstbestimmung seine Einheit wiedererlangt.«

Der Weg für ein Treffen zwischen dem Bundeskanzler und dem Ministerpräsidenten der DDR hatte sich erst geöffnet, als die Moskauer Vertragsgespräche weit genug gediehen waren; wegen Meinungsverschiedenheiten über Berlin fand es in Erfurt statt. An jenem 19. März 1970, während der Fahrt Willy Brandts durch Thüringen und in der Stadt selbst, konnte – mit ein wenig geschichtlicher Phantasie – jedenfalls vorausgesehen werden, was Ulbricht schon vor seinem Politbüro dargelegt hatte: Die DDR würde für die Anerkennung einen hohen Preis zu entrichten haben. Der Grat zwischen Abgrenzung, die sie zum Leben brauchte, und Öffnung, ohne die Zugeständnisse nicht zu haben waren, würde sehr schmal sein. Für die Bundesrepublik lag das unaufhebbare Dilemma in einer Unterlassungspflicht: Sie durfte das Regime und damit den Staat nicht destabilisieren, solange zu befürchten stand, Moskau würde, auch mit nackter Gewalt, eingreifen; die Folgen lagen auf der Hand, und die Prager Ereignisse vom August 1968 waren noch in allseits frischer Erinnerung. Die Bundesrepublik hatte keine andere Wahl, als der DDR eine Art Bestandsgarantie zu geben und ihr zu helfen, die Balance zu wahren – zwischen dem Gehorsam gegenüber der Vormacht und der Hinwendung zu jenem Deutschland, dem auch sie sich wieder zugehörig fühlen sollte. Die Aussage, daß beide deutsche Staaten füreinander nicht Ausland seien, wurde von der DDR nicht ernsthaft in Frage gestellt. Diese machtpolitisch bedingte Bestandsgarantie konnte, wer wollte, verwechseln mit dem Verzicht auf staatliche Einheit überhaupt oder gar der Anerkennung des Regimes durch die Bevölkerung. Wenn Bewegung in erstarrte Fronten kommt, öffnen sich viele Wege.

In Kassel stattete Willi Stoph am 21. Mai 1970 seinen Gegenbesuch ab und nahm die zwanzig Punkte zur Kenntnis, nach denen sein Gastgeber die Beziehungen geordnet wissen wollte; im Vordergrund standen menschliche Erleichterungen, vorgesehen war aber auch der Austausch von Bevollmächtigten und »auf der Grundlage des zwischen ihnen zu vereinbarenden Vertrages« die Mitarbeit und Mitgliedschaft in den Vereinten Nationen. Übereinkünfte wurden nicht erzielt, und Stoph sprach von einer Denkpause. Wo war sie verfügt worden? Walter Ulbricht wollte, nach sicheren Erkenntnissen eines westlichen Nachrichtendienstes, ein drittes Treffen zwischen Brandt und Stoph und drängte auf den Fortgang des deutschdeutschen Dialogs. Unter welchen Umständen wurde er am 3. Mai 1971 gestürzt? Daß er dem deutschlandpolitischen Kurs in Moskau mißtraute, bleibt wahrscheinlich. Doch warum? Weil er um die Gefährdung wußte, die seinem Staat daraus erwachsen würde? Oder weil er sich dem sowjetischen Gehorsam entziehen und die Dinge selbst in die Hand nehmen wollte? Ulbricht wäre nicht der erste Kommunist, der auf seine alten Tage nationale Anwandlungen bekommen hätte. Erst recht wäre er nicht der erste Kommunist, den Moskau stürzte, weil es ungebrochene Willfährigkeit verlangte. Und in Erich Honecker wurde, bis auf weiteres, der Verbündete gefunden, den man brauchte. Ein Kurswechsel lag insoweit nicht in des Kremls Absicht. Immerhin hatten schon am 26. März 1970 im einstigen Kontrollratsgebäude die vier Siegermächte ihre Gespräche über Berlin aufgenommen – ohne formalen Bezug zur ost- und deutschlandpolitischen Offensive Bonns. Und doch fanden sie nur vor diesem Hintergrund statt. Die Deutungen, die dem Status der Stadt unterlegt wurden, klafften weit auseinander, und über Monate hin war Bewegung nicht erkennbar. Deshalb goß Außenminister Scheel das Junktim, das in der Sache immer bestanden hatte, in diplomatische Form. Am 9. Oktober drohte er vor dem Bundestag, daß der Moskauer Vertrag nur ratifiziert werde, wenn eine befriedigende Berlin-Regelung gefunden sei. Dieses Junktim drehten die Sowjets sogleich um: Ohne Ratifizierung werde kein Berlin-Abkommen in Kraft treten. Es hing eines am andern und alles miteinander zusammen. Und ein Glied in der Kette war auch die Oder-Neiße-Grenze, ohne deren Anerkennung durch die Bundesrepublik der Vertrag mit der Sowjetunion und ein nennenswerter Umgang mit dem anderen deutschen Staat nicht zu haben waren.

Der Stillstand nach Abschluß des Warschauer Vertrages, am 7. Dezember 1970, war nur scheinbar. Ein Dreivierteljahr später, am 2. September 1971, setzten die in Bonn akkreditierten Botschafter der Westmächte und der in Ost-Berlin amtierende Botschafter der Sowjetunion ihre Paraphe unter ein Abkommen, dessen Spitzfindigkeiten schon den Zeitgenossen schwer einleuchteten und von dem man doch wußte, daß es weit reiche. Das Transitabkommen, zwischen Bonn und Ost-Berlin ausgehandelt, allerdings noch im Auftrag der Vier Mächte, war die erste greifbare Folgewirkung. Die jahrzehntelange Bedrohung Berlins gehörte der Vergangenheit an, und es löste sich jenes Knäuel, in dem sich die diversen ost- und deutschlandpolitischen Fäden verfangen hatten. In der geteilten Stadt wurde möglich, was ein Sinn des Unternehmens gewesen war – Begegnung.

Erst nach der Ratifizierung des Moskauer und des Warschauer Vertrages am 17. Mai 1972 – das innenpolitische Verwirrspiel hatte sich aufgelöst und den Gang der Dinge nur unwesentlich aufgehalten – standen nun endlich die Gespräche auf der Tagesordnung, deren Sinn es sein sollte, den Deutschen selbst einen Ausweg aus der Teilung zu öffnen, und um deretwillen die vielen Umwege hatten gemacht werden müssen. Der Verkehrsvertrag, der erste, den beide deutsche Staaten in eigener Regie aushandelten und der Erleichterungen im Reise- und Besucherverkehr bescherte, war der Aufnahme von Verhandlungen über den »Vertrag über die Grundlagen der Beziehungen« vorausgegangen, der am 8. November 1972 paraphiert wurde. Das Leitmotiv: wechselseitige Achtung der territorialen Integrität und der Wille, »normale gutnachbarliche Beziehungen zueinander auf der Grundlage der Gleichberechtigung« zu entwickeln. Im Zuge der Normalisierung der Beziehungen sollten praktische und humanitäre Fragen geregelt und Abkommen geschlossen werden, »um auf der Grundlage dieses Vertrages und zum beiderseitigen Vorteil die Zusammenarbeit auf dem Gebiet der Wirtschaft, der Wissenschaft und der Technik, des Verkehrs, des Rechtsverkehrs, des Post- und Fernmeldewesens, des Gesundheitswesens, der Kultur, des Sports, des Umweltschutzes und auf anderen Gebieten zu entwickeln und zu fördern.«

Wieviel Teilung und wieviel Einheit die nächsten Jahre bringen würden, konnte auf keinem Papier festgehalten werden, politisch nicht und juristisch erst recht nicht. Schon am Ende des Jahres 1973, als das Netz von Verträgen und Abkommen gespannt war, hatte die Kraft der Fakten gewirkt und einen Gewöhnungsprozeß nicht nur an die Existenz des zweiten deutschen Staates in Gang gesetzt. Was die Herrschaftsform anbelangte, so mochte es sein, daß man so genau nicht hinguckte. Es galt, sich selbst die Möglichkeiten des Umgangs zu erhalten und das übergeordnete Ziel im Auge zu behalten: In einer Atmosphäre wachsender europäischer Zusammenarbeit die Tür von Deutschland nach Deutschland mehr als spaltbreit zu öffnen. »Mein Volk lebt in zwei Staaten und hört doch nicht auf, sich als eine Nation zu verstehen.« Mit diesen Worten hatte der Bundeskanzler am 26. September 1973 – beide deutschen Staaten wurden gleichzeitig aufgenommen – seine Rede vor den Vereinten Nationen eingeleitet und damit jene Ambivalenz bezeichnet, unter der das nächste Jahrzehnt stehen sollte. Und wenn von einer Nation die Rede war, dann selbstverständlich von einer, die über ihre innere Ordnung frei entscheiden würde. In der New Yorker UN-Rede fiel auch der Satz, daß Deutschland nun größere weltpolitische Verantwortung übernehme. Nicht alles ist neu, was die Einheit neu erscheinen läßt.

Als am 1. August 1975 in Helsinki die »Konferenz für Sicherheit und Zusammenarbeit in Europa« eröffnet wurde, war die Skepsis allgemein. Immerhin, die Abrüstungssignale der Nato waren nicht ungehört verhallt, und die Bundesrepublik hatte seit den Tagen der Großen Koalition und zielstrebig seit 1969 darauf hingearbeitet. Zunächst überwog die Einschätzung, daß der Status quo verewigt und die sowjetische Herrschaft über einen Teil Europas festgeschrieben würde, die Hoffnung auf Wandel. Doch Bürgerrechtler und Dissidenten beriefen sich fortan auf die allseits anerkannte Pflicht zur Sicherung des Friedens und auf die Menschenrechte, die zu wahren auch die Ostblockführer gelobt hatten. Die Waffen ihrer Unterdrückungsmaschine begannen, Folge innerer Überanstrengung und äußerer Auflockerung, stumpf zu werden, und Ruhe wollte sich immer weniger finden lassen. Aus Respekt vor der Macht Moskaus, auch der atomaren Macht, setzten die Vereinigten Staaten und die Verbündeten weiterhin auf den Status quo. Worauf auch sonst, wenn die Sowjetunion immer noch oder immer wieder bestrebt war, ihn zu ihren Gunsten zu verändern! Zumal der Bundesrepublik schien es geraten, nicht aufzufallen und nichts aufs Spiel zu setzen, was das labile innerdeutsche Verhältnis hätte belasten können.

Das Treffen zwischen Bundeskanzler Schmidt und SED-Chef Honecker während der Konferenz von Helsinki erregte um so größeres Aufsehen, als erst im Jahr zuvor ein Topspion der DDR von sich reden gemacht hatte. Darüber zur Tagesordnung überzugehen, konnte nur möglich sein, wenn den Beziehungen schon eine eigene Dynamik innewohnte. Später, in der Mitte der achtziger Jahre, als die deutsch-deutsche Welt noch näher zusammengerückt war, meinte Honecker signalisieren zu sollen, daß der Spion allein auf sowjetisches Konto gegangen sei. (Tatsächlich war und ist an der Adresse nicht zu zweifeln, allerdings auch nicht daran, daß der KGB seine Finger im Spiel hatte.) Wie hätte wer in der Bundesrepublik unterscheiden können zwischen dem Wert menschlicher Begegnung und nationalen Zusammenhalts auf der einen und teilweiser Stabilisierung des Systems auf der anderen Seite? Umgekehrt legte sich in der Führung der SED kaum einer Rechenschaft ab, wie abschüssig die Bahn war, die man mit den Kontakten zum mächtigen Modellstaat im Westen betreten hatte. Allein die Verlockung materieller Hilfe wog schwer. Die Überziehungskredite, die Bonn gewährte, belebten den innerdeutschen Handel und legten den Grund für wachsende ökonomische Abhängigkeit. In dem von Franz Josef Strauß vermittelten Milliardenkredit fand sie symbolträchtigen Ausdruck.

Zu Beginn der achtziger Jahre hatte die Verschuldung der DDR in konvertierbarer Währung die Zehn-Milliarden-Dollar-Grenze überschritten, die Folgen wurden in der Mitte des Jahrzehnts spürbar. Die Exporte stiegen, und die Importe sanken. Das Sozialprodukt kam den Bürgern immer weniger zugute, ihr privater Verbrauch stagnierte oder war rückläufig, die Investitionstätigkeit ging zurück, und die Wachstumsvorgaben eilten der Wirklichkeit immer weiter voraus. Der technologische Wandel wurde nicht mehr bewerkstelligt. So vergrößerte sich die Wohlstandskluft zum deutschen Westen, der zugleich zum Rettungsanker wurde – auf der Flucht vor den eigenen Nöten. Welch immer wieder neuer Kreislauf von Abkehr und Zuwendung!

In ihren einschränkenden Maßnahmen hatte die DDR die Schmerzgrenze immer zu wahren gewußt. Die drastische Erhöhung des Mindestumtausches, den Bürger der Bundesrepublik und West-Berlins bei Besuchen zu leisten hatten, sollte den Besucherstrom und mit ihm die Risiken für das Regime drosseln helfen. Der Zeitpunkt war mit Bedacht gewählt worden – unmittelbar nach der Bundestagswahl 1980 und wenige Wochen nach der großen Streikwelle in Polen und der Zulassung von Solidarnosc. Wieder einmal sah es aus, als gehe nicht viel zwischen beiden deutschen Staaten. Die west-östliche Großwetterlage verschlechterte sich rapide, wie durfte man erwarten, daß ausgerechnet in Deutschland die Geschäfte ungestört bleiben sollten! So mochte es scheinen, als solle die Stationierung der Mittelstreckenwaffen ins Bewußtsein zurückrufen, daß Deutschland das Aufmarschgebiet der Weltmächte geblieben war. Für die Bonner Politik kamen die Signale aus Ost-Berlin einem Wunder gleich: Man wolle sich in die Auseinandersetzung der Großen nach Möglichkeit nicht hineinziehen lassen. In Moskau war man schon jetzt, 1983, 1984, nicht mehr willens oder nicht mehr fähig, die DDR zur Distanznahme zu zwingen und damit die Bundesrepublik abzustrafen.

Und die Geldleistungen der Bundesrepublik – allein die jährliche Transitpauschale wurde 1988 um nahezu hundert Prozent auf achthundertsechzig Millionen Mark heraufgesetzt – blieben mehr als willkommen. Wer will wissen, ob der materielle Segen das System stabilisierte oder seinen Untergang beschleunigte! Bei weitem nicht die einzige, aber die erfreulichste Gegenleistung bestand in großzügigeren Besuchsregelungen, die nun nicht mehr nur für Rentner galten. 1987 bereits reiste jeder fünfte DDR-Bürger in die Bundesrepublik. Und schon drei Jahre zuvor waren vierzigtausend Übersiedler im Westen gezählt worden. Die Zahl sank dann wieder, um 1988 erneut und nun dramatisch anzusteigen. Das Ende der DDR haben die herbeigeführt, die sie unbedingt verlassen wollten, jedenfalls mehr als die, die unbedingt bleiben wollten.

Was die Bonner Politik betraf: Nach dem Regierungswechsel 1982 wurde weitergemacht, wo Schmidt und Genscher aufgehört hatten. In Parteien und gesellschaftlichen Gruppen mochten sich Einstellungen wandeln und Haltungen verlorengehen, die verantwortliche Politik blieb über zwei Jahrzehnte hin, von 1969 bis 1989, dem einen Grundsatz treu: Der Tribut an die Verhältnisse ist zu entrichten, um mit dem anderen deutschen Staat so viele und so gute Beziehungen wie möglich zu unterhalten und ohne den Anspruch auf Selbstbestimmung und damit auf Einheit aufzugeben. Was daraus wurde, durfte, ja mußte der Zeit überlassen bleiben. In diesem Grundsatz durften sich die jeweiligen Bundesregierungen der Zustimmung sicher sein – der großen Mehrheit der Deutschen in West und auch in Ost. In seiner Regierungserklärung nach der Bundestagswahl 1983 wahrte Helmut Kohl die Kleiderordnung und sagte an die Adresse der Sowjetunion: »Die Grundlage sind die geschlossenen Verträge, nach deren Buchstaben und Geist wir unsere Politik mit dem Osten gestalten wollen. Unser Ziel bleibt eine gesamteuropäische Friedensordnung.« Die Begegnungen, die Kohl am Rande von drei Moskauer Trauerfeierlichkeiten mit dem Staats- und Parteichef der DDR hatte, standen schon nicht mehr im Ruch des Außergewöhnlichen. Man hatte sich aneinander und an die Verhältnisse gewöhnt, und als der Bundeskanzler in seinem Bericht zur Lage der Nation 1985 erklärte, die Deutschlandpolitik seiner Regierung sei auf Dauer angelegt, wurde Widerspruch nirgends laut. Gerade weil die deutsch-deutschen Beziehungen den Charakter des Selbstverständlichen annahmen und beide Staaten zunehmend ihre gemeinsame – deutsche – Verantwortung für den Frieden betonten, war außerhalb Deutschlands schon zu Beginn der achtziger Jahre zu hören, was innerhalb Deutschlands mancher spürte, aber keiner zu denken, geschweige denn auszusprechen wagte: »Die deutsche Frage ist wieder da.« Daß in Bonn niemand drängte oder übermütig wurde, war weise. Anders hätte sich in Moskau kaum entwickeln können, was sich entwickelt hat.

Die deutsch-deutsche Geschichte hatte immer voller Ironie gesteckt. Wie oft war das Gegenteil dessen eingetreten, was einer zu erreichen meinte. Aber welche Ironie steckte erst in der Erklärung des Politbüromitglieds Felfe, der, kaum war Honecker aus Bonn zurück, sagte, der Realismus habe sich endgültig durchgesetzt. Der Realismus? Welcher Realismus? Michail Gorbatschow war schon zweieinhalb Jahre an der Macht und hatte deutliche Spuren gezogen; die Distanz, die das Ost-Berliner Regime zur eigenen Besatzungs- und Führungsmacht nahm, wurde unübersehbar. Ahnte man, daß eine noch so vorsichtige Liberalisierung nicht unter Kontrolle zu halten sei? Und baute man darauf, daß die Sowjetunion den Außenposten ihres Imperiums schon nicht preisgeben werde? Nichts deutete darauf hin, daß Gorbatschow Deutschland sich selbst überlassen werde oder daß er auch nur eine neue Politik für Deutschland hätte. Die hatte er bis zum Ende nicht. Er war sich nicht einmal klar, was jeweils zu geschehen im Begriffe war, weder am 17. Oktober 1989, als Honecker stürzte, noch am Abend des 10. November 1989, als er Bundeskanzler Kohl und - Willy Brandt in gleichlautenden Botschaften eindringlich aufforderte, den »Bürgerkrieg« zu verhindern. Wenn irgend die Bundesrepublik eine Staatsräson hatte, dann war es die, nicht von sich aus die Grenzen sowjetischer Duldsamkeit zu testen.

Die Zurückhaltung in Bonn fiel um so leichter, als die Beziehungen besser gediehen als je zuvor. Sie schienen in gleichem Maße fortzuschreiten, wie sich die der DDR zur Sowjetunion verschlechterten. Was hatte doch Honecker im Herbst 1985, eine Wodka-Flasche Marke »Gorbatschow« in der Hand, einem Besucher offenbart und seither oftmals variiert: »Wir gehen den deutschen Weg!« Wie hätte sich einer in die Doppelbödigkeit des Ausspruches nicht versenken sollen! Mußte »der deutsche Weg« nicht führen, wohin er geführt hat – vorausgesetzt, die Sowjets versperrten ihn nicht?

Anläßlich der Honecker-Visite in Bonn und in fast jedem seiner Berichte zur Lage der Nation hatte Helmut Kohl bekräftigt, daß das deutsche Volk »in freier Selbstbestimmung die Einheit und Freiheit Deutschlands« vollenden müsse, doch zugleich eingeschränkt: Die Lösung der deutschen Frage stehe nicht auf der Tagesordnung, und es gelte, sich »auf das Machbare« zu konzentrieren. Das Machbare? Machbar war weiterhin alles, was in Moskau nicht provozierte, die Machthaber in Ost-Berlin also nicht ins Herz traf. Denn das Imperium der Sowjetunion stand und fiel mit der DDR und umgekehrt. Das konnte nur mißachten, wer die Meinung der Mehrheit mißachtete, jener Mehrheit, die der DDR ein eigenes Lebensrecht nicht zubilligte.

Selbstverständliche Pflicht jedes westdeutschen Politikers war es, das Mögliche zu tun, um Landsleute vor Verfolgung zu schützen. Aber es mußte auch in den achtziger Jahren schon erlaubt sein, nicht in jedem Oppositionellen den lauteren Demokraten zu sehen und die Alternative zur kommunistischen Herrschaft. Die Alternative war das Ende der DDR. Dieses Ende selbst zu bestimmen, lag zu keiner Zeit in der Macht der Bundesrepublik. In ihrer Macht hatte es aber sehr wohl gelegen, den Umgang mit denen zu pflegen, die Gewalt über siebzehn Millionen Landsleute ausübten, und darüber hinwegzusehen, daß es sich um Diktatoren handelte. Diese Macht zu nutzen war zwanzig Jahre lang die erklärte Bonner Politik – um des höherrangigen Zieles willen. Es galt, ohne Krieg zu bewirken, daß die Spaltung überwunden werde. Wer wollte sagen, sie habe sich 1989 und 1990 nicht ausgezahlt?

Das Bedürfnis nach Gleichungen, die aufgehen, ist groß. Aber unsere Paragraphen sind ebensowenig dazu gemacht, aus der doppelten deutschen Nachkriegsgeschichte eine einzige zu machen, wie Rufe nach Amnestie es sind. Der Versuch, das Strafrecht, und sei es das Strafrecht der DDR, in Anwendung zu bringen, droht in Peinlichkeiten zu enden; geahndet werden stets nur Petitessen. Wenn aber die Schuld nicht meßbar ist, wie und warum dann von ihr lossprechen? Das kann nur wollen, wer von eigenem Tun ablenken will. Also doch der Versuch, die Staatssicherheit und das vorgesetzte Politbüro zur »kriminellen Vereinigung« zu erklären? So war das Nürnberger Militärtribunal mit der SS verfahren. Aber gegen den SS-Staat hatte die Welt Krieg geführt, und der DDR-Staat wurde wissentlich und aus wohlerwogenen Gründen umworben.

Das Bedürfnis nach Gleichungen, die aufgehen, ist auch das Bedürfnis nach Ruhe und reinem Gewissen. Aber es gibt Geschichten, die ebendieses nicht bereithalten. Es sind Geschichten, deren Handlungsstränge so schwer und jedenfalls nicht nach Bedarf zu entwirren sind. Auch mit diesen Geschichten läßt sich leben – vorausgesetzt, man löst sie nicht heraus aus der Zeit, in der sie gespielt haben. Und bewahrt sich den politischen Willen, zu trennen, was zu trennen ist.

Des Guten genug
Deutschland im Glanze seiner Lichterketten

Jedem Land seine eigene Demonstrationssymbolik. In Deutschland flackern Kerzen, wenn Dichter sterben, die Wartburg bestiegen und die Revolution geprobt, die Welt umarmt oder unterjocht wird. Soll sich das Land eines Symbols nur deshalb begeben, weil es im Dienst einer Sache stand, deren Verlebendigung man nun meint bannen zu müssen? Was haben der Berliner Fackelglanz vom 30. Januar 1933 und die Züge der Nürnberger Reichsparteitage mit den Lichterketten unserer Tage gemein? Nichts. Nichts?

In den Schein einer Kerze lassen sich nun einmal die besten und die bösesten Absichten hineinlegen. Und gewiß hegte die besten Absichten, wer bald nach dem Mord von Mölln seinem Abscheu Ausdruck geben wollte und sich dazu einer Kerze bediente. Weihnachten war nahe, jeder wollte mit jedem versöhnt sein, und es sollte nicht darauf ankommen, ob einer auch noch von anderen als den besten Absichten bewegt war. Man war geneigt, den begleitenden Unsinn in Kauf zu nehmen, und doch schon stutzig geworden, als am 12. Dezember die Bundesliga – die Sponsoren spielten mit – vorführte, wie gut selbst der deutsche Fußball sei; auch die ausländischen Stars taten kund, daß ihr Freund Ausländer sei, und halfen den Unterhaltungswert steigern. Große Unternehmen schalteten Anzeigen und ließen wissen, wieviel auch sie gelernt hätten. Überhaupt ließ sich gute Stimmung machen mit dem Lichtsymbol. Wer auf sich hielt, hielt die Fahne der Fremdenfreundlichkeit hoch, lief mit und machte mit. Arbeitgeber und Arbeitnehmer, Banken und Behörden, Kulturschaffende und Sportsfreunde schlossen die Reihen. Lange nicht war die Gemeinsamkeit der Meinungsmacher so groß, der kollektive Gehorsam allerdings auch nicht. Wer zweifelte, zog es vor zu schweigen; die Sorge, in die falsche Gesellschaft zu geraten, wog schwer. Der Kampf gegen die Fremdenfeindlichkeit wirkte einheitsstiftend, endlich war Gelegenheit zu einem großen Gefühl und Gemeinschaftserlebnis. Selbst dem Bundeskanzler dienten so viele gute Menschen – »vor aller Welt« – als Beweis, wie »die überwältigende Mehrheit der Deutschen« denke. Bedarf es eines Beweises, und will diese Mehrheit ihn? Wem dienen die Lichterketten?

Es ist nicht mehr auszumachen, wann sich die Wirkung vom Anlaß gelöst hat oder ob der Anlaß sogleich das Mittel zum Zweck war. Jedenfalls häuften sich die Inszenierungen schon vor dem Jahreswechsel und bedurften immer neuer Effekte. In Magdeburg wurden die Lichter zugleich gegen Bombenterror, Faschismus und Fremdenfeindlichkeit angesteckt; das Datum hatte die 48. Wiederkehr des alliierten Luftangriffs vorgegeben. In Stuttgart genügte, da man so lange gewartet hatte, keine einfache Kette mehr, die Lichter leuchteten nun schon im Morgengrauen, und die Aktion wurde räumlich über das Land und zeitlich über den Tag ausgedehnt; bunte Luftballons mit Grußkarten »an das zivilisierte Europa« stiegen auf. Auch in kleinen und kleinsten Städten wird – im Namen eines »friedlicheren Deutschland« – alles miteinander vermengt und allen Sinns entleert: Ausländerfeindlichkeit, Faschismus, Rassismus, Gewalt und Intoleranz. Auch das Entertainment macht weiterhin auf die gute Sache und auf sich aufmerksam. Den bisher originellsten Beitrag lieferte das Aktuelle Sportstudio: Es würde doch genügen, so die Empfehlung, wenn jeder Club einen dunkelhäutigen Spieler engagierte. Welche Anlässe zu welchen Manifestationen werden demnächst gefunden werden?

Warum und wann die Zeit ihre Zeichen ändert, weiß niemand. Bisweilen, wenn die Zeit gut ist, will es auch niemand wissen. Daß ein Land gelegentlicher Erneuerung und Ortsbestimmung auch dann bedarf, wenn alles zum besten steht, ist eine zwar alte, aber schwer zu beherzigende Weisheit; von Dekadenz im Leben der Völker hätten wir andernfalls nie gehört. Die Zeit war gut in den vergangenen ein, zwei Jahrzehnten, und jeder hätte sie gern angehalten. Jeder? Wenn nichts geschieht und Selbstzufriedenheit und Selbstbespiegelung triumphieren, wenn alles zerredet und nichts entschieden wird, ist die Suche nach dem befreienden Ausweg nicht die Frage des Ob, sondern nur die des Wie und Wann. Wohl dem, der um diese Zusammenhänge weiß. Warnzeichen, auch an der Wahlurne, gab es längst vor jenem Zeitenwechsel, der als ein äußerlicher galt und in dessen Sog die langen Linien des Wandels vollends unsichtbar wurden. Erst als sie an die Bruchstellen führten, die sich aufgetan hatten, als nichts mehr von selbst ging und die Malaise des Westens im Osten zum Vorschein kam, riß die glatte Oberfläche auf. Was die vielbeschworene Fremdenfeindlichkeit angeht, so ist mittlerweile eine gängige Formel, daß man sie lange nicht wahrgenommen und verdrängt habe; als sie gewalttätigen Ausbruch fand, sei aber sofort »etwas getan« worden. Das Licht als Symbol der Tat. Wie gebrochen auch immer die Linie ist: ohne die erhebliche und weitverbreitete Unruhe über den nicht überschaubaren Zustrom von Ausländern und die Art ihrer Aufnahme und ohne das verheerende und verbreitete Gefühl, erst Randale schaffe Wandel, wären Anschläge das geblieben, was sie immer waren – kriminelle Handlungen, für die die Polizei und gegebenenfalls die staatliche Fürsorge zuständig sind und die Anlaß geben mögen für einen spontanen Ausdruck der Ächtung. In Nord und Süd sagten Städte nein. Nein wozu? Zu Mord und Mordversuch? Unmöglich, dazu eigens nein sagen zu wollen. Also Nein gegen alles, was die Leute umtreibt? Oder dient das Nein nur der Selbstdarstellung, mit heute dem und morgen einem anderen Inhalt?

Im Widerschein der Kerze und im Wohlklang des Hinweises, daß man einander brauche, verschwimmen alle Begriffe und alle Verantwortlichkeiten, und es ist, als sei ebendies erwünscht. Jedem bleibt unbenommen, den Deutschen Zwang aufzuerlegen, den Zwang zu fortgesetzter Aufnahme, und dafür die allerbesten Gründe anzuführen. Doch wer wollte sich über die Neigung der deutschen Nachkriegsdemokratie entrüsten, die Dinge treiben zu lassen? Das neue Regelwerk zieht darunter jedenfalls keinen Schlußstrich. Die Naiven und die Zyniker lassen an einem Tag Gewalttaten zu, um sie am anderen Tag – unter Hinweis auf die allgemeine Stimmungslage – dem Volk insgesamt anhängen und sich gegen dieses als gut ausweisen zu können. Sozialkundler belehren uns, um wie vieles anders und besser westliche Völker sich und ihre Fremden begriffen. Doch gewachsenen Traditionen entspringt weder Heil noch Unheil; wie sie sich jeweils auswirken, liegt in der Macht derer, die Verantwortung tragen – es sei denn, sie wollten keinen Gebrauch von ihr machen. Nicht nur die Franzosen werden wissen, warum sie sich in den vergangenen Jahren eines massenhaften Zustroms erwehrten – ohne viel Aufhebens und mit Entschiedenheit – und warum sie nicht einmal bosnische Kriegsflüchtlinge in nennenswerter Zahl aufnehmen – im Namen des »zivilisierten Europa«? Doch das Ausland ist Adressat der Botschaften unserer Tage und wird zum Richter über böse Deutsche und gute Menschen angerufen. Wie sollte es anders sein, solange das geeinte Land noch nicht mit sich im reinen ist und niemand sich klarmacht, daß das Recht der Lebenden durch die Erinnerung an die Toten weder aufgehoben noch eingeschränkt wird. Im Leben eines Volkes ist es wie im Leben des einzelnen: Man muß sich selber achten, um andere zu achten und von anderen geachtet zu werden. Ein schlechtes Gewissen, ob echt oder gespielt, ist nie ein zukunftsweisender Ratgeber gewesen.

Daß der Selbstachtung die deutsche Vergangenheit entgegenstehe, wird nun täglich wiederholt. In der Gefühlskette, die mit der der Lichter einhergeht, ist das nazideutsche Erbe lebendige Gegenwart und das erste Glied, dem alle weiteren anhängen. Es läßt sich alles bekunden und von allem auch das Gegenteil, man bekennt die Schuld und spricht sich doch von ihr frei. Wir Deutschen seien dazu verpflichtet, »vom Schlimmsten auszugehen«, meinen jetzt zwei Gelehrte, wochenzeitungsgemäß; was geschehe, geschehe »wieder«. Doch wie soll sich das Land mit einer solchen Perspektive in die moderne Zeit finden? Und wie die Kraft aufbringen für die überfälligen Strukturreformen – Sozialstaat, Bildungswesen, Verwaltung – und die ebenso überfällige Anpassung an die äußere Welt, wenn »vom Schlimmsten« nicht nur ausgegangen, sondern dieses auch herbeigeredet und -geschrieben wird? Zur Strafe oder wozu auch immer wird das Gesetz des Zusammenlebens außer Kraft gesetzt. Jedes Land verträgt von allem viel, aber nie zuviel, und wer zuviel auf einmal will, gefährdet, was er hat, und bereitet den Boden, auf dem erst die Gewalt gedeiht und dann das praktische Gebot unbeachtet bleibt. Um ein erträgliches Zusammenleben zu bewahren, bedarf es des staatlichen Willens, den Rahmen zu bestimmen und es nicht den Launen des Schicksals zu überlassen. Worauf sonst käme es an, wenn rechter Gewalt der Boden entzogen werden soll? Daß es letzte Garantie nicht gibt und zumal im vereinten Deutschland nicht nur Engel nachwachsen, gehört im übrigen zu den Erfahrungen, die noch verarbeitet sein wollen.

Der Fluch des »Wieder« beseelt die Lichterketten und beschwert die Versuche, auseinanderzuhalten, was war und was ist, und die Proportionen zurechtzurücken. Die Wirklichkeit ist sperrig und ihren Widersprüchen zu entfliehen eine alte deutsche Versuchung. Im Kerzenlicht findet sie ihren vollkommenen Ausdruck. Was wird damit bewirkt? Nichts, worauf es ankäme. Die Einsicht, daß man nicht alles haben kann und zugleich den inneren Frieden, verraucht erst einmal wieder. Wie anders? Die kollektive Bekundung des Guten allein hat zu Gutem noch nie geführt.

17. Juni

*Wie sich vor vierzig Jahren die deutsche Frage stellte –
und wer die Antwort gab*

»Ist es so, daß morgen der 17. Juni ausbricht?« fragte
laut Aufzeichnung seines eigenen Amtes Erich Mielke
in die Runde irgendwelcher Untergebener. Man schrieb
den 31. August 1989, und die Ahnung, daß die Besatzungsmacht das Regime nicht noch einmal retten
würde, reichte weit. Wie auch hätte sich in das kollektive Gedächtnis der deutschen Kommunisten nicht
einprägen sollen, wem sie was zu verdanken hatten.
Vier Tage, nachdem 1953 der Aufstand in Blut erstickt
war, bezog sich das ZK der SED ausdrücklich auf »das
Eingreifen der sowjetischen Besatzungsmacht, die den
Ausnahmezustand verhängte«. Ulbricht rühmte, als
er am 24. Juli das Parteiaktiv bei Leuna aufklärte, die
sowjetischen Truppen, mit deren Hilfe die »faschistischen Provokateure« geschlagen worden seien. Und
Parteidichter Kurt Bartels, genannt Kuba, kündete im
»Neuen Deutschland«: »Als wenn man mit der fla-
chen Hand ein wenig Staub von den Jacken putzt, fegt
die Sowjetarmee die Stadt rein.«

Die Sowjetarmee bestimmte fortan die Erfahrungs-
welt, die der Sieger wie die der Verlierer. Der 17. Juni
hat ins deutsche Bewußtsein gerückt, was nach der
gewaltsamen Spaltung der Sozialdemokratischen Partei 1946 und nach der Blockade Berlins 1948/49 verdrängt worden war und mit dem Tag des Mauerbaus

vollendete Tatsache werden sollte: In ihrem Machtbereich machte die Sowjetunion, was sie wollte. Niemand hinderte sie daran. Um 13 Uhr an jenem 17. Juni verhängte der sowjetische Militärkommandant den Ausnahmezustand im Ostsektor Berlins: »Alle Demonstrationen, Versammlungen, Kundgebungen und sonstige Menschenansammlungen über 3 Personen werden auf Straßen und Plätzen wie auch in öffentlichen Gebäuden verboten.« Diejenigen, die gegen diesen Befehl verstießen, würden nach den Kriegsgesetzen bestraft. Zum erstenmal riegeln Sowjetpanzer die Sektorengrenze ab. Die Alliierten Hohen Kommissare und die westlichen Stadtkommandanten tun, was zu einer Kunst sie erst noch entwickeln würden – sie protestieren und weisen empört den Vorwurf der Provokation zurück. Präsident Eisenhower freut sich, daß die Vereinigten Staaten West-Berlin eine zusätzliche Hilfe von fünfzig Millionen Dollar bewilligen würden, und liefert das Muster für Kennedys Garantie von 1961: Der Westen der Stadt soll lebensfähig bleiben, für den Osten ist man nicht zuständig.

War es eine Laune, daß die Amerikaner dem Regierenden Bürgermeister die Rückkehr in seine Stadt verwehrten? Dem Mann des Westens, den der Osten nicht ruhen ließ, traute man alles zu, nur keine Stillhalterei. Ernst Reuter hatte sich in der ersten Hälfte des Juni einen dringend nötigen Erholungsurlaub gegönnt, am 15. von München aus in Berlin angerufen und erfahren, daß nichts Dringendes vorliege. Parallelität der Ereignisse auch hier: Vor dem Wochenende des Mauerbaus hatte der BND festgestellt, daß Besonderes nicht vorliege, die Meldung erreichte die Senatskanzlei am Montag, dem 14. August. Reuter also war, wie geplant, nach Wien weitergereist, zwecks Teilnahme am Internationalen Städtekongreß. Dort erfährt er erst am 17., was zu geschehen im Begriff ist, und setzt sofort alle Hebel in Bewegung, um nach Hause zu gelangen. Doch eine Militärmaschine zur Verfügung zu stellen, finden die Amerikaner »bedauerlicherweise unmöglich«. Reuter kommt in Berlin an, als – am Abend des 18. – alles vorbei ist und ihm nur noch bleibt, den ausgebrannten Potsdamer Platz zu betrachten, die standrechtliche Erschießung eines West-Berliner Bürgers im Ostteil zur Kenntnis zu nehmen und den amerikanischen Stadtkommandanten anzurufen: Ob der Westen den Repressalien gegen die geteilte Stadt kein Ende setzen könne?

Angefangen hatte alles, als Stalin starb – am 5. März 1953 – und im selben Monat 59000 Menschen nach Westen flüchteten; zuvor waren es im Monatsdurchschnitt zwanzigtausend gewesen, hernach, zwischen April und Juni 1953, stimmten 130000 DDR-Bürger mit den Füßen ab. Die Radikalisierung im Innern, seit der 2. Parteikonferenz der SED im Juli 1952 zum Programm erhoben, ging einher mit einer Lockerung im Äußern, die zurückwirkte und die Unsicherheit verstärkte. Aufgeschreckt durch die Fluchtwelle kamen im April die Zonengewaltigen um »Rat und Hilfe« nach, wie Ministerpräsident Grotewohl zugab, jener Mann, der sieben Jahre zuvor die Ost-SPD den Kommunisten ausgeliefert hatte. Die Anfrage ging in Moskau ein, als die große Linie gerade generalüberholt wurde; Ende Mai löste sich die sowjetische Kontrollkommission auf, und in Berlin-Ost agierte nun Wladimir Semjonow als Hoher Kommissar. Welche neuen Instruktionen er hatte und was im Schwange war im

Kreml, wieviel die Amerikaner wußten und wieviel Adenauer, vielleicht erfahren wir es noch einmal. Jedenfalls sagte Ulbricht Ende Juni, als Berija, der kurzlebige Kreml-Herrscher, hingerichtet war, die DDR habe verkauft werden sollen. Als die Besatzer auf eine langsamere Gangart drängten, was die Bolschewisierung des Landes anbelangte, hatte das Regime soeben allen »Nicht in der Produktion Tätigen« die Lebensmittelkarten gestrichen und drastische Preiserhöhungen beschlossen. Ausgerechnet an jenem 28. Mai, an dem Semjonow sein neues Aufpasseramt antrat, folgte der Ministerrat der Empfehlung des ZK der SED und setzte die Arbeitsnormen in allen volkseigenen Betrieben um mindestens zehn Prozent herauf. Schon 1951/52 waren gegen erheblichen, im Westen nur wenig beachteten Widerstand der Arbeiter betriebliche Kollektivverträge durchgesetzt und die Normen heraufgesetzt worden. Als die Schraube nun neuerlich angezogen wird, treten in Finsterwalde sofort mehrere tausend Arbeiter in den Ausstand.

In den nächsten Tagen wird auch in Chemnitz, Eisleben, Gotha, Hennigsdorf und vielerorts auf dem Bau die Arbeit niedergelegt. In Apolda versammeln sich Bauern. Am 6. und 7. Juni geloben ZK und Regierung, Land nicht mehr zu enteignen und Bauern wegen Ablieferungsrückständen nicht mehr zu verhaften. Zwei Tage später beschließt das Politbüro eine Politik, die »der entschiedenen Verbesserung der Lebenshaltung aller Teile der Bevölkerung und der Stärkung der Rechtssicherheit in der Deutschen Demokratischen Republik dienen« soll. Nach zwei weiteren Tagen verfügt der Ministerrat, alle Verhaftungen, Strafverfahren und Urteile zu überprüfen. Ein Rückzug? Ja, aber einer der ungeordneten Art. Die Normenerhöhung wird nicht zurückgenommen. Schwäche? Unsicherheit? Daß die eigenen Machthaber nicht mehr können, wie sie wollen, und Moskauer Machtworte gesprochen werden, weiß niemand und ahnt jeder. Am 12. Juni wird zum erstenmal, in Brandenburg, die Freilassung von Gefangenen gefordert und – durchgesetzt. Die Massenbewegung, die sich in der gesamten Sowjetzone vorbereitet, nährt sich aus dem Haß gegen die Unterdrücker, der die Sehnsucht nach Freiheit in sich birgt, und aus dem Gefühl, daß möglich ist, was zuvor nicht möglich war.

Der Funke entzündet sich, als zwischen 10. und 15. Juni die Bauarbeiter in ihre Lohntüten sehen. Die Normenerhöhung wirkt sich wie eine massive Lohnsenkung aus; Maurer büßen runde dreißig und Zimmerleute mehr als vierzig Prozent ein. Ein Ost-Berliner Bauarbeiter, der bis dato 2,50 in der Stunde verdient hat, soll sich nun, bei gleicher Leistung, mit 1,80 zufriedengeben, und das bei einem Pfundpreis Margarine, auch Wagenschmiere genannt, von vier Mark. Am 15. wird auf mehr als einer Baustelle beratschlagt und nicht gearbeitet. Am Morgen des 16. entnehmen die Arbeiter auf Block 40 der Stalinallee dem Gewerkschaftsblatt »Tribüne«, die Beschlüsse seien »in vollem Umfang richtig« und müßten »mit aller Kraft« durchgeführt werden. Die Arbeit nehmen die achtzig Mann gar nicht erst auf, sie ziehen los. Auf einem roten Transparent leuchtet die erste Losung: »Wir fordern Herabsetzung der Normen.«

Auf ihrem Weg zum FDGB-Haus in der Wallstraße wird der Zug rasch größer. Im Sprechchor von nun zweitausend Mann ertönt die zweite Losung: »Kollegen, reiht euch ein, wir wollen freie Menschen sein.« Die Gewerkschaftstüren sind bereits verschlossen. Die Wahl des neuen Wegs – Haus der Ministerien in der Leipziger Straße – zeigt jenes Ineinander an, das die Massenbewegung in einem totalitären Teilstaat prägt und 1953 wie 1989 wirksam wird: Der Ruf nach sozialer wie politischer Befreiung geht in dem Ruf nach nationaler Einheit auf. Als am Nachmittag des 16. die Normenerhöhung per Lautsprecherwagen zurückgenommen wird, hört es niemand mehr. Binnen Stunden ist die Zeit über die Ursprungsforderung hinweggerast. Wie hatte Kurt Schumacher gesagt: »Es gibt wohl die Tatsache, daß man kämpft für soziale Vorteile – zu sterben bereit ist man nur für die große Idee der Freiheit.«

»Dies ist keine Demonstration, sondern eine Volkserhebung«, ruft einer, und noch bevor der Zug vor dem Regierungssitz zum Stillstand kommt, wird die Abschaffung der Volksarmee verlangt und »Der Spitzbart muß weg«. Nach Ulbricht und Grotewohl ruft man vergebens. Fritz Selbmann, Minister für Erzbergbau, kommt und geht wieder. In einem zeitgenössischen Bericht ist die Szene festgehalten: »Selbmann klettert auf den Tisch: ›Liebe Kollegen, ich bin selbst mal Arbeiter gewesen ...‹ ›Das hast du längst vergessen, du Verräter!‹ ›Schaut meine Hände an!‹ beschwört Selbmann. ›Die sind ganz schön fett‹, kriegt er zur Antwort. Ob denn nicht eine Delegation mit hinaufkommen wolle, um mit der Regierung zu verhandeln? ›Damit sie drinnen vom SSD in Empfang genommen wird?‹« »Verschwinden« und »Abtreten« schallt es ihm hinterher und: »Wir sind Arbeiter und keine Sklaven.

Wir wollen frei sein.« Die Forderung, die sich daraus ergibt, lautet auf »Freie Wahlen«. In der Sprache immer neuer Züge: »Berliner, reiht euch ein, wir wollen keine Sklaven sein. Wir wollen Freiheit, Recht und Brot, sonst schlagen wir die Bonzen tot.« Dem Einfallsreichtum sind keine Grenzen gesetzt: »Ulbricht, - Pieck und Grotewohl, daß euch drei der Teufel hol'.« Oder in anderer Variante: »Spitzbart, Bauch und Brille sind nicht des Volkes Wille.« Parteifunktionäre und FDJler, die sich unters Volk mischen, werden verjagt. Volkspolizisten wird entgegengerufen: »Schießt nicht auf eure deutschen Brüder.«

Als am Abend das Parteiaktiv der SED im Friedrichstadtpalast tagt, ist die Stimmung im Osten Berlins aufgeräumt. Die Parole für den nächsten Tag geht um – Generalstreik. Auf dem Weg über die West-Berliner Gewerkschaften und den Rias, der unaufhörlich sendet, wird sie in der gesamten Zone verbreitet. Ein Aktionsausschuß, der selbst nicht in Erscheinung tritt, faßt die Forderungen zusammen, von der Erhöhung des Grundlohns über die Abschaffung der Normenerhöhungen und die Herabsetzung der Lebensmittelpreise bis zur Beseitigung der Grenzsperren und der Abhaltung freier Wahlen. Seine klarsten Gedanken findet der Aufstand in Bitterfeld. In ihrem Telegramm an die Regierung klagt die Streikleitung auch die »Zulassung sämtlicher großen demokratischen Parteien Westdeutschlands« ein.

Es regnet in Strömen am 17. Juni. Während sich auf dem Strausberger Platz die Demonstranten des Vortags treffen und die Leipziger Straße schwarz vor Menschen ist, strömen aus den Außenbezirken ganze Belegschaften heran; auf den mitgeführten Schildern steht

fast nur noch »Freie Wahlen«. Zwölftausend Hennigsdorfer Stahlarbeiter ziehen auf ihrem langen Marsch
ins Zentrum durch den Wedding, wo sie mit dem Brot
versorgt werden, das so oft symbolträchtige Forderung gewesen ist. Die Bilder mit den stolzen Gesich-
tern der Hennigsdorfer gehen um die Welt, dem Drama
dieses Tages verleihen sie sichtbaren Ausdruck. Noch
fünf Jahre später, als öffentlich über den bereits 1953
eingeführten Feiertag gestritten wurde, schrieb der
Regierende Bürgermeister an den Vorsitzenden der
SPD, daß es unangemessen sei, »auf dem Buckel unserer Landsleute in der Zone aus dem 17. Juni einen
zusätzlichen Feier- und Freudentag zu machen«. Willy
Brandt erläuterte in seinem Schreiben an Erich Ollenhauer, der dem Senat vorgeworfen hatte, dem Parteivorstand »in den Rücken gefallen« zu sein: »Hier in
Berlin muß es geradezu empörend wirken, wenn bei-
spielsweise Arbeiter von Hennigsdorf, die am 17. Juni
ihre Haut zu Markt getragen haben, denjenigen West-
berlinern begegnen, die am 17. Juni an den Müggelsee
fahren.« Die Mauer ist noch nicht gebaut. 1958 kann
man noch in die Umgebung fahren.

Schwarzrotgoldene Fahnen werden von überall her-
angeführt. Um elf Uhr klettern drei junge Arbeiter auf
das Brandenburger Tor, holen unter dem Beifall der
Menge die rote Fahne der Besatzungsmacht herunter
und ziehen die schwarzrotgoldene des eigenen Landes auf. Nachdem alles vorbei ist, schreibt ein Indu-
strieleiter an den Bundespräsidenten: Zum erstenmal
habe die schwarzrotgoldene Flagge, die uns zweimal
nach Niederlagen gegeben worden sei, in einer echten
Kampfsituation ihre Weihe erhalten – »eine Weihe,
die alle Deutschen anerkennen werden«. Das Partei-

haus der SED wird belagert, ein Gebäude der Staatssicherheit gestürmt, eine russische Buchhandlung ausgeräumt, Propagandazeichen aller Art werden zertrümmert und die Sektorenmarkierungen am Potsdamer Platz zerstört. Handlungen, die der Augenblick eingibt und die keiner lenkt. Spontaneität ist Trumpf. Die sowjetischen Panzerspähwagen schrecken nicht. Doch die Ruhe trügt. Denn so haben die sowjetischen Herren nicht gewettet. Im Laufe des Vormittags werden zwei motorisierte Divisionen in Berlin zusammengezogen. Unmittelbar vor Verhängung des Ausnahmezustands fahren schwere Panzer auf und schießen den Potsdamer Platz leer. Das Schießverbot für die Volkspolizei wird aufgehoben. Ein Augenzeuge vom Alexanderplatz:»Während Jugendliche und Frauen meist fluchtartig den Platz verlassen, haken sich die Arbeiter unter und gehen auf die schießenden Russen zu ... Immer noch, fest untergehakt, gehen die Arbeiter einige Schritte zurück und dann vor, obwohl einige von ihnen von den Kugeln getroffen und abgeschleppt werden. So viel Mut und Tapferkeit habe ich in meinem Leben noch nie gesehen.« Den ganzen Nachmittag über wird geschossen.

Als um 21 Uhr Ruhe ist und die Stadt leer, legt sich auch über die gesamte Sowjetzone der Besatzungsfriede. Während auf dem Lande das Leben seinen gewohnten Gang ging, hatten in den Zentren der Industrie die Arbeiter das Zeichen zum Aufbruch gegeben, 60 000 in Halle, 50 000 in Leipzig und in Görlitz, 40 000 in Bitterfeld. Der»Monat«stellte fest:»Es war fast ausschließlich ein Aufstand der Arbeiterschaft.« In 272 Ortschaften war gestreikt und demonstriert, über 167 von 217 Stadt- und Landkreisen der Ausnahmezustand verhängt worden. In den Hochburgen der Industrie lebte 1953 jene sozialdemokratische Tradition fort, die in den langen Jahren danach absank. Sieben Jahre nach der Zwangsvereinigung war sie auch innerhalb der SED noch lebendig. Während die Kader längst gesäubert waren, bestand die Mitgliedschaft immer noch und trotz vieler Ausschlüsse und Verhaftungen zu einem Drittel aus alten Sozialdemokraten.

In Rathenow forderten 20 000 Menschen die Wiedereinsetzung des sozialdemokratischen Bürgermeisters, der seit 1948 verschwunden war. Nach dem 17. Juni wurde der Arbeiteropposition im FDGB der Boden entzogen und mit den Resten sozialdemokratischen Gedankenguts aufgeräumt. Ulbricht ließ kein Parteiaktiv und kein ZK aus, um den Kampf zu beschwören –»gegen die feindliche Ideologie, den Sozialdemokratismus«. Im September 1953 mahnte die »Einheit«, es komme darauf an, die sozialdemokratischen Losungen und Forderungen zu bekämpfen, »ohne sie zu popularisieren«.

In den Tagen nach dem 17. Juni lassen die Militärkommandanten Hinrichtungsurteile vollstrecken. Sowjetische Standgerichte und deutsche Staatssicherheit besorgen den Rest. Das Regime sitzt wieder fest im Sattel. Abweichler werden kalt- und Arbeiter ruhiggestellt, auch durch Lohnerhöhung und Preissenkung. Wenn im Frühjahr 1953 der Kreml nach einem neuen Kurs für Deutschland suchte und ein Kalkül hatte, dann war es noch vor jeder Wirksamkeit hinfällig geworden: Mit Volksaufständen rechnet man in keiner Kanzlei der Welt. Nachher übte Moskau den Schulterschluß mit Ulbricht und entsandte eine »Arbeiterdelegation«, um an der »Entlarvung der faschistischen Provokation« mitzuwirken.

Doch nicht nur die östliche Nachkriegsordnung ist wieder in den Fugen. Im Westen werden die Toten beklagt, und Bundeskanzler Adenauer versichert die Bevölkerung Ost-Berlins und der Sowjetzone der festen Verbundenheit des deutschen Volkes und der Bundesregierung: »In dieser Stunde wollen wir alle für das große gemeinsame Ziel zusammentreten.« Worte, nichts als Worte? Im Osten wird es empfunden, wie der Westen es gemeint hat: Hilfe würde nicht entboten werden, jetzt nicht und später auch nicht. Warum also fortan noch Grenzen testen und Freiräume ausloten, wenn man allein stand gegen die fremden Besatzer und deren einheimische Handlanger? Und der Rückschlag um so härter war?

Als sich drei Jahre später die Ungarn erheben, machen hunderttausend West-Berliner die Erfahrung von der Vergeblichkeit allen Tuns noch einmal. Der Zorn, daß sie den Ungarn ebensowenig zu helfen vermögen wie den eigenen Landsleuten drei Jahre zuvor, reicht weit. Von einem Marsch in den Ostsektor werden sie abgehalten. Die Jugendlichen, die es dennoch versuchen, stoßen – welch ein Symbol – in der Straße des 17. Juni auf die eigenen Ordnungshüter. Wenige hundert Meter weiter, jenseits des Brandenburger Tors, steht Volkspolizei schußbereit und sind sowjetische Panzer aufgefahren. Jeder Zwischenfall kann Krieg bedeuten.

Die Achtung vor dem Machtbereich des jeweils anderen und die Angst vor der atomaren Auseinandersetzung gehörten zusammen, seit der Kalte Krieg heraufgezogen war. Mußte deshalb der Status quo immer aufs neue untermauert werden? Reuter war in den Tagen nach dem 17. Juni niedergedrückt. Daß man die Sowjets tun ließ, was zu tun ihnen beliebte, empfand er – 1953! – als das Ergebnis schwerer Versäumnisse:»Was wir hier in Berlin und was wir in der Ostzone erleben, ist eine Mahnung, ist ein Fanal für die ganze freie Welt, die nun endlich begreifen muß, daß sie aus ihrem Zaudern, aus ihrem Nichthandeln, aus ihrem Nichtzusammenkommen, aus ihrem Nichtübereinstimmen heraus muß und daß sie politisch aktiv werden und auf der Bühne erscheinen muß.«

Daß der Westen nichts getan hatte, solange Zeit war, etwas zu tun und die Moskauer Deutschlandpolitik zu beeinflussen, wollte ihm nicht in den Sinn. Der Politik der Westbindung hatte er entscheidende Anstöße gegeben, aber jetzt, nach diesem Aufstand, sie weiterbetreiben, als sei nichts geschehen? Was war eine Westpolitik wert, die der östlichen Perspektive entbehrte? Anders als der Alte im Kanzleramt kannte Reuter keine Bedenken, die Westmächte zu fordern und herauszufordern. Doch seine Hoffnung nicht auf eine neue, doch neu akzentuierte Politik in Bonn versank in Adenauers grandiosem Wahlsieg, drei Monate nach dem 17. Juni. Daß den Westdeutschen Wiederaufbau so viel wichtiger war als Wiedervereinigung, beschwerte ihn. Aber gewiß beschwerte ihn auch, daß sich nicht sagen ließ, mit wem über was gesprochen werden sollte.

Was Reuter, von Todesahnung vielleicht schon erfüllt, als Versäumnis empfand, stellte sich Willy Brandt, seinem Gefolgsmann, als Mahnung für die Zukunft dar. Im Bundestag sagte er am 17. Juni 1953:»Es gibt keine andere Lösung als die friedliche Lösung der deutschen Frage. Wir fordern mehr Aktivität, mehr Zielklarheit, mehr Entschlossenheit im Kampf um die deutsche Einheit in Frieden und Freiheit.« Kurze Zeit später widmete er den Aufständischen des 17. Juni eine Sechzig-Seiten-Schrift. Der Titel war Programm: »Arbeiter und Nation«.

Die Frage, mit wem über was zu reden sei, ließ sich 1968, als Tschechen und Slowaken versuchten, das Joch abzuschütteln, auch noch nicht beantworten. Aber sie zu stellen hatte nun einen realen Bezug. Der Anfang vom Ende des Kalten Krieges war eingeläutet worden, als sich um die Jahreswende 1966/67 Amerikaner, Engländer und Sowjets über die Nichtverbreitung von Atomwaffen verständigten. Die Suche nach gemeinsamen Interessen, der erste Schritt auf dem Weg nach Helsinki, hatte begonnen. Aber wie immer, wenn die Zeiten wechseln, ringen alte und neue miteinander, springen vor und auch wieder zurück. Wie hoch wäre der Preis gewesen, hätte man den gerade erst geknüpften Gesprächsfaden reißen lassen, als der Frühling in Prag zu Ende gebracht wurde? Daß die Sowjets in ihrer Sphäre machen konnten, was sie wollten, galt fort. Daß sie es nicht mehr könnten, sollten die Gespräche bewirken und die Vereinbarungen, die dabei abfielen. Insoweit schließt sich in Prag jene europäische Kette der Gewalt, die am 17. Juni 1953 begonnen hat und in die der 13. August 1961 gehört. Nur im geteilten Land verschaffte sich das Volk zuerst dadurch Luft, daß es übersiedelte – vorausgesetzt, ein Fluchtweg war offen.

Auf deutschem Nachkriegsboden wurde mit der Freiheit immer auch um die Nation gerungen. Die nationale Frage erschwerte den Umgang mit dem Aufstand des 17. Juni und verlieh dem Bekenntnis, jahrzehntelang, einen Zwangscharakter; die Zwänge waren groß und zu unbefangener Betrachtung nicht angetan. Je größer die Worte, desto kleiner der Inhalt. Man meinte nicht immer, was man sagte. Was vorgegangen war auf den Straßen des Berliner Ostens und in den Städten der Sowjetischen Besatzungszone, wollte bald niemand mehr wissen. Der Feiertag setzte sein eigenes Maß, ein Maß, das nun auch Geschichte ist. Und das Ereignis selbst? »Wir kommen wieder«, sagten Bauarbeiter am 18. Juni und an den Tagen danach, traurig und voller Trotz. Sie kamen wieder, als die Besatzer das Regime nicht noch einmal retten wollten. Es waren nicht dieselben handelnden Personen, die wiederkamen, zuviel Zeit war ins geteilte Land gegangen. Aber daß der Antrieb, freiheitlich und national, der 1953 gewirkt hatte, 1989 wieder oder noch immer lebte, wer wollte Zweifel anmelden?

Deuschland: Vier Jahre danach
Eine Rede in Princeton

Auch der Kalender hält Zufälle bereit, die Sinn machen. Vier Jahre, nachdem die Mauer gefallen ist und
die deutsche Einheit ihren Anfang genommen hat,
wollen Amerikaner wissen, wie »Deutschland im einundzwanzigsten Jahrhundert« aussehen wird. Einen
solchen Jahrestag zum Anlaß eines Blicks voraus zu
nehmen, welch ein Wagnis. Ein Wagnis, das so gar
nicht zu uns Deutschen passen will. Nur im Rückblick
finden wir, was wir gern finden möchten – Gefallen
am eigenen Unglück. Der Zwang zur Zukunft kann
also heilsam sein. Dennoch sei eingestanden, daß das
Thema auch Abwehr weckt. Warum? Weil Vorausschau nur den Deutschen abverlangt wird und nur
diese sich abverlangen lassen. Oder stellt man sich
Franzosen vor, die zum Thema reden »Frankreich im
einundzwanzigsten Jahrhundert«? Ein großes und
dickes Fragezeichen schwingt mit, jenes Fragezeichen,
das hinter keines anderen Landes Zukunft gesetzt
wird. Zweifel werden geweckt – Zweifel an der Demokratie und ihrem Bestand; Zweifel an der inneren
und an der äußeren Friedfertigkeit; Zweifel jedenfalls
an der Verträglichkeit. Warum eigentlich? Wie soll
ein Land gedeihen, wenn ihm, mit und ohne Anlaß,
ständig Mißtrauen begegnet? Die Zweifel, die die Welt
hat, sind zugleich Selbstzweifel. Die einen nähren die

anderen. Je länger der Weg dauert, den wir am 9. November 1989 haben einschlagen können, desto mehr. Eine Selbstverständlichkeit gerät darüber fast in Vergessenheit: Wir haben gewollt, was damals geschah, und auch gewollt, wieder ein Volk zu werden, das unter einem staatlichen Dach lebt. Sonst hätten wir die Gelegenheit nicht sofort ergriffen, die sich bot, als die Welt eine andere wurde. Das Eis war dünn, auf dem wir gingen, und deshalb durften wir nicht zu langsam gehen. Was den Gang der Dinge im Innern anbelangt: Das Tempo hat die große Mehrheit in der DDR bestimmt. Ohnehin lassen sich in einem – einem – Staat zwei ökonomische Ordnungen nicht aufrechterhalten.

Nun steckt Deutschland voller Unsicherheit. Jedes Vorkommnis, ob eine Kürzung im Sozialbereich, ein Blauhelm in Somalia, ein rassistisches Verbrechen oder was immer, schlägt sofort auf das Ganze durch. Nirgends wird so oft nach Konsens gerufen und mit soviel Einsatz die Verfassung strapaziert wie in Deutschland. Vom »Anschlag auf das Grundgesetz« zu sprechen ist geradezu Mode geworden und nach Karlsruhe zu gehen und das Bundesverfassungsgericht anzurufen nichts Besonderes mehr. Überall in der westlichen Welt, in der privaten wie in der politischen Sphäre, ist der Judikative neues Gewicht zugewachsen; vermutlich tritt sie an die Stelle einstiger religiöser Instanzen, ethischer Gewißheiten oder einfach von Verständigungswillen. Aber daß zentrale politische Fragen dem höchsten Gericht überantwortet werden, ist eine Eigenart des vereinten Deutschland. Zeichen von Selbstgewißheit sind darin nicht zu erkennen.

Niemand scheint zu wissen oder auch nur wissen zu wollen, wo die Teile, auch die partikularen Interessen, aufhören und das Ganze anfängt. Mehr noch, der Sinn des Ganzen entzieht sich der Bestimmung, und jeder fragt, was das Ganze ist. Die Addition alter und neuer Länder oder die verschiedener gesellschaftlicher Gruppen und Individuen? Immer noch der Weststaat, der das Maß setzt und das Geld bringt? Oder die Summe von West und Ost? Welche Summe? Die, die sich nach dem Status quo bemißt, oder die, die sich ausrichtet an der Vorstellung eines in sich modernisierten Deutschlands? Die politische Lähmung – viel wird beredet und wenig entschieden – kommt nicht von ungefähr. Aber die Ahnung, die daraus erwächst, auch nicht; Unsicherheit kann jederzeit in Aggressivität umschlagen. Wer sich kleiner macht, als er ist, wird sich eines Tages größer machen. Ist erst einmal das eine Extrem berührt, schlägt das Pendel unweigerlich zurück. Wie also Aussagen machen über ein Land, das so offenkundig nicht mit sich eins ist? Und seine nationale Einheit immer noch meint rechtfertigen oder entschuldigen zu müssen? Und nicht endlich lernt, daß dieser Zweck sich von selbst versteht? Europäisches Bewußtsein kann nur wachsen, wo nationales Selbstgefühl gegeben ist, und europäische Integration nur mit, nicht ohne oder gar gegen Deutschland gedeihen. Daß sie gedeihe, liegt in deutschem Interesse.

Die Vorbehalte gegen das Thema gründen in dem Wunsch, nein, in der Überzeugung, daß Deutschland sei wie andere große Demokratien auch. Welches Deutschland? Eines, das seiner Vergangenheit eingedenk und dessen Blick dennoch frei ist; das in der Erinnerung an die Toten das Recht der Lebenden behauptet; das sich für seine Größe nicht entschuldigt, auch nicht für seine Lage, und das sich seiner demokratischen Kraft bewußt wird. Hitler ist 1933 nicht an die Macht gelangt, weil wir ein Nationalstaat waren oder die Wirtschaft daniederlag, sondern weil die Demokratie auf allzu brüchigem Grund gebaut war.

Wunsch und Wirklichkeit decken sich nicht immer. Und Wirklichkeit sind nicht nur die vielen Zweifel, Wirklichkeit ist auch eine Gegenwart, die entgegengesetzte Prognosen hergibt – solche zum Guten und solche zum Bösen. Die Gegenwart? Welche? Drei Jahre nach Vollendung der staatlichen Einheit – am 3. Oktober waren drei Jahre – tun wir uns schwer, sie auf den Begriff zu bringen. Vielleicht weil wir uns des Einschnitts gerade erst bewußt werden? Jenes Einschnitts, den die europäische Umwälzung und die deutsche Vereinigung markiert haben? Innere Lebensweisen ändern sich nie in dem Augenblick, in dem äußere Ereignisse statthaben, sondern stets erst mit Zeitverzug; zu allen Zeiten sprechen die Historiker von der »Ungleichzeitigkeit des Bewußtseins«. Goethe – welch anderen Kronzeugen dürften wir anführen? – brauchte zwischen drei und vier Jahre, ehe ihm zu Bewußtsein kam, daß die Französische Revolution einen Wendepunkt gesetzt hatte. Erst als er 1792 bei Valmy, in einem kleinen Scharmützel, Zeuge wurde, wie das preußische Heer von französischen Revolutionsgarden aufgehalten wurde, ahnte er, daß eine »neue Epoche der Weltgeschichte« begonnen hatte. Um die neue Epoche muß man allerdings wissen, woran sonst die Politik ausrichten? Oder anders, es ist nicht möglich, ein Ruder herumzureißen, ohne ein Gefühl zu haben für den Strom, in dem man treibt.

In welchem Strom also treiben wir? Wie ist die Lage und wie die Stimmung? Daß der wirtschaftliche Gang der Dinge sehr viel langsamer ist und holpriger als einmal gedacht, hat sich herumgesprochen. Welchen Posten man auch nimmt, zumal Leistungsbilanz und Haushaltsdefizit, die Ziffern sind nicht erbaulich, im Osten noch nicht, im Westen nicht mehr. Die Krise des einen Teils ist die des anderen. Wechselseitig Schuld hin- und herzuschieben, nutzt nicht mehr. Deutschland hat in sich die Hinterlassenschaften des sowjetischen Imperiums zu bewältigen und die Krise zu bestehen, die unter weltweitem Druck alle westeuropäischen Länder durchmachen. Die Wirtschaft rationalisiert wie noch nie, und es drohen fünf Millionen Arbeitslose. Die Zahl ist magisch, fünf Millionen waren es, in einem damals viel größeren Deutschland, im Jahr, bevor Hitler an die Macht kam.

Kein anderes Land steht vor einer solchen doppelten Herausforderung. In keinem anderen Land treffen die kurzen Linien, die die nationale Selbstfindung vorgibt, auf die langen Linien ökonomischer und gesellschaftlicher Entwicklung, die neu zu ziehen sind. Wir lernen, unter dem Eindruck täglich sich verschärfender Daten, daß lange sich angebahnt hat, was nun aufbricht. Die Lasten, an denen wir tragen, sind nicht alle erst infolge der Zeitenwende und damit einhergehender Zusammenbrüche über uns gekommen. Wenn diese Anmerkung gestattet ist: Auch der Sozialismus ist – in jedweder Spielart, selbst in seiner angenehmsten, der des allzuständigen Sozialstaats – nicht erst durch eine Laune der Geschichte (oder Gorbatschows)

216

an sein Ende gekommen. Der Sozialismus gehört in das Industriezeitalter und geht mit diesem unter; der Niedergang sozialdemokratischer und sozialistischer Parteien im europäischen Westen hat hier seine Ursache. Aber gewiß, ans Licht gekommen sind die alten Sünden, als die Einheit ihren Tribut forderte und man nun doppelt über die Verhältnisse lebte.

Auch unter Fortdauer einer guten Konjunktur wäre es der westdeutschen Wirtschaft schwergefallen, einen so großen Brocken wie die DDR zu verschlucken; der Brocken hat sich zudem als größer erwiesen als je angenommen. Wieviel schwerer muß es unter den gegenwärtigen Umständen fallen. Jedes Jahr werden, summa summarum, an die zweihundert Milliarden Mark von West nach Ost transferiert. In den neuen Bundesländern – es kommt einen immer noch hart an, Sachsen und Brandenburg neu zu nennen – leben zwanzig Prozent der Deutschen, zum Sozialprodukt aber tragen sie keine acht Prozent bei. Und die Nachrichten über eine fortschreitende Deindustrialisierung des Ostteils reißen nicht ab. Also düstere Aussichten? Und kein Wunder, daß sich jedenfalls die Jugendlichen radikalisieren? Und die Stimmung miserabel ist? Und keiner dagegen hält?

Mit der Stimmung ist es so eine Sache. Man nimmt die wahr, die man wahrnehmen möchte, und es schlägt die durch, die den größten Eindruck macht in der Mediendemokratie, auch die Stimmungsdemokratie genannt, also die schlechte. Wochenlang haben die hungernden Kalikumpel in einem Flecken in Thüringen die Druckspalten und Fernsehbilder beherrscht und glauben gemacht, daß in der Schließung einer Grube die östliche Wirklichkeit aufgehe und finstere Mächte dahinterstünden. »Der Osten wird plattgemacht«, ist eine der gängigsten und dümmsten Redensarten, formuliert zum Zweck des schlechten Gewissens.

Die Einheit haben wir voller Freude zuwege gebracht und auch mit einem gewissen Optimismus, die Folgen zu bewältigen. Soviel kann gar nicht verkehrt gemacht worden sein, als daß die Freude so schnell verflöge oder gar ins Gegenteil umschlüge. Gelegentlich möchte man meinen, das Land finde, in Teilen, Gefallen am eigenen Elend. Daß die Deutschen Ost und die Deutschen West zwei feste Größen seien, sie sich sehr weit auseinander gelebt hätten, sich nicht verstünden und die Mauer in den Köpfen immer noch größer werde, hört man landauf, landab, auf der linken und intellektuellen Seite des Spektrums mehr als irgendwo sonst. Die Meinung, daß mißlingen müsse, was nicht gelingen darf, ist verbreitet und insoweit verständlich, als es viele Vorbehalte und viele düstere Vorhersagen gab – wenn nicht gegen die Einheit, so doch gegen diese, westlich bestimmte Einheit. Wer in welcher Form auch immer in der Existenz der DDR einen Sinn gesehen hat, möchte ihn gewahrt wissen und in die Zukunft verlängert. Soll er, ist man versucht hinzuzufügen, wenn nur die schlechten Nachrichten nicht so vorherrschend geworden wären und das Gerede von der wechselseitigen Fremdheit nicht so prägend. Schließlich haben wir in Ost und in West diese Einheit nicht nur gewollt; wir wollen sie noch immer. Aller Kosten und Kalamitäten zum Trotz muß auch jetzt noch gesagt werden dürfen, daß eine Alternative nie vorgestellt worden ist. Es hat – im Großen – keinen anderen Weg gegeben als den eingeschlagenen; im Kleinen gibt es immer viele Wege. Und im Ernst

218

haben wir auch nicht geglaubt, mit Hokuspokus sei die Sache geritzt.

Wir sind nun ein Volk und leben in einem Staat. Warum also Kraft und Zeit aufwenden und in alten Wunden rühren, statt endlich für selbstverständlich zu nehmen, was sich von selbst versteht – die innere Einheit? »A house divided against itself cannot stand«, sagte Abraham Lincoln vor dem Bürgerkrieg. Welch eine Weisheit. Das Prinzip Zukunft hat bisher nicht Pate gestanden in der sogenannten Vergangenheitsbewältigung. Ihm zur Geltung verhelfen zu wollen heißt nicht, zurechenbare Schuld nicht zuzurechnen. Es heißt auch nicht, den Schlußstrich zu ziehen; diese Forderung bleibe den DDR-Apologeten in Ost und West vorbehalten. Es heißt aber, Bitterkeit überwinden zu lernen und daran zu denken, daß der Rechtsstaat Diktatur nicht ungeschehen macht, sie aber verhindert, wenn er einmal Wurzeln geschlagen hat. Nach 1945 ist der Aufbau auch deshalb so zügig angegangen worden, weil die Opfer – und was hatten sie gelitten! – nicht zurückblicken, keine Rechnung präsentieren und keine Rache üben wollten.

Es gibt sie längst nicht mehr, die Ostdeutschen und die Westdeutschen. Für die Wahl zum Bundespräsidenten ist jetzt ein Ostdeutscher im Gespräch. Wo findet er den meisten Widerspruch? Im Osten! Was die Verständigung anbelangt, jedem unerfreulichen Beispiel sind mindestens zwei erfreuliche gegenüberzustellen. Gewiß haben sich manche Wessis überheblich benommen oder schlicht daneben, wie anders. Aber wie viele haben spontan und uneigennützig geholfen – und helfen noch immer –, das Land zwischen Elbe und Oder aufzubauen. Jenes Land, das sich in diesen drei Jahren wesentlich verändert hat – und zwar zum Guten. Der Bundeskanzler wird viel dafür gescholten, daß er einst, vor drei Jahren, versprochen hat, es werde keinem schlechter-, aber vielen bessergehen. Tatsächlich geht es vielen besser und nur wenigen schlechter. Kein Volk der Welt kann eine so einmalige und vorbildlose Aufgabe wie die, vor der wir Deutsche stehen, erfüllen, wenn es stets nur auf die eigenen Unzulänglichkeiten verwiesen wird. Es hätte, nebenbei bemerkt, vieles nach vier Jahren auch viel schlimmer aussehen können. Oder ist alles eine Frage des Betrachters und des Leitbilds, das zu entwerfen keiner den Mut hat? Aus Angst, irgend jemandem zu nahe zu treten? Dabei kommt niemand an der Frage vorbei, welches Deutschland sein solle, auch in der Wirtschaft nicht.

Die stärkste Volkswirtschaft der Welt könnte dem deutschen Westen nicht das bisherige Lohn-, Sozialleistungs- und Subventionsniveau erhalten und zugleich das im Osten entsprechend anheben. Doch die Lebensverhältnisse müssen einander angeglichen werden. Worüber wäre sonst zu reden? Weder über Standort noch über Stabilität. Und der Angleichungsprozeß ist ja auch im Gange. Der Osten wird in diesem Jahr sieben Prozent Wachstum verzeichnen, der Aufbau der Infrastruktur macht Fortschritte, die Treuhand, jenes Mammutunternehmen, das noch zu Lebzeiten der DDR gegründet worden war, um sämtliche Staatsbetriebe aufzufangen, festzuhalten, zu sortieren und schließlich zu verkaufen, wird ihr operatives Geschäft am Ende des Jahres abgeschlossen haben. Gewiß, der Angleichungsprozeß verläuft nicht stetig, ist von scheinbar endlosem Auf und Ab begleitet, doch nicht mehr ausschließlich an der Vorstellung ausgerichtet, alles müsse werden, wie es im Westen war. Die Übertragung all der komplizierten Rechts- und Verwaltungsvorschriften wie des gesamten sozialen Sicherungssystems gründete auch in dem Wunsch, vom Osten ein Abziehbild des Westens zu machen. Warum? Weil die Furcht groß war, die Einheit werde eigene Usancen gefährden. In der Spätzeit der alten Bundesrepublik war man ziemlich träge geworden, und Trägheit schüttelt sich nicht von heute auf morgen ab. Noch heute wird für den Erhalt alter und ältester Industrien mit dem Argument geworben, auch im Westen sei immer subventioniert worden. Auf diese Weise wird alles noch teurer und nimmt alles noch mehr Zeit. Diese Erkenntnis zieht langsam herauf, und zugleich zeigt sich eine ungeahnte Wirkung.

Trotz hoher Transfers herrscht im Osten Not, und Not macht bekanntlich erfinderisch. Das starre und schon längst nicht mehr zeitgemäße Tarifvertragswesen bricht auf, und die Städte beginnen, Dienstleistungen zu privatisieren, die im Westen sämtlich in öffentlicher Hand stecken. Rostock hat die Wasserversorgung verkauft, Halle Teile von Kindergärten und Berlin die öffentlichen Toiletten. Eine kleine deutsche Revolution, die den Westen berühren wird. Das Ziel ist nicht nur, einen Standard zu sichern, sondern es besser zu machen als im Westen, sparsamer zu wirtschaften und höhere Effizienz zu erreichen. Auf jene Industrien bezogen, deren Produkte aufgrund der Arbeitsteilung im Ostblock einmal benötigt wurden, die aber heute weder Nachfrage wecken noch Bedarf decken, warum sie am kostspieligen Leben erhalten und den Wandel noch weiter hinauszögern! Daß der

Osten Deutschlands ein anderes Gesicht erhält, als er es zu Zeiten Honeckers oder gar zu Beginn des Jahrhunderts hatte, war doch gewollt. Aber klar, wenn im Osten Erhaltungssubventionen eingeschränkt oder gar nicht erst geleistet werden, wird der Westen nicht ungeschoren davonkommen. Die Neigung, einen Ist-Zustand in alle Zukunft festzuschreiben, ist in der alten Bundesrepublik übermäßig ausgeprägt gewesen. Und die an den Osten immer noch weitergeben zu wollen, wäre verheerend. Wird dieser Neigung – unter dem Druck der Kosten – nun endlich begegnet, wird nicht nur die Volkswirtschaft, sondern das Land insgesamt den Nutzen haben. So phantasielos werden wir doch nicht sein und ausschließen, daß in einigen Jahren neue leistungsfähige Industrien auch oder gerade im Osten entstanden sein werden? Ansätze sind da, und warum immer nur in kurzen Zeiträumen denken?

Der Einwand der Skeptiker liegt nahe. Angenommen, der ökonomische Optimismus ist gerechtfertigt und Deutschland erlebt im Zuge des inneren Einigungs- und Angleichungsprozesses einen Modernisierungsschub, von wieviel Unbill und wieviel Unruhe wird der Weg begleitet sein? Es liegt im Wesen von Anpassungskrisen, daß soziale Gräben aufreißen und politische Folgen nicht immer kalkulierbar sind. Dabei ist der Umbruch, den Deutschland durchlebt und der, es kann nicht oft genug wiederholt werden, seinesgleichen nicht hat, mit dem Wort vom Modernisierungsschub nur unzulänglich beschrieben. Im Osten sind alle Lebensverhältnisse von unten nach oben gekehrt worden, im Westen wird mancher Boden brüchig, auf dem liebe Gewohnheiten gewachsen sind, und beide Teile zusammen wollen werden, was keiner von beiden je hat lernen dürfen – eine Nation. Sie wollen es werden in einer Zeit, in der in nationalem Rahmen immer weniger bestimmt wird und wenn nicht der weltweite Wettbewerbsdruck, so doch die europäische Wirklichkeit eigene Gesetze diktiert. Sich in diesem »Alles zugleich« zurechtzufinden, ist nicht einfach. Ist es eine Entschuldigung für den Aufmarsch von einigen hundert Neonazis, für Brandanschläge und Hakenkreuzschmierereien aller Art? Gar für Mord?

Nein, dafür gibt es keine Entschuldigung und kaum eine Erklärung. Man hält sich im allgemeinen auch nicht mit Erklärungen auf, warum ein Verbrechen geschehen ist, sondern man ahndet es. Eben darum sei festgehalten: Die kollektiven Anklagen, die wir von außerhalb, wie die kollektiven Selbstanklagen, die wir von innerhalb des Landes hören, ziehen wir uns nicht zu. Wenn je der Ausdruck »die« Deutschen angebracht ist, dann hier: Die Deutschen halten die Anschläge für das, was sie sind – eine Angelegenheit der Polizei, der Justiz und gegebenenfalls der staatlichen Fürsorge. In allem Freimut sei hinzugefügt, daß die Organe des Staates nicht immer und nicht immer mit der gebotenen Härte zur Stelle waren. Die staatliche Autorität war weit abgesunken – ein Erbe, das nun auch abgetragen werden muß. Ein Staat, der allzuständig ist, kann nicht zugleich die Achtung seiner Bürger haben. Die braucht er aber, je größer die Spannungen in einem Land, desto mehr. Es steht zu erwarten, daß in gleichem Maße, in dem der Sozialstaat reformiert wird, der Staat insgesamt Autorität zurückgewinnt. Im übrigen nehmen auch wir ein Recht auf Fehler und Fehlleistungen in Anspruch, wie jedes andere Land es auch tut.

Diese Feststellungen berühren eine Wahrheit nicht. In ihrer Mehrheit, zumal in den Arbeitervierteln großer Städte, sind die Deutschen nicht ausländerfreundlich, und sie werden es aufgrund noch so gut gemeinter Ratschläge und Beschwörungsformeln auch nicht werden. Es gilt, was andere Völker, auch und gerade die, die in den alten europäischen Demokratien leben, für sich in Anspruch nehmen: Ohne das Gefühl eines gewissen Maßes ethnischer und kultureller Hegemonie ist Integration nicht zu leisten. Keine Vergangenheit, auch die des Dritten Reiches nicht, hebt das Gesetz der Demokratie auf; Minderheiten sind wichtig, aber Mehrheiten sind es erst recht. Die Zuwanderung, die sich Deutschland in den vergangenen Jahren geleistet hat, zeitigte Folgen, die sich in den Umbrüchen im Zuge der Einheit zugespitzt haben und die durch die inzwischen erfolgte Einschränkung des Zuzugs nicht, jedenfalls nicht sofort, zu beseitigen sind. Der Zuspruch, den rechtsradikale Parteien finden, fällt nicht vom Himmel. Auch in Deutschland werden nur wenige als Wähler derselben geboren. Diese wenigen hält die deutsche Demokratie aus wie jede andere. Was sie belasten würde, wäre eine rechtsradikale Bewegung mit Massenzulauf. Wie eine solche verhindern? Die Frage suggeriert, sie sei im Entstehen begriffen. Das ist sie nicht. Je entschlossener wir uns dem Ziel nähern, ein in sich geeintes und modernes demokratisches Deutschland zu schaffen, und je stärker das ganze Volk auf dieses Ziel eingeschworen wird, desto kleiner die Gefahr jeder Radikalisierung.

Der Wille, ans Ziel zu gelangen, ist vielfach gebrochen, und jedenfalls wird er nicht klar und deutlich genug bekundet. Führungskraft und Führungskunst sind überall in der westlichen Welt Mangelware, und vielleicht lassen sich diese und andere Eigenschaften unter den Bedingungen von Mediengesellschaften nur noch schwer gewährleisten. Andererseits verstand sich politische Führung auch in früheren Zeiten nicht von selbst, und Hindernisse zu überwinden, wie groß sie auch sein mögen, war und bleibt ihr Sinn. Daß es in Deutschland noch weniger gut um sie bestellt ist und der Mangel an Führung stärker ins Gewicht fällt als andernorts, liegt im Charakter des Übergangs begründet, in dem wir stecken. Normalität zu erlangen ist – nach allem, was Deutschland sich und der Welt angetan hat, und nach allem, was die Teilung bedeutet hat – schwerer, als viele von uns vor vier Jahren dachten. Wäre es anders, die deutsche Hauptstadt hätte längst nicht nur einen Namen, sondern einen Ort. Das Hin und Her, das den Umzug nach Berlin begleitet, ist eines der unerfreulichsten Einheitskapitel. Immerhin hat Verteidigungsminister Rühe in diesem Herbst ein Zeichen gesetzt. Er hat nicht nur – für wenig Geld – seinen Amtssitz verlegt, sondern ihn in jenem Gebäude – dem sogenannten Bendler-Block – aufgeschlagen, in dessen Hof in der Nacht vom 20. auf den 21. Juli 1944 die Verschwörer gegen Hitler erschossen wurden. Die Tradition des deutschen Widerstands wachzuhalten oder überhaupt erst mit Leben zu erfüllen, ist die vornehmste Pflicht des vereinten Deutschland. Jene Männer wollten den deutschen Namen befreien vom Mißbrauch durch die nazideutschen Machthaber, weil sie erfüllt waren von der Liebe zu ihrem Land. Jener Liebe, ohne die auch noch so große Geldtransfers nichts, jedenfalls nichts Gutes bewirken. Jener Liebe, aus der Vertrauen in gute Nachbarschaft erwächst – im Innern und nach außen.

Am Tag, nach dem die Mauer gefallen war, am 10. November 1989, verlieh Willy Brandt der werdenden Einheit die Kraft des Wortes: »Jetzt wächst zusammen, was zusammengehört.« Er tat es an ebenjener Stelle, an der er, Bürgermeister in schwerer Zeit, viele Male dem Selbstbehauptungswillen der Berliner Ausdruck gegeben hatte. Es war auch der Ort, an dem Präsident Kennedy, zwei Jahre nach dem Bau der Mauer, ausgerufen hatte: »Ich bin ein Berliner.« Hätte Berlin – mit dem Rückhalt Amerikas – der sowjetischen Bedrohung nicht getrotzt, wir brauchten uns heute über den Fortgang der deutschen Einheit Gedanken nicht zu machen. Sie wäre nicht möglich gewesen. In Berlin findet das vereinte Deutschland seine Mitte.

Allen Beschwernissen zum Trotz, den materiellen und den ideellen, es wächst vielfach zusammen, was zusammengehört – Deutschland Ost und Deutschland West. Und es wächst zusammen, was nun auch zusammengehört, Normalität erst ausmacht und was der Satz ebenso hat bezeichnen wollen – Staat und Nation, Volk und Demokratie. So darf denn diese eine Voraussage gewagt werden: Wie immer die Welt im einundzwanzigsten Jahrhundert aussehen wird, daß Deutschland seiner selbst gewiß und jeder – jeder – Sonderrolle entsagend, Frieden und Wohlfahrt befördern helfe, ist mehr als eine Hoffnung.

Suchen, wo die Mitte ist:
Den Parteien fehlen die Konturen

Es war einmal eine Idee, die lautete, ein Mann des Ostens solle Präsident werden. Einer, so die Vorstellung, der die Einheit verkörpere und deutlich mache, daß in einem neuen Land nicht die alten Männer und die alten Frauen das Sagen allein behalten sollten. Die Idee verflog unter dem Ansturm der west-östlichen Beharrungskräfte, und die, die einmal die Idee gehabt hatten, nahmen rasch Abstand. Die Zugeständnisse an den Geist, der jene Kräfte beflügelte, waren groß, und ein Deutscher mit östlicher Herkunft erhielt nicht den Hauch einer Chance. Wer zu einheitsfreundlich ist, gilt als wenig verläßlich. Aber immerhin, einer hat sich doch behauptet? Einer, der Ansehen genießt weit über die Kreise hinaus, die ihn wählen werden? Ja, man muß sich nur entschieden als Repräsentant des Ostens verstehen und tüchtig nach der verlorenen Identität suchen, dann ist Zuspruch auch im Westen gewiß.

Daß die bevorstehende Präsidentenwahl keinen Fingerzeig gibt für den Ausgang der Parlamentswahl und etwaige Wechsel, ist nun allgemeine Meinung. Mehr noch, es herrscht darüber Zufriedenheit, und es ist, als hätten Störenfriede, tatsächliche und mögliche, auch deshalb nicht mittun dürfen, weil man dem Ereignis ruhigen und behaglichen Sinns und ohne Sorge

227

vor unliebsamer Überraschung entgegensehen wollte; der Charakter einer Weichenstellung sollte ihm gerade nicht zukommen. So gleichgültig für die künftige Repräsentanz des Staates war eine Präsidentenwahl noch nie. Die Kandidaten entstammen sämtlich der politischen Mitte, jenem Ort, an dem alles mögliche gewechselt wird, nur nicht die Macht. Macht ist in der Mitte nicht vorhanden, wird dort auch weder erwartet noch gesucht. Die Kandidaten ähneln sich äußerlich, und ihre Einlassungen kann man schon mal verwechseln; für die Einheit waren sie schon immer, wenn auch nicht mit all ihren unerfreulichen Konsequenzen, und überhaupt, so richtig eins sei Deutschland ohnehin nie gewesen, warum also gerade jetzt; in die Vergangenheit, soweit diese braun eingefärbt war, tauchen sie gern ein; behutsam und verständnisvoll, wenn überhaupt, möchten sie mit jener anderen – roten – Geschichte umgegangen wissen; Arbeitslosigkeit finden alle schrecklich und gerechte Verteilung alle prima; daß sie mit den Zuständen zufrieden sind, kommt darin zum Ausdruck, daß sie diese gern beklagen. So hat sich daran, daß die Präsidentenwahl der Stimmung im Land Ausdruck verleiht, nichts geändert. Wie soll sie politische Richtungen anzeigen, wenn dem Land nach politischen Richtungen gar nicht ist? Und es sich in einer Mitte wiederfinden möchte, die das Synonym ist für Ruhe, für die Lust, nach innen zu blicken und behaglich festzustellen, wie schlecht doch alles sei.

Die Mitte also wird beschworen, und die Menschen werden angerufen. In diesem Wahljahr '94 meint zu gewinnen, wer sich in der Kunst der Beharrung hervortut und nachweist, daß er für die Menschen da ist und in die Mitte strebt. Jene Mitte, die man früher das Juste-milieu genannt hätte. Wer hier seinen Platz findet, darf sich zur Mehrheit rechnen, zur kulturellen und nach Stimmen nur schwer zu bemessenden Mehrheit. Wer wollte nicht dabeisein? Christ- und Sozialdemokraten, Liberale und Grüne, Gruppen und Grüppchen, die sich an die Stelle herkömmlicher Parteien setzen möchten, und vor allem die meinungmachende Zunft in den Medien. In dem Ruf, daß die Bürger, auch die Parteibürger, mehr zu sagen haben müßten und mehr zu beteiligen seien, verallgemeinert und vollendet sich, was seit langem im Schwange ist und in der Selbstblockade der Demokratie enden wird. Wenn die Bürger nur noch reden und die Politiker, ob direkt gewählt oder nicht, zu deren Mittlern degenerieren, können Entscheidungen – Richtungsentscheidungen – nicht mehr getroffen werden. Aber wer sind die Bürger, die nun oft die Menschen genannt werden? Eine Abstraktion derer, die von den lebendigen Wesen der Wirklichkeit nicht mehr viel wissen und vom staatlichen Ganzen auch nicht. Eine Abstraktion, die immer gern gemacht wird, wenn niemand so genau hinsehen mag – aus Angst, unter- und entscheiden zu müssen.

Je mächtiger die Mitte wird, desto größer die Ähnlichkeit derer, die sich darin tummeln, und desto größer die Versuchung zu fragen, wie viele Engel auf der Nadelspitze Platz haben mögen. So rätseln die Leute, wen sie wählen sollen, und Langeweile kehrt ein, noch bevor ein Wechsel stattgefunden hat. Denn der Wechsel, der – vielleicht – herbeigewählt wird, hat von einem Machtwechsel nichts. Ein innerer Zwang wohnt dem Zug zur Mitte inne, dorthin, wo alle Grenzen verschwimmen und alle Verantwortlichkeiten, dorthin, wo der Konsens triumphiert und jeder sich hinter dem anderen verstecken kann. Selbst eine kleine Partei, die sich auf ihre eigene Unabhängigkeit ebensoviel zugute zu halten pflegte wie auf die ihrer Anhänger, läßt sich vom Strom mitreißen und macht mit, was irgend mitzumachen ist und den Status quo befördern hilft, solange der sich noch befördern läßt. Vertrackt daran ist nur, daß sich die Anpassung an den scheinbar allmächtigen Geist der Zeit nicht auszahlt und daß eine alte Wahrheit darüber vergessen wird. Es bleibt nicht immer gut, und es bleibt nicht immer gültig, was lange Zeit gut und gültig gewesen ist.

Was gilt als wesentlich? Erstens, daß große Parteien groß bleiben und kleine klein und alle zusammen ein Spiel spielen und sich an die gleichen Regeln halten. Um das Spiel in Gang zu halten, werden stereotyp die immer gleichen Vorwürfe eingebracht, auch wenn sie keiner Wirklichkeit mehr entsprechen; daß Blüm eine Randfigur in seiner Partei sei und diese weit nach rechts rücke; daß die SPD sozialistische Anwandlungen habe und den Neid nähre. Der Unsinn kennt keine Grenzen, gerade weil er ernst nicht gemeint ist. Wesentlich ist zweitens, daß ein tatsächlicher oder vermeintlicher Rechtsextremismus gerade so viel Schrecken verbreitet, wie nötig ist, um das Selbstgefühl der Mitte zu heben. In den sechziger Jahren, als einschlägige Wahlergebnisse verzeichnet wurden, war die Aufregung vergleichsweise gering. Niemand kam auf die Idee, die Linie zu ziehen zwischen staatlich organisiertem Verbrechen und Nach- oder Irrläufern, welchen Alters und welcher Herkunft sie auch immer sein mögen. Jene Linie, die seit der Einheit nicht nur gezogen, sondern auch immer kürzer wird und zu nichts anderem dient als der Rechtfertigung, die Dinge treiben zu lassen und nicht zu trennen, was getrennt gehört. Was die Mitte ist, kann so wenig eingegrenzt werden wie das Menschentum, in dessen Namen agiert wird. Ausflüchte entziehen sich der Bestimmung. Und Ausflüchte sind der Schwur auf die Menschen wie auf die Mitte. Deren magische Anziehungskraft kommt nicht von ungefähr. Es kann kein Zufall sein, daß sie in gleichem Maße wächst wie jener Problemberg, den man nicht ansehen, geschweige denn abtragen möchte. Das eine bedingt das andere. Den Schutz der Mitte sucht, wer nichts bewegen will. Nichts? Nichts, das aus eingefahrenen Gleisen herausführte. Die Christlichen Demokraten haben in einem überlangen Jahrzehnt regiert, haben sie es auch geprägt? Sie fanden es bequem, die Mitte zu entdecken und sich darin einzurichten. In der Mitte wird prägende Kraft nie entfaltet, und die Runden Tische wurden auch im Kanzleramt aufgestellt. Die deutsche Einheit ins Werk gesetzt zu haben, grenzt auch im nachhinein nicht an Wunder, sondern bleibt zumal des Kanzlers ebenso kaltblütige wie beherzte Tat. An Wunder grenzt eher, daß so kurze Zeit danach das Teilstaatsdenken wiederauflebt und Einheitsgegner den gesamtdeutschen Ton angeben und es dem Land schwermachen, sich zu erneuern.

Neuen Zulauf hat die Mitte erhalten, seit die Sozialdemokraten nichts mehr verlangen, was auf lauten Widerspruch stoßen könnte, und hoffen, daß auf diese Weise der langwährende Abwärtstrend, an den Ergebnissen dreier Bundestagswahlen abzulesen, umgekehrt werde. Dabei kostete dieser Zug außer verbalen Wendungen nicht viel; die Positionen der Regierungspartei lagen längst nahe bei denen der Opposition oder verloren sich im Dickicht der Unentschiedenheiten. Die Äußerung des einen, daß Grundlinien der Außen- und Sicherheitspolitik geteilt würden, gefiel auch deshalb, weil Grundlinien nicht nur auf diesem Feld schwer zu erkennen sind. Dann wäre also Mitte dort, wo die Ruhe herrscht, die ausgeht von überkommenen Ansichten, eingeübten Verhaltensmustern und der Kunst, sich nicht festzulegen? Immerhin, um die Steuerpläne hat es Aufregung gegeben. Jede Partei tut sich schwer, die für alle da sein und doch sich selbst treu bleiben will. Aller Interessen sind nicht deckungsgleich und lassen sich so ohne weiteres nicht bündeln oder gar aufheben; schließlich gibt es verfassungsgerichtliche Gebote, auf die beizeiten sich einzustellen nützlich sein kann. Doch den einen zu nehmen und den anderen zu geben ist nur selten ein Nullsummenspiel und Gerechtigkeit auch dann keine rechenbare Größe, wenn sie das Beiwort Verteilung erhält. Was in der Klassengesellschaft zählte und soziale Demokraten in dieser und jener Partei beflügelte, ist heute nicht mehr angebracht und erstickt jeden Erneuerungswillen. Ohne den aber wird bald nichts mehr zu verteilen sein, weder im Namen der Gerechtigkeit noch von sonst irgend etwas.

Was die Steuern anbelangt, der Spott hielt sich in Grenzen und galt eher den Rechenfehlern als der Logik des Ansatzes. Rechenfehler, begangen aus Versehen oder Ignoranz, hat sich die Regierung so viele geleistet, daß nicht einmal ein solcher Vorwurf noch sticht. Als Steuererhöhungspartei hingestellt zu werden, braucht die SPD auch nicht zu befürchten, denn anderes als Steuern und Abgaben zu erhöhen, ist den anderen auch noch nicht eingefallen. Die Unterschiede sind marginal, und in der Wahlkabine einen Rechenschieber zu Hilfe zu nehmen wird schon deshalb nichts nutzen, weil hernach auf Grundlagen gerechnet werden wird, die jetzt ins Kalkül zu ziehen unbequem wäre. Unbequem wäre es den in der Mitte vereinten Alt- und Neuparteien auch, nachzusinnen über das, was es heißt, sozial zu sein. Sie zeigen sich abwechselnd empört, wenn ein Schrecken verbreitet wird, von dem es heißt, er sei unsozial. In diesen Ruf zu kommen, gilt nicht nur als chancenmindernd, sondern auch als ehrenrührig. Die Anregung, den Sozialstaat umzubauen, verpufft im gleichen Augenblick, in dem sie vorgebracht wird. Am Wort »Umbau« wird es doch nicht liegen? Es stammt aus dem Wörterbuch des Sozialismus und täuscht vor, was nicht zu leisten ist; ändern und bewahren in einem ist nun einmal nicht möglich. Die Wortwahl ist Symptom. Wofür? Für die Unkenntnis dessen, was geändert werden soll und mit welchem Ziel. Mehr noch, es ist Symptom für den Unwillen, auch nur nachzudenken über einen Wandel, von dem man weiß, daß er aufzuschieben, aber nicht aufzuhalten sein wird – des Geldes wegen und weil doch einmal die Ahnung heraufziehen wird, daß auch in diesem Fall nicht gut endet, was gut angefangen hat. Gut angefangen hat der Versuch, den – nicht: die – Menschen gegen Not zu schützen. An seinem Ende – vorausgesetzt, es ist mit der Errichtung der fünften, der Blümschen Pflegesäule tatsächlich gekommen – führt sich der Sozialstaat selbst in die Irre. Der Not kommt er längst nicht mehr bei, er produziert sie mittlerweile selbst, und sei es dadurch, daß Arbeitsplätze zu schaffen an seinen Reglementierungen scheitert. Die Not aber, die entsteht, dient sogleich als neuer Anlaß zu neuer Leistung. Ein sich selbst genügender Kreislauf, den alle politischen Kräfte in Schwung halten. Sie brüsten sich gerade jetzt mit immer neuen Erfolgsmeldungen; je mehr Sozialhilfe ausgegeben und je mehr Wohngeld verteilt wird, desto besser. Daß der Sozialstaat endlich tausend Milliarden Mark jährlich wert ist, wird – welch ein Widersinn – gefeiert, als habe er damit seinen Sinn erfüllt. Doch ist er je so gedacht gewesen? Welch ein Widersinn auch, daß niemand anzuzeigen wagt, wie jener Eigendynamik, die dem Sozialstaat innewohnt, ein Ende gesetzt werden könnte, ein Ende, das zugleich ein Anfang wäre.

Dem Pflegestück gebührt der Verriß nicht deshalb, weil es sich so lange hingeschleppt hat, sondern weil nicht über den Inhalt, sondern nur über die Form, die wirr war und unverständlich, gezankt wurde. Das Stück hatte Beispielcharakter – für sozialstaatliche Mechanismen, für die Unbeweglichkeit in der inneren Politik und auch für die Unentschiedenheit, was den Begriff vom Staat angeht. In jenen Endlosrunden, in denen das Vorhaben beraten wurde, konnte niemand mehr ausmachen, welche Verfassungsorgane in welcher Weise befaßt oder gar zuständig waren und welche Parteien für welche Ausführung des gemeinsamen Programms standen. Ursache und Wirkung sind nicht auseinanderzuhalten. Wenn alle auf Kosten aller leben, dann müssen – auf einer anderen Ebene – auch alle mitreden. In der Welt unserer Tage kann die repräsentative Demokratie nicht mehr die sein, die sie einmal war, aber dürfen deshalb alle Ordnungsprinzipien vernachlässigt werden? Und zu welchem Preis? Ein Zusammenhang drängt sich auf: Solange niemand die Reform des Sozialstaats im Sinn hat, so lange wird sich auch niemand Gedanken machen über die Reform der demokratischen Institutionen. Aber ist nicht gerade im Hinblick auf die Pflegeversicherung betont worden, wie fähig, reformfähig, die politischen Kräfte seien?

Jenes Wort von der Reform wird nur noch leise ausgesprochen, abgesehen von wenigen Traditionalisten und wenigen Eiferern, die vom Wandel der Zeiten nichts wissen und alte Schlachten noch einmal schlagen möchten. Im allgemeinen findet das Wort ebenso zögernd Verwendung wie das vom Machtwechsel. Warum weckt es keine Phantasien mehr? Reform heißt, erstarrte gesellschaftliche Strukturen aufbrechen und erneuern zu wollen. Reform heißt nicht, bestehende Verhältnisse verschönern zu wollen und das zu tun, was die deutsche Politik derzeit am liebsten tut – fortschreiben, was lange schon festgeschrieben ist.

Reform meint zu allen Zeiten Verschiedenes und verlangt in vielen Einzelheiten heute das Gegenteil dessen, was vor einem Vierteljahrhundert angezeigt war. Wenn das Pendel sehr weit in eine Richtung ausgeschlagen ist, schlägt es unweigerlich zurück, und wohl dem Volk, das beizeiten die Kehre vollzieht. Aber eine solche Kehre erfordert Kraft, und wo soll die herkommen in einem Land, dem jeder Vorwand recht ist, alles beim alten zu lassen? Und das sich, im Kleinen wie im Großen, nichts zutrauen will? In der Summe würden überfällige Reformen auf einen Staat hinauslaufen, der vielfach zurückgenommen und damit zugleich in seine Rechte wiedereingesetzt wird. Denn der Zugriff auf das Leben des einzelnen hat beides provoziert – die Anspruchshaltung gegenüber dem

Staat und die Geringschätzung des Staates. Aber wird nicht in dieser und in jener Form und sogar vor dem Forum von Parteitagen davon geredet, daß sich manches ändern müsse? Der Bundeskanzler beklagt, daß man über die Verhältnisse gelebt habe, und sein Herausforderer beschwört, daß unter seiner Führung alles anders, besser werde. Geredet wird viel, aber entweder vage, unverbindlich und folgenlos oder mit einander widersprechenden Inhalten. Daß soziale Gerechtigkeit und wirtschaftliche Zukunft, Schuldenabbau und staatlicher Leistungszuwachs, Ladenschluß und Teilzeitarbeit und überhaupt alles zugleich zu haben sei, ist eine gängige Botschaft. Der französische Fall, der uns näher sein mag als der italienische, zeigt, wohin die Rederei führt, wenn sie Selbstzweck bleibt und von vornherein mit der Absicht verbunden wird, nur im Einvernehmen aller Beteiligten vorzugehen. Wer solche Reden führt, wird noch weniger ernst genommen als zuvor. Wenn die Mitte zum Fetisch wird und der Konsens zum Fluchtpunkt, kann jede Gruppe und jedes Grüppchen die eigenen Interessen durchsetzen, und nichts geht mehr. Nachgeben ist der Preis des Einvernehmens, ein Preis, der stets nur eine gewisse Zeit entrichtet werden kann.

Gedeiht der Wunsch, daß sich alle mit allen verständigen, immer dann, wenn Wohlstand sich erschöpft und die Gewohnheit, auch die gedankliche Gewohnheit, sich überlebt und keinen Inhalt mehr hat? Die Zeit läßt sich nicht anhalten, und unter der glatten Oberfläche macht sich erst Verdruß breit und dann Bewegung. Die, die ausführen, aber nicht führen möchten, suchen die gesellschaftliche Oberfläche gerade dann konsensual zu glätten, wenn es darunter bereits gärt. Verdruß ist nicht, weil alle noch mehr mitreden wollen. Verdruß ist, weil die Politik der ersten aller Anforderungen nicht mehr genügt, weil sie Führung nicht mehr wahrnimmt und sich weigert, zu sagen, wohin sie will und welches Deutschland zu schaffen sie im Sinn hat. Ob eines, das wirtschaftlich, sozial und eben auch sonst vor sich hin dümpelt, seine eigenen Wunden, auch die Teilungswunden, immer noch einmal pflegt und die Gefahr in Kauf nimmt, daß eines Tages der Erneuerungsruf radikale Form annimmt. Oder eines, das sich der eigenen Möglichkeiten endlich bewußt wird.

In den Demokratien des Kontinents, den alten und den nicht so alten, braut sich manches Unheil zusammen. Es bahnt sich nicht erst an, seit der kommunistische Feind dahingegangen ist, sondern kommt von weit her. Hätte nicht die Jahrhundertaufgabe der deutschen Einheit Kräfte wecken müssen, Behauptungs- und Erneuerungswillen? Statt dessen hat es den Anschein, als schaukelten sich materielles wie ideelles Beharrungsvermögen in West und in Ost wechselseitig hoch und verstärkten das Behagen am Status quo. Seit sich das Erbe jenes untergegangenen Staates als lebendig erweist und in Ehren gehalten wird, seit jenes Erbe in den Westen hineinwirkt und aus mancherlei Grund ein dankbares Echo findet, dabei alle ermunternd, die mit der ursprünglichen Einheit nichts anfangen mochten, wird die Einheit thematisiert. Aber was für eine Einheit. Die eines Landes, dessen Vergangenheit zur Gegenwart stilisiert wird und das alles hervorrufen darf, nur nicht Stolz und nur nicht jene Selbstgewißheit, derer es bedarf, um der einen Demokratie Zukunft zu ermöglichen.

Es bleibt bemerkenswert, wie sich alles gebündelt hat, die nationale Zerknirschung, die für das werdende Europa wenig Gutes ahnen läßt, und der allseitige Unwille, sich zu erneuern, und wie weiterhin keine politische Kraft sich vornimmt, diesen Knoten aufzulösen. Diesen Knoten, der nun als in der Mitte liegend beschrieben wird. Trotz gelegentlich gehaltener Einkehr herrscht in der Politik weiterhin der Glaube vor, daß der östliche Landesteil das Lohn-, Subventions- und Sozialleistungsniveau des Westens und sonstige Wohlstandsbräuche übernehmen könnte, ohne daß dieser sich selber wandeln müßte. Solange diese Einstellung vorhält, werden die Schulden ebenso weiterwachsen wie Steuern und Abgaben, immer weiter, bis eine Grenze erreicht ist, die zu erreichen die sanfte Umkehr bereits ausschließt. Dem Irrglauben an die unbegrenzte Macht materieller Gewohnheiten hat sich jener andere hinzugesellt, nämlich der von der unendlichen Tiefe der Teilung, die zu überwinden lange, wenn nicht ewig dauern und die Einheit unvollendet lassen werde. Wie diesem doppelten Glauben den Garaus machen? Indem die Mitte wieder wird, was sie immer war – ein Ort, den die Geister fliehen und nicht suchen, um gemeinsam Ruhe zu haben.

Für die Präsidentenwahl ist es dazu zu spät.

»Es war alles nicht einfach«

Gorbatschow und die deutsche Einheit –
Schrittmacher der Geschichte,
Held des Untergangs

Die deutsche Einheit hat viele Väter und einen Über-
vater. Wie auch immer man sich dem Vorgang nähert
und wen auch immer man befragt, eines steht fest:
Ohne Gorbatschow hätte man weder den Anfang gefunden noch das Ende gesetzt. Man könnte meinen, er
habe andere Akteure zu Statisten degradiert, und ins
Licht gehöre er allein. Wir neigen, im Guten wie im
Bösen, zur Heroisierung, und wenn einer es noch fer-
tigbringt, die Widersprüche eigenen Tuns aufgehen
zu lassen im bruchlosen Bild des Charismatikers, gewöhnen wir uns das Fragen ab. Fragen heißt, Antworten in Kauf nehmen, die das Bild stören könnten.
Das Bild aber, heil und in sich rund, entspricht den
Wünschen der Betrachter.

Handelnde Personen haben den Hang zu verklären
– nicht nur die eigene Rolle, sondern auch die Welt, in
der sie gewirkt haben. Die Dinge steuern und sie betrachten geht selten in eins. Wer beides versucht, und
sei es nacheinander, trägt zur Wahrheitsfindung selten bei. Daß das Ende eines Prozesses zum Anfang
nicht paßt und in sich einen neuen Anfang trägt, einen
Anfang, an den niemand gedacht hat, wird fast immer
übersehen. Der Akteur bildet sich gern ein, alles bedacht und, je nach Lage, alles gewollt oder nicht gewollt zu haben. Insoweit ist Neues nur zu berichten,

239

als der letzte Herrscher im Sowjetreich diesen Hang zweifach zugespitzt hat: Die Befreiung Osteuropas, in der Einheit Deutschland sichtbare Gestalt annehmend, hat er gewollt, und den Zerfall der Sowjetunion hat er nicht gewollt.

Gorbatschow mag nicht einsehen, daß das Ende dieser einen Geschichte der Anfang jener anderen gewesen ist. Einen Zusammenhang zwischen der Auflösung des äußeren und des inneren Imperiums leugnet der Mann, der die Macht verlor, als die Partei auch im Mutterland des Sozialismus zerbrach und den von ihr beherrschten Staat mit sich zog. Auf das Schicksal der Partei läßt er sich nicht ein, aber leidenschaftlich stellt er fest: »Der Zerfall der Sowjetunion war nicht zwingend.« Er weicht jeder Systemanalyse aus und wehrt sich gegen alle Versuche, die sowjetischen Vorgänge auf äußere Einflüsse zurückzuführen. Vielmehr sei »der Konflikt zwischen den Reformatoren und den Anti-Reformatoren« in einen Putsch gemündet, und der habe die Desintegration beschleunigt und manch einen – Namen nennt er nicht – »veranlaßt, sich von dem Ganzen zu distanzieren und die eigene Haut zu retten«. Wieso hat er, nahezu leichten Herzens, Abschied genommen von den sozialistischen Staatsparteien Europas und im eigenen Land diesen Abschied nicht gewagt? Daß die Absichten nicht nur die besten waren, als er den Satellitenstaaten eigene Verantwortung zuwies, weiß man inzwischen; die Husáks und Honeckers sollten den Gegnern im eigenen Land nicht noch Auftrieb geben können. Wie den Bund anders verhindern als durch Lockerung des Bandes, die durch gezielte Förderung russophiler Gefolgsleute aufgefangen werden sollte? Perestrojkisten taten sich bald überall hervor, in der DDR hießen sie Markus Wolf und Modrow. Der eine weiß den anderen zu lancieren, von 1987 an macht Modrow westliche Schlagzeilen. Gorbatschow erzählt gern und viel, aber von diesen und anderen Vorgängen sagt er nichts. Fast beschwörend wiederholt er: »Wenn wir von der Sowjetunion sprechen, sprechen wir nur von ihr, ihre Lage war einmalig.«

Jetzt zeige sich ja, daß die Teile allein nicht lebensfähig seien und jeder auf sich gestellt aus der Krise nicht herauskomme. Was beweise: »Der Zerfall der Sowjetunion war nicht zwingend.« Er sagt wieder »fatal«. Das Schicksal bemüht er immer, wenn die Rede von der Sowjetunion ist. Er bemüht es nie, wenn deren osteuropäisches Vorfeld und wenn der deutsche Vorposten in den Blick genommen werden. Weil er hier gestaltet hat und dort nicht? Was hieß in bezug auf Deutschland – gestalten? Auch 1989 und 1990 ließ die Geschichte sich nicht auf eine Kette ziehen, deren Glieder sich so und nicht anders zusammenfügen mußten. Mag auch der Schein dagegen sprechen, diese deutsche Geschichte ist nicht nach einem Plan abgelaufen, den »verantwortungsvolle Personen«, wie Gorbatschow anmerkt, verwirklicht hätten. Aber warum ist diese deutsche Geschichte so glücklich abgelaufen und wie aus einem Guß? Und was ist Verantwortung gewesen in jener Zeitenwende? Die Vorgaben, die das Volk macht, politisch aufzunehmen? Viele Fragen sind wichtig im Zusammenhang mit der Einheit, aber die nach der Verantwortung ist die wichtigste.

Gorbatschow hatte an die Reformierbarkeit des sozialistischen Herrschaftssystems geglaubt und auch der DDR seine Perestrojka nahebringen wollen. Wie aber hätte ausgerechnet dieser Satellitenstaat mit diesen Grenzen überleben sollen? Ahnten nicht Honecker und seine Getreuen, daß jede Lockerung den Weg ins Nichts öffne? Gorbatschows entschlossene Antwort führt mitten hinein in den Widerspruch, den aufzulösen nicht gelingen wird:»Das System, das wir reformiert haben oder reformieren wollten, war ja nur dem Namen nach sozialistisch. Es war das Modell, das erst uns aufgezwungen worden ist – zugegeben, mit unserer eigenen Hilfe; den Begriff Hilfe möchte ich in Anführungsstriche gesetzt wissen. Dann ist es den Osteuropäern aufgezwungen worden. Dieses Modell, gestützt auf Diktatur, Totalitarismus und Einheitspartei, war verhängnisvoll und verhinderte, daß sich die soziale Energie der Menschen entfaltete. Deshalb brauchte es Sauerstoff – durch demokratische Reformen.« Und wie würden sich solche Reformen auf die Existenz der DDR auswirken? Daran muß er gedacht haben? Oder muß er gerade nicht?

Nach den Gepflogenheiten, die im Warschauer Pakt herrschten, hätten sie die Freunde beizeiten informiert über die eigenen reformerischen Absichten.»Man sehe in die Archive«, sagt Gorbatschow streng. In welche?
»Die, in denen die Gespräche mit Honecker und anderen führenden Persönlichkeiten festgehalten sind. Ich habe immer wieder darauf hingewiesen, daß wir – wir, die Sowjetunion – eine Perestrojka brauchten, daß es aber in der Entscheidung jedes einzelnen Mitgliedstaates liege, ob er selber eine will.« Mit seinem Machtantritt im März 1985 wurde die Abkehr von der Breschnew-Doktrin eingeleitet. Und die Konsequenz nie erahnt?»Wir waren überzeugt, daß Perestrojka und Demokratisierung der Praxis der Anweisungen

und Befehle innerhalb des Warschauer Pakts ein Ende setzen würden.« Die Idee habe wirken sollen, nicht die Direktive. Die Idee? Der Glaube an die Reformierbarkeit des Systems trug weit, solange die Grundfesten noch nicht berührt waren.

Das Thema ist die deutsche Einheit und ist das Ende der DDR, das Gorbatschow nicht absichtlich herbeigeführt hat. Was also wäre gewesen, wenn? Wenn der Teilstaat DDR seinem Wunsch gefolgt und selbst den Weg der Reformen gegangen wäre? Es klingt wie ein Stoßseufzer, als er einräumt, daß die Einheit auch dann heraufgezogen wäre, »aber viel allmählicher und in anderen Formen«. Und der Faktor Volk? Der wäre dann nicht ins Spiel gekommen? Gorbatschow, der soeben für eine langsame und kontrollierte Gangart plädiert hat, widerspricht sich unmittelbar: »Die Tatsache, daß die Einheit vom Volk ausgegangen ist, hat die Korrektur unserer Politik erforderlich gemacht.« Er hat mit diesem Eingeständnis der sowjetischen Praxis auch in der Theorie abgeschworen und das sozialistische Denken, in dem das Volk eine eigene Größe nicht ist und nicht sein kann, in einem entscheidenden Punkt überwunden. Ist er sich dessen bewußt, oder scheut er die Konsequenz, die auch in seinem sowjetischen Machtbereich zu ziehen wäre? Oder darf, wer das Wirkliche respektiert, das Wünschbare dennoch hochhalten? Daß er für wünschbar hält, Veränderungen zu steuern und den »Umbau« des Systems vorzunehmen, macht er immer wieder deutlich; ein System umbauen heißt, es retten zu wollen. Aber daß er zugleich großartig findet, im Einvernehmen mit den Führern des Westens Volkes Willen stattgegeben zu haben, daraus macht er auch keinen Hehl. Im Gegenteil, er strahlt, und es werden jene Augenblicke lebendig, in denen er die Welt veränderte und diese ihm huldigte. Gorbatschow läßt sich auf keine Theorie festlegen und nicht einmal auf einen Grundzug des Handelns. Scheinbar beiläufig weist er darauf hin, daß sich die Ansichten im Laufe des Perestrojka-Prozesses geändert hätten. Bezüglich des äußeren oder auch des inneren Imperiums? Ehe die Frage gestellt ist, nennt er »primitive Spekulationen«, wenn heute erörtert werde, wer wem welche Konzessionen gemacht hat. Und bekräftigt: »Die Menschen haben das Tempo diktiert und die politische Lösung.« Er hätte hinzufügen können, sich diesem Diktat gebeugt zu haben war verantwortlich. Und machte Größe aus.

Bei aller Rücksicht auf die Entscheidungsfreiheit jener Parteien, die einst die Bruderparteien hießen, es muß ihn doch geärgert haben, daß die SED und ihre führenden Männer sich seiner Perestrojka entzogen? Warum? »Das war ein Ausdruck der Beschränktheit ihres Denkens. Und weil das herrschende Regime der Entwicklung so weit hinterherhinkte und nicht fähig war, auf das Leben zu reagieren, hing es dann plötzlich zwischen Himmel und Erde und fand in der Bevölkerung keinen Rückhalt.« Darum mußte Honecker am 18. Oktober 1989 ab- und Krenz antreten? Gorbatschow wird unwillig, als wolle er sagen, die Antwort liege doch in seinen Einlassungen bereits beschlossen. Auf Personalien läßt er sich nicht ein, darin ganz Kommunist. Aber daß das Prinzip der Gleichberechtigung der Staaten wie der Parteien gültig gewesen sei, unterstreicht er gern noch einmal. Er habe es noch während der Trauerfeier für seinen Vorgänger beschworen und am zweiten Tag seiner Amtszeit als KPdSU-Generalsekretär in Kraft gesetzt. Man möge nachlesen. Nun ja, er verstehe die Zweifel, früher sei auch schon manches auf Papier gebracht worden und von Unabhängigkeit und Gleichberechtigung die Rede gewesen. Gorbatschow lacht und wirkt, einen kurzen Augenblick, nahezu fröhlich, als er auf seine Praxis verweist, die doch anderes gewesen sei als früher das Papier. Was Egon Krenz anbelangt: Tags nach Ernennung des neuen SED-Parteichefs telefoniert Gorbatschow mit Kohl und nutzt die zufällige Gelegenheit, nach Krenz zu fragen: Was sein Eindruck sei, und wie der neue Mann es mit Reformen halte. Kohl hatte, anders als der Mann im Kreml, mit Krenz schon fernmündlichen Kontakt gehabt. Dort war man auf Modrow fixiert gewesen, der dank des russischen Rückhalts es noch zum Regierungschef brachte.

Wenn richtig ist, daß die Nachfolge Honeckers nicht mehr im Kreml geregelt wurde und die deutschen Kommunisten sich selbst überlassen blieben, erübrigt sich jene Frage, die uns im Herbst 1989 auf den Seelen gelegen hatte. Es war die Frage nach der Gewaltanwendung und nach dem Gedanken, daß die Entwicklung doch noch zurückgedreht werden könnte. Dieser Gedanke – im Zentrum der Sowjetmacht nicht mehr gedacht? Man ist immer noch ungläubig, daß es so gewesen sein könnte und Moskau, sei es aus Überzeugung, sei es aus fehlender Übersicht, den deutschen Dingen tatsächlich ihren Lauf gelassen hat. Bedurfte es während der großen Demonstrationen der Entscheidung nicht mehr? Verstand sich von selbst, daß die sowjetischen Soldaten in den Kasernen blieben? War klar, daß die Nationale Volksarmee, gestützt auf sich selbst, keine andere Wahl hatte, als ebenfalls den Straßen fernzubleiben?

Gorbatschow lacht wieder und meint, die Frage verstanden zu haben; seine deutschen Freunde scheinen ihm mittlerweile einige Sprachkenntnisse beigebracht zu haben. Er will dann aber doch eine genaue Übersetzung. Warum? »Weil das doch wohl die Hauptfrage ist.« Die Antwort überrascht zunächst nicht: »Wir haben uns überhaupt nicht eingemischt.« Das sei die »logische Folgerung« aus Prinzip und Praxis, darüber habe er ja schon gesprochen; daß er nicht schätze, sich zu wiederholen, sagen seine Augen. Er kommt unvermittelt auf das Erlebnis zu sprechen, daß ihm am 7. Oktober zuteil wurde, an jenem Tag, da die DDR ihr vierzigjähriges Bestehen feierte. Eine Erinnerung, die ihm noch immer gegenwärtig zu sein scheint: »Lauter junge Leute. Aus achtundzwanzig Bezirken der DDR. Mit Transparenten, auf denen stand ›Gorbi, bleibe hier‹ und ›Gorbi, hilf uns‹. Dieses Ereignis hat alles auf die Straße gespült und gezeigt, daß kein Regime der Welt in der Lage gewesen wäre ...« Kein Regime der Welt? »Eingreifen? Das wäre Abenteurertum gewesen. Selbstmord.« Und dazu war das Regime der DDR nicht fähig und auch nicht willens? Jenes Regime, von dem er noch einmal und nun nahezu genüßlich sagt, es habe an jenem 7. Oktober in der Luft gehangen? »Ich zähle auch Honecker nicht zu den Leuten, die ohne irgendwelche moralischen Skrupel es hätten zu Blutvergießen kommen lassen.«

Und was war in der Nacht, als die Mauer fiel? Nach allem, was vorher gelaufen war, und allen Grundentscheidungen, nie und nirgends sich einzumischen, geschweige denn einzugreifen, eine abermals überflüssige Frage? Immerhin hat er am Abend des 10. November Botschaften übermittelt. Botschaften, in denen er »eine chaotische Situation mit unvorstellbaren Folgen« heraufziehen sieht – in Folge der »Massenbewegungen«. Woher die Sorgen? Er scheint nicht begeistert über die Frage. Die Dinge hätten sich am 9. November doch sehr spontan entwickelt und leicht außer Kontrolle geraten können. Mit großem Ernst und noch größerer Bestimmtheit erklärt er, von der neuen Reiseregelung erst im nachhinein erfahren und die Folgen erst wahrgenommen zu haben, als sie längst eingetreten waren.

Wenn er an deren Stelle – er meint an Stelle der DDR-Führer – gewesen wäre, ja, er hätte wohl genauso gehandelt. »Die mußten eben etwas Dampf ablassen.« Dann habe er natürlich in Kontakt auch mit verantwortlichen Männern der Bundesrepublik kommen wollen, solchen, die er kannte und zu denen er Vertrauen hatte. »Meine Sorge war, daß – an der Schnittlinie der Blöcke – Entwicklungen eintreten, mit denen wir nicht mehr fertig würden.« Man ist aber fertig geworden, der Wunsch des Volkes fand Entsprechung im politischen Willen derer, die es vertraten. Darf gesagt werden, daß Gorbatschows Sowjetunion sich diesem Willen angepaßt hat? Er kontert sofort: »Auch die deutsche Regierung hat sich angepaßt. Auch deren Positionen haben sich sehr schnell verändert.« Der Unterschied: Die deutsche Regierung setzte das Maß und rang Gorbatschow Zugeständnisse ab, ohne daß er das Gefühl hatte, welche zu machen. Am Ende des Wegs, mitten im Juli 1990, war er selbst überzeugt, daß das vereinte Deutschland der Nato zugehören solle; eine Alternative bot er nicht.

Diese Überzeugung war nicht vom Himmel gefallen, sie war in den Monaten zuvor gewachsen, besonders in Gesprächen mit den Amerikanern, die nie sicher waren, ob das Moskauer Ja fallen würde. Wann hat Gorbatschow sich durchgerungen? Und warum? Er selbst hatte oft genug gewarnt, die Nato auch nur zu thematisieren, und sein Außenminister war darauf spezialisiert, in ein und derselben Verhandlung mehrere »Varianten« vorzutragen, darunter immer auch eine von der unnachgiebigsten Art. Wer will wissen, ob die harten Töne nur an die altkommunistischen Widersacher gerichtet waren oder ob nicht eigene Unsicherheit hineinspielte? Unsicherheit, die so und auch anders hätte ausschlagen können. Als der Bundeskanzler am 14. Juli 1990 nach Moskau aufbrach – der Ausflug in den Kaukasus diente keiner Entscheidungsfindung mehr –, schätzte er die Chance, Nato ja oder nein, nur 55 zu 45 ein. Allerdings war er entschlossen, die Prinzipienfrage daran zu knüpfen: Einheit ja oder nein. War es, gepaart mit Vertrauen, diese Entschlossenheit seines Gegenübers, die Gorbatschow brauchte, um sich selbst zu entschließen? Einer seiner engsten Berater, Anatoli Tschernajew, der »Die letzten Jahre einer Weltmacht« beschrieben hat, nennt als hervorstechenden Charakterzug: »Gorbatschow paßte sich stets den Gegebenheiten an.« Gegebenheiten – auch Vorgaben – schuf der Westen; ihnen wollte und konnte er sich anpassen. Aber im Innern? Drei Tage bevor er die Deutschen zur letzten und entscheidenden Gesprächsrunde empfing, war der Parteitag der KPdSU zu Ende gegangen. Auf jenem Parteitag, Juli 1990, hatte Jelzin den Bruch vollzogen und Gorbatschow erneut laviert. Kein Reformer und kein

Antireformer. Ein Zauderer, der selbst nicht wußte, wohin.

Vom überlieferten sowjetischen Standpunkt aus waren die deutschen Zugeständnisse, die der erste Mann machte, beträchtlich. Allerdings hatte er auch viel herausgeholt – Sicherheitsgarantien und finanzielle Hilfe; es mochte auch einleuchten, daß ein der Nato zugehöriges Deutschland Stabilität begünstige. Vor allem war die Sowjetunion integraler Teil des Einigungsprozesses gewesen und hatte darin jene Gewißheit gefunden, ohne die sie sich nicht, jedenfalls nicht so weit bewegt hätte. Daß zumal die Vereinigten Staaten es auf diese Teilhabe angelegt hatten, betont James Baker immer wieder, wenn er die amerikanische Sicht der Ereignisse darstellt. Doch was galten im Angesicht dieser Einheit die sozialistische Ideologie und das sowjetische Imperium noch? Soviel er auch bekommen haben mochte, Gorbatschows deutscher Kurs stand allem entgegen, was den Herrschern beider Reiche bislang heilig gewesen war. Was liegt näher, als Gorbatschow zu fragen nach der Handlungsfreiheit, die er hatte, sich nahm oder behauptete, und nach den inneren Widerständen. Doch die naheliegende Frage mißfällt ihm. Die Daumen kreisen immer schneller umeinander, der Gesichtsausdruck verfinstert sich, er wirkt nun angespannt und meint, »sehr weit ausholen« zu müssen. »Ich denke an die Ostpolitik der frühen siebziger Jahre, und ich denke an die Reaktion, die Moskau dieser Ostpolitik entgegengebracht hat.«

Jedenfalls sei man schon vor der Perestrojka aufeinander zugegangen. Er erwähnt Helsinki, wo die rechtliche Grundlage für die weitere Entwicklung gelegt worden sei, die Beendigung des Kalten Krieges, die

Abrüstung, das Europäische Haus, um immer wieder hervorzuheben: »Die Völker des Ostens hatten zu Deutschland ein neues Verhältnis gewonnen. In der Öffentlichkeit wie in der Führung waren, als sich die Frage der Einheit stellte, neue Voraussetzungen gegeben. Man war nun bereit, mit Deutschland zusammen eine gemeinsame Zukunft zu bauen.«

Alles lohnt, und nichts ist umsonst, auch ein historischer Ausflug nicht. Aber die Zeit ist begrenzt und das Thema die deutsche Einheit. Die scheint ihm plötzlich nicht mehr zu behagen, jedenfalls nicht vor dem Hintergrund innersowjetischer Angelegenheiten. Er macht ein unmißverständliches Zeichen, daß er weitere Fragen nicht wünsche. Als sodann die Rede auf - Falin kommt, den Mann, der immerhin für die Außenpolitik der Partei verantwortlich zeichnete und die Fronde stärkte, machte er einen kurzen Augenblick den Eindruck, als wolle er nicht einmal mehr diese eine Frage beantworten. Dann läßt er Milde walten und teilt, nun ziemlich entschlossen, mit: »Ich denke, daß die, die damals um mich waren, ihre Rolle nicht überschätzen sollten.« Er selbst tue es auch nicht. Er habe viele Berater gehabt, alle mit eigener Meinung, aber Entscheidungen seien von ihm allein getroffen worden, erst als Generalsekretär, dann als Präsident. Und was Falin anbetrifft? »Damals, als Botschafter in Bonn, hat er ziemlich viel geleistet für die Beziehungen.« Nach einer kleinen Pause setzt er hinzu: »Sein Maßstab sowohl des Denkens wie der Politik ist ein anderer.« Wirklich? »Ich versichere, dem ist so.« Das Gegenteil äußert er, in Form und Inhalt, wenn die Rede auf Schewardnadse kommt. Der habe sich wirklich sehr eingesetzt und sei sein engster Mitarbeiter gewesen, nicht nur in diesen – deutschen – Angelegenheiten, sondern auch sonst. Er lacht nun wieder:»Man erinnere sich, als ich ihn zum Außenminister ernannte, war die ganze Welt erstaunt. Ja, aber ich kannte ihn!« Ihr beider Denken war ähnlich?»Zweifellos.« Das sei unabdingbar gewesen, daß er dem Mann, der für die Außenpolitik zuständig war, vertrauen konnte. Dann, unvermittelt, ein Stoßseufzer:»Es war alles nicht einfach.«

Nein, einfach war es bestimmt nicht. Aber wann und wie es besonders wenig einfach war, will – oder kann? – er nicht preisgeben. Noch einmal nach dem Motiv gefragt, das ihn bestimmt habe zu handeln, wie er gehandelt hat, nimmt er Zuflucht zu einem Trick: »Lesen Sie meine Memoiren.« Aber die seien doch längst nicht fertig?»Noch dieses Jahr.« Er läßt sich nicht erweichen und findet, überhaupt schon ziemlich viel erzählt zu haben. Ziemlich viel? Und was offenbleibt, wird in den Memoiren enthüllt? Dann müßte er ein anderer werden als der, der er war – voller Widersprüche und vielleicht deshalb so große Wirkung entfaltend.

Die Politik im Rücken,
den Zeitgeist im Sinn:
Richard von Weizsäcker

Zwei Amtszeiten machen noch keine Ära, schon gar nicht die eines machtlosen Präsidenten. Es ist selten eine Frage der Form, welchen Namen eine Ära erhält und ob sie sich überhaupt personalisieren läßt. Fast immer entscheidet der Geist, der herrscht und dem einer Gestalt gibt. Richard von Weizsäcker hat einem Jahrzehnt Stimme gegeben, weil er das höchste Amt im Staat innehatte und eine Tribüne daraus machte, eine Rednertribüne. Das Amt verlieh die Aura, die der Redner brauchte, um zu wirken. Wirken? Dazu gehörte das Publikum, das den Redner hören wollte – vor der Einheit und nach der Einheit auch. Daß der Mauerfall seine Amtszeit in zwei Hälften zerlegt habe, stellt der scheidende Präsident nüchtern fest, ohne Emotion und ohne Bezug zu nehmen auf die Tragweite. Vielleicht will er eine solche auch gar nicht erkennen? Daß die Hälften sehr ungleich sind und sich die Dekade gewohnheitsmäßiger Betrachtung entzieht, wird nur selten gesagt. Der Respekt vor dem Amt ist groß, und der vor der öffentlichen Meinung ist es erst recht. Keinem seiner Vorgänger sind je so viele und so schöne Kränze geflochten worden wie Richard von Weizsäcker.

Kein Bundespräsident ist so sehr in dem Amt aufgegangen wie der, der es jetzt abgeben mußte. Er hatte es immer angestrebt, selbst in jungen Jahren schon, und sich nie angestrengt, Macht zu erobern, reale Macht, die mehr und anderes erlaubt, auch verlangt, als zu reden. Alles zu können, aber nur wenig zu dürfen, sei die Tragik von Weizsäckers politischer Laufbahn, so und ähnlich lauten die Kommentare seit langem. Das Gegenteil ist richtig. Nur innerhalb der Grenzen des Präsidentenamtes, die eng waren und gerade deshalb Wege wiesen, die herausführten aus den politischen Niederungen, konnte Richard von Weizsäcker sich entfalten und erheben. In seiner Parteienschelte, die des Hochmuts nicht entbehrte und auch wegen ihrer Abstraktheit auffiel, nahm er Gelegenheit, den Abstand deutlich zu machen zwischen ihm, dem Inhaber des präsidialen Amtes, und dem politischen Rest. Die Fingerzeige, daß er nicht aufrichtig sei und seinen eigenen Aufstieg den Parteien verdanke, stimmten nur in engerem Sinn. Tatsächlich ist er, der Aristokrat, nie ein Parteimann gewesen. Seine Mitgliedschaft in der Christlich-Demokratischen Union ließ er, einem selbstverständlichen Brauch gemäß, während der Präsidentschaft ruhen; gefragt, ob er sie jetzt aktivieren werde, schüttelt er sich geradezu. Er sagt, es gehöre sich nicht, und versagt sich die Bemerkung, es gefalle ihm nicht. Konservativ im Lebensstil, antiplebejisch, konnte er, wenn überhaupt, nur der frühen CDU beitreten; eine gewisse geistige Heimat aber fand er, wenn überhaupt, nur in der späten, zumal kirchlich geprägten SPD und deren Umfeld. Er betont glaubhaft, daß ihm immer der Kontakt über die Grenzen hinweg mindestens so wichtig gewesen sei wie der innerhalb der eigenen Partei.

Er brachte es fertig, was fertigzubringen keinem

Amtsinhaber vor ihm auch nur in den Sinn gekommen war: dem Zeitgeist vollkommen Ausdruck zu verleihen, ihn zu repräsentieren. Insoweit war die östliche Bosheit, daß das Amt in Richard von Weizsäcker seine Erfüllung gefunden habe und nun abgeschafft werden könne, mehr als eine Replik auf das gescheiterte Heitmann-Experiment und den Segen, den Weizsäcker der Kampagne gegeben hatte. Das Geheimnis seiner Wirkung lag darin, daß der Geist der Zeit, der nicht der Geist des Volkes war, ihm entsprach. Das Amt ermöglichte, was ihm gemäß war, lange bevor er Präsident wurde – diesen Geist zu repräsentieren.

Die Miene, mit schmalen, bisweilen unsichtbaren Lippen und heruntergezogenen Mundwinkeln, ist dem Leben eher ab- denn zugewandt und drückt weder Gestaltungslust aus noch Veränderungswillen noch Bekennermut. Seine großen Reden sind Reden des Abwägens und Verneinens, nicht des Bejahens und nicht des Schlußfolgerns. Er eignete sich auch nicht, riesige Versammlungen zu halten und Massen in seinen Bann zu ziehen. Die Unterstellung, er habe seine Zeit prägen wollen, weist er weit und überzeugend zurück; allein die Frage findet er abwegig. Es gelte auch nicht, eine Bilanz seiner Präsidentschaft zu ziehen. Eine Bilanz der Zeit sei das Thema. So hat es auch keine leitende Idee gegeben, die seiner langen Amtszeit zugrundelag? Er ist in höchstem Maße erstaunt, wie man überhaupt auf einen solchen Gedanken verfallen kann.

Zugleich erweist er sich als wahrer Souverän, ehrlich gegen sich selbst und wenig in Routine verfangen. In einem Gespräch, das ihm und seiner Amtszeit gilt, gesteht er ein ums andere Mal, diese Frage neu und jenen Einwurf fremd zu finden; dabei verfällt er jedesmal ins Berlinern. Im übrigen gehört er zu jener höflichen Sorte Mensch, die sich um Antworten nicht herumdrückt, und so gibt er den Hinweis, was ihn »inhaltlich interessiert« habe.

Nämlich was? »Deutschland- und Ostpolitik.« Nicht daß er nun auf die deutsche Einheit zu sprechen käme oder zu erklären suchte, was die Zweiteilung seiner Amtszeit bedeutet habe, nein, er taucht hinein in eine vergangene Epoche und weckt durch die Lebendigkeit der Aussage den Verdacht, über die Einheit – die, die sich vollzogen hat – am liebsten nicht reden zu wollen. Oder möchte er deutlich machen, daß es sich um zweierlei handelt? Polen habe 1961 sein erstes politisches Wort gegolten, und seine Jungfernrede im Bundestag sei 1969 dem Innerdeutschen Ausschuß gewidmet gewesen. Weizsäcker, CDU-Neuling, hielt eine SPD-Rede, auch wenn er sich gegen die Umbenennung des bis dato Gesamtdeutschen Ausschusses wandte. Von diesen und anderen Begebenheiten erzählt er freudig und angeregt.

Die vielen Treffen, die er jahraus, jahrein mit den Glaubensbrüdern der Evangelischen Kirche hatte, meist in der (Ost-)Berliner Auguststraße, sind ihm so gegenwärtig, daß man meinen könnte, er trauere ihnen nach. Den Gehalt jener östlichen Begegnungen habe er eingefangen und wiedergegeben in seinen westlichen Reden. Auf diese Weise immer gewußt zu haben, was los sei in der DDR, dessen ist er noch heute gewiß. Die Stimmung der Protestanten hat er in den langen und prägenden Jahren, bevor er Präsident wurde, gleichgesetzt mit der Stimmung der DDR-Bürger; er findet darin auch heute nichts Falsches.

Von den Massen, denen, die jederzeit bereit waren, mit den Füßen abzustimmen, wollte und konnte er nichts wissen. Sie sind im Denken und Fühlen Richard von Weizsäckers keine Kategorie. Vielleicht liegt hier der eigentliche Grund für sein Verhalten – ein Nichtverhalten – 1989 und 1990.

Deutschlandpolitik hatte stets viele Inhalte und viele Klänge. Wie verschieden sie waren oder im Laufe der Jahre geworden waren, enthüllte sich, als die DDR unterging und die Probe aufs Exempel gemacht wurde. Der Klang, in den Richard von Weizsäcker früh einstimmte und den er rasch verstärkte, fand Echo hauptsächlich auf der Linken und im Protestantismus. Die Anziehungskraft des zweiten deutschen Staates wuchs, gerade weil er so anders war und sich Wünsche hineinprojizieren ließen, solche nach Stillstand und Ordnung, nach Verzicht und Gemeinsinn. Der Grundton war die Anerkennung der DDR nicht nur als Gegebenheit. Es wurde ein Sinn unterlegt, Respekt entgegengebracht und Dankbarkeit bezeugt, wenn die Oberen sich erkenntlich zeigten. Daß sie es Weizsäcker gegenüber noch mehr waren als anderen, mag ihm nicht vorgehalten und muß doch festgestellt werden. 1983 gewährte Honecker dem Regierenden Bürgermeister eine viereinhalbstündige Audienz, und in jenem Lutherjahr gelang Richard von Weizsäcker, was keinem anderen Westmann von politischem Rang je gelingen konnte. Nicht nur, daß sich in Wittenberg fünfzehntausend Menschen versammeln durften, es wurde ihm auch erlaubt, zu ihnen zu sprechen. Gewiß, er sprach in seiner Eigenschaft als Mitglied des Rats der EKD, aber auf so feine Unterscheidungen ließ sich das Regime nur ein, wenn es paßte. Es gab eine

Deutschlandpolitik, die jenen Staat, wissentlich oder nicht, als willkommene Ergänzung zur Bundesrepublik betrachtete. Das Ganze hatte Bestand und wurde nicht geleugnet. Daß der nazistischen Vergangenheit wegen Deutschland ein Ganzes nicht mehr bilden dürfe, hat auch Richard von Weizsäcker nie gefunden. Deutschlandpolitik hieß für ihn, daß die Teile von gleich zu gleich miteinander verkehrten – mit und ohne Regime. Das Ganze, so der zugrundeliegende und wirkungsmächtige Glaubenssatz, ging nicht auf in einem der Teile, sondern war die Summe der Teile.

Ohne jede Überraschung nimmt Richard von Weizsäcker die Frage entgegen, warum er, als die Mauer fiel und die Einheit wurde, nahezu schweigsam war. Warum er, dessen politisches Lebenselixier auch nach eigenem Bekunden »Deutschlandpolitik« war, nahezu unwillig gewesen sei, als diese ihren Ernstfall zu bestehen hatte. Aber hat die Frage noch Sinn, nachdem die Vorgeschichte in Erinnerung gerufen und auf den Begriff gebracht ist?

Am zwölften November 1989 besucht der Bundespräsident – was sonst? – einen Gottesdienst in der Gedächtniskirche zu Berlin und kann und will nicht heraus aus der Tradition; der Wunsch, Zeit zu haben, nicht mit der Tür ins Haus zu fallen und die Eigenart des anderen zu achten, lebte fort. Seine Mahnungen, auch und gerade die vor der D-Mark, waren an die eine Seite gerichtet. Kein Wort darüber, daß der Druck allein aus östlicher Richtung kam und westliche Reaktion erzwang. Der Bewegung, die im Gange war, Stimme zu verleihen, der Mann war Richard von Weizsäcker nicht. Er konnte es nicht sein.

Fast fünf Jahre später verweist er immer noch auf

die kurze Ansprache vom 12. November, die einer Predigt gleichkam, nennt auch die lange Rede, die er am 3. Oktober 1990 hielt, dem Tag, an dem die staatliche Einheit sich vollzog, und befindet, mit einem Anflug von Selbstgerechtigkeit, alles, was er im Rückblick zu sagen habe, sei jenen beiden Auftritten zu entnehmen; man möge nachlesen. Er hat nichts zurückzunehmen und nichts zurechtzurücken. Diese und die wenigen anderen Einlassungen gingen am Empfinden der Leute vorbei, doch halfen sie den Bedenkenträgern, die vorübergehend abgemeldet waren, die Sprache wiederzufinden. Die kurzfristige Wirkung blieb gering. Doch als der Kleinmut wuchs und die Suche nach verlorenen Zuständen in Mode kam, als die Einheit unaufhörlich problematisiert wurde und die neuen Stimmungen sich als die alten entpuppten, hatten Richard von Weizsäcker und der Zeitgeist einander wiedergefunden.

Richard von Weizsäcker fühlt sich im Recht und seziert die Geschichte am Reißbrett in Menschliches und Politisches. Zweierlei dürfe auch im nachhinein nicht verwischt werden: Die Chance zur politischen Einheit – in den Zwei-plus-Vier-Verhandlungen und unter Einbeziehung der Polen – »zügig« wahrzunehmen, sei richtig und notwendig gewesen. Doch was den »menschlichen Teil« angehe, man hätte »nicht auf eine Vereinigung zwischen Bundesdeutschen und Beigetretenen« zusteuern dürfen. Immer habe er gesagt und sage es auch jetzt: »Es geht nicht darum, daß im menschlichen Sinne beigetreten wird, sondern daß beide Teile der Einheit beitreten, der Einheit des vereinten Deutschland, die nicht das gleiche ist wie die alte Bundesrepublik, nur 'n bißchen dicker.«

Und welche praktischen Folgerungen wären daraus – in jenen Tagen, Wochen, Monaten – zu ziehen gewesen? Er lacht und findet, nun »unvermeidlicherweise« an sein Wort vom »Zusammenwuchern« erinnern zu müssen; damit habe er den Kontrapunkt setzen wollen zu jenem anderen Wort vom »Zusammenwachsen«. In dem Interview, gegeben am 13. Dezember 1989 dem DDR-Fernsehen, hatte der Bundespräsident wiederum dafür plädiert, sich Zeit zu nehmen, und noch einen weiteren Grundton angeschlagen. Er warb schon jetzt um Verständnis für DDR-Menschen, die »Fehler« gemacht – sprich: sich zu eng mit dem Regime eingelassen – hätten.

Verblüffend an seinen Bezügen und Aussagen heute ist nicht der sich gleich bleibende Gehalt, sondern die Entschiedenheit, mit der er sie vornimmt und vorbringt. So als wolle er Einwände gar nicht erst aufkommen lassen; Einwände, daß ohne den Druck von unten, dem die Regierenden Rechnung trugen, vor allem in der Währungsunion, die Zwei-plus-Vier-Verhandlungen womöglich heute noch nicht abgeschlossen wären und die große Mehrheit der Ostbürger sich so ohne weiteres nicht hätte hinhalten lassen und überhaupt zwei Ordnungen in einem Staat nicht existieren könnten.

Ob er das eingeschlagene Tempo für regelrecht falsch gehalten hat? Mit Nachdruck nun auch in der Stimme wiederholt er, daß man eben trennen müsse, außen und innen, weigert sich aber, eine Politik zu entwerfen, die auf dieser Trennung aufgebaut hätte. »Ich fand die entweder beabsichtigte oder nicht gesehene Wirkung des bloßen Beitritts im menschlichen Sinne problematisch.« Als das Wort Beitritt wieder einmal heraus ist, macht er eine kleine Pause für eine Zwischenbemerkung: »... um nicht zu sagen: Anschluß«. Was war doch Deutschlandpolitik für ihn gewesen? Daß die zwei Teile miteinander verkehrten, von gleich zu gleich. In der Logik dieses Ansatzes lag, gegen den Beitritt des einen Teils zum anderen zu sein, »gegen den pausbäckigen Beitrittswillen«. Richard von Weizsäcker nennt, verächtlich im Ton, das Beitrittsmotto: »Der eine war der Normalfall, und der andere der Fehltritt.« Nun ja, unter dem Gesichtspunkt des politischen Systems sei es richtig, aber im Bezug auf das Menschliche eben nicht. »Und darin lagen die Gründe meiner Zurückhaltung.« Vier Jahre nach dem Mauerfall würdigt er in allem Freimut Friedrich Schorlemmer, Friedenspreisträger des Deutschen Buchhandels. In seiner Laudatio vergißt der Bundespräsident nicht, die Kundgebung auf dem Alexanderplatz, 4. November 1989, ausdrücklich zu erwähnen. Es war die Kundgebung der Perestrojkisten, der Reformkommunisten, die die DDR erneuern, aber erhalten wollten; der Pfarrer gehörte, wie auch Markus Wolf und wie Gregor Gysi, zu den Rednern.

In der Logik von Weizsäckers Ansatz lag nicht nur die Abwehr des Beitritts, sondern auch die frühe Forderung nach der Hauptstadt Berlin. Als er am 29. Juni 1990 Ehrenbürger wurde und eine Rede hielt, die an Deutlichkeit nichts zu wünschen übrig ließ, war die Verwunderung groß. Er wolle wiedergutmachen, daß er das Bürgermeisteramt nach so kurzer Zeit aufgegeben hatte, so und ähnlich wurde gemutmaßt. Aber die Präsidentschaft, die 1984 winkte, plötzlich und unverhofft, bedeutete Erfüllung, und nichts war wiedergutzumachen. Nein, für die Hauptstadt Berlin zu werben gebot ihm ein eigenes Engagement. Verschiedene Wege führten nach Berlin und gewiß der, der seinen Anfang in der Idee vom östlichen Eigengewicht hatte. Wo und wann er wollte, nahm er sich das Wort, laut und vernehmlich, wie das Beispiel Berlin zeigt. Daß er es ausgerechnet in der Zeit nicht tat, in der die deutsche Einheit wurde, war der Übermacht einer Regierung zuzuschreiben, die wußte, was sie wollte, und der Tatsache, daß er selbst zwar wußte, was er nicht wollte, aber kein positives Programm hatte. Das zu bieten wäre, als eine Wegweisung, seines Amtes durchaus angemessen gewesen, aber es entsprach, im allgemeinen, nicht seiner Art und war, im besonderen, gegen eine Überzeugung, die in jener deutschlandpolitischen Tradition gründete und in seinem Begriff von deutscher Nation und deutschem Staat.

Nach der Einheit hat der Bundespräsident sich Gehör erst wieder verschafft, als er sich die Parteien vornahm und als die Asyldebatte überschwappte, die Anschläge sich häuften und vielfacher Grund bestand, die Opfer zu beklagen, die Täter zu verdammen und beide einzuordnen in die Gegenwart des vereinten Deutschland. Nur in die Gegenwart? Vor dem Einschnitt des Jahres 1989, in der Mitte seiner Amtszeit, hatte die Rede zum vierzigsten Jahrestag des Kriegsendes Zeichen gesetzt, die weit wirkten. Wenige Wochen später, im Juni 1985, wiederholte er vor dem Forum des Evangelischen Kirchentages, seinem Forum, was ihm wichtig war. Wichtig war die Aussage, daß der Tag der Kapitulation ein Tag der Befreiung gewesen sei, und wichtig war der Hinweis, daß jeder hätte wissen können, der hätte wissen wollen. Was steckt in diesem Hinweis, der auf so dankbares

Echo gestoßen ist? Daß alle, alle Deutschen jener Generation, gleich schlecht waren und niemandem herausgehobene Schuld und nicht einmal besondere Verantwortung zugemessen werden könne. Die DDR-Vergangenheit betreffend, schlug er in einer Rede, gehalten am 13. Dezember 1991, auf den Tag zwei Jahre nach seinem Wort vom »Zusammenwuchern«, den gleichen Ton an. Er bekundete Verständnis für alle. Er nahm einen Preis entgegen und sagte im Namen Heinrich Heines: »Nur dann können wir eins werden, wenn wir uns auch im Verständnis der Vergangenheit vereinigen.« Alles verstehen, heißt alles verzeihen – ob mit schlechtem Gewissen, wie im Fall der braunen, oder mit gutem Gewissen, wie im Fall der roten Diktatur.

Die These von der kollektiven Schuld hat Richard von Weizsäcker immer zurückgewiesen. Er tut es auch heute. Daß die Äußerungen der vergangenen drei Jahre gedeutet werden, als nehme er die Deutschen insgesamt in die Pflicht, findet er unverständlich. Tatsächlich ist sein Thema weder das Kollektiv noch die Kontinuität. Auch die verbrecherische Tat ist es nicht und nicht einmal die Frage, wie ihr den Boden entziehen. Sein Thema ist die Zivilcourage, das Hinsehen und das Sich-Beteiligen. Es ist sein Thema, obwohl – oder gerade weil? – er es anschaulich nie gemacht und mit Leben erfüllt hat; in den vielen Reden finden sich nur wenige Spuren, auf denen er Widerstand nachzeichnet. Was die Gegenwart anbelangt, so zitiert er Ernst Wolfgang Böckenförde. Den Satz, daß der Staat von Voraussetzungen lebe, die dieser selber nicht garantieren kann, erläutert er in seinen Worten: »Es geht um die Erkenntnis, daß die liberale Demokratie nicht davon lebt, daß wir uns immer weiter privatisieren. Es geht um die gegenseitige Erziehung zur Kontrolle und Wachsamkeit.« Den Lichterketten habe er eben deshalb eine große und schöne Bedeutung beigemessen –»im Gegensatz zu allen möglichen anderen Leuten«. Rechtsradikalismus, den es gebe, und das Umfeld, das es auch gebe, müßten Abwehr gebieten. Die Toleranz dürfe nicht so weit getrieben werden, daß sich die Täter eingeladen fühlten. Er hebt ab auf die Abwehrkraft der liberalen Demokratie, von der er meint, sie gründe in der Zivilcourage des einzelnen.

Fiele es nicht leichter, Anschläge zu isolieren und zu ahnden, wenn zugleich dem Willen einer großen Mehrheit nach geordneter Ausländerpolitik entsprochen würde? Warum treiben die Dinge so lange? Und treiben noch immer? Er macht nicht den Eindruck mißzuverstehen, aber einlassen will er sich auf diese und andere naheliegende Fragen nicht. Überhaupt zieht er es vor, über Minderheiten statt Mehrheiten zu sprechen. Sein Blickwinkel ist der des Fremden und zugleich des Einheimischen, der hinsehen soll. Er empört sich, daß immer noch kein Einwanderungsgesetz gemacht werde, und findet, die Deutschen müßten sich umgewöhnen; ihr Land sei nun mal eines der Einwanderung.

Hängt beides zusammen, die Gewichtung von Minderheiten und die Vernachlässigung staatlicher Autorität? Darauf nimmt er weder im Zusammenhang des Ausländerthemas Bezug noch sonst; der Adressaten waren viele, an die er sich im Laufe der vergangenen Dekade gewandt hat, aber Träger staatlicher Gewalt waren nur selten darunter. »Wir alle sind der Staat.«

Den Satz hat er in immer neuen Variationen wiederholt, zehn Jahre lang. An deren Ende betont er noch einmal, daß der Staat keine Dienstleistungsmaschine sei und vor allem keine übergeordnete Instanz darstelle, kein »Über-Ich«. Heute freut er sich, daß über das Gemeinwohl neu nachgedacht werde.

Gibt es, jedenfalls seit der Einheit, eine deutsche Staatsräson? Nein, das wisse er nicht, und er wolle lieber über die Nation reden. Die Nation, »die nicht durch Geographie, Sprache, Rasse und nicht einmal durch Interesse bestimmt sei, sondern durch das Bewußtsein der Vergangenheit und den Willen zur Gegenwart«. Aber der wird doch auch durch Interesse geprägt? Richard von Weizsäcker bejaht: »Diese Interessen nicht beim Namen zu nennen verringert Einsicht und Vertrauen zu sich selbst und steigert das Mißtrauen ringsum.« Aber – dieses »Aber« betont er – die Interessen der deutschen Nation seien Teil von über die Nation hinausgehenden Interessen. »Das gilt für die Deutschen stärker als für alle anderen Europäer.« Auf die Politische Union hinzuwirken, gebiete das nationale Interesse. Daß der Vertrag von Maastricht die »Erlösung aus der Mittellage« bedeute, würde er heute nicht mehr sagen. Schließlich seien wir nicht verdammt, bis es soweit ist. Aber daß er die Nation aufgehoben sehen möchte, ohne daß diese zu sich selbst gefunden hat, liegt in seinem Begriff von Vergangenheit und Gegenwart beschlossen.

Einen Tag der Befreiung hatte Richard von Weizsäcker den 8. Mai 1945 genannt. Die Wirkung ist groß bis auf den heutigen Tag, aber nicht befreiend, eher niederdrückend. Der Satz, eingebettet wie er war, hatte nichts von der Demut, aus der Stolz erwächst, aber

manches von jener selbstgerechten und selbstgefäl-
ligen Zerknirschtheit, die die Zeit, seine Zeit, ausgemacht hat. Diese Zeit überdauerte das Ereignis der
deutschen Einheit, weil das Bewußtsein immer in Ver-
zug ist. Dauert die Zeit fort, wenn ihr Repräsentant
abtritt? Nein, sie dauert schon lange nicht mehr. Eine
neue Ära wartet auf neue Begriffe und neue Repräsentanten.

Endspiel um ein Erbe

Berthold Beitz ist ein ehrenwerter Mann und ein mächtiger dazu. Jedenfalls versteht er es, den entsprechenden Eindruck zu wecken. Sein Charme ist sprichwörtlich. Die Leute glauben, was sie glauben sollen. In der Kunst der Selbstdarstellung bleibt er auch jenseits der achtzig meisterhaft. Selbstdarstellung? Wo das eigene Selbst aufhört und das geliehene anfängt, läßt er bewußt offen. Er möchte, daß der Name Beitz und der Name Krupp ineinanderfließen. Er ist Testamentsvollstrecker des letzten Firmeninhabers, Ehrenvorsitzender des Aufsichtsrats und Vorsitzender des Kuratoriums der »Alfried-Krupp-von-Bohlen-und-Halbach – Stiftung«. In dieser Eigenschaft residiert er im alten Kruppschen Gästehaus, einen Steinwurf von der Villa Hügel entfernt. Die Fahne mit den drei Ringen zeigt an, daß der Herr anwesend ist. Er thront unter einem riesigen Bild jenes Alfried Krupp, dessen anderes Ich er zu sein vorgibt. Wie alle Männer, die Anleihen machen, um zu wirken, begegnet er jeder Unziemlichkeit mit dem rhetorischen Fallbeil und einem Blick, der kalt ist und selbstherrlich. Von Charme keine Spur. Für Berthold Beitz ziemt sich nichts, was die Erbfolge in Frage stellen und die Aura verdunkeln könnte. »Wir sagen nun gar nichts«, befindet er und verfällt in den *pluralis majestatis.*

Berthold Beitz war 1953 in die Essener Dienste getreten – als Generalbevollmächtigter der Firma und
Vertrauter von deren Besitzer. Alfried Krupp und
Berthold Beitz – es schien, als habe man sich gesucht
und gefunden. Der eine war so in sich gekehrt, ent-
scheidungsschwach und konfliktscheu, wie der andere aus sich herauszugehen pflegte. Das Ego des
Berthold Beitz brauchte die ständige Entfaltung. Im
Zeichen der drei Ringe errichtete er die passende
Bühne. Die Bühne, von der aus das Netz geknüpft
wurde. Beitz stieg zu einer gesellschaftlichen Größe
auf – unbeschadet von unternehmerischem Erfolg
oder Mißerfolg. Den Geldadel, der der Bundesrepublik sein Gepräge gab, verkörperte er wie wenige
sonst. Aus der deutschen Nachkriegsgeschichte ist er
nicht wegzudenken. Was nicht nur für deren westlichen Teil gilt. Seine Briefe an den östlichen Machthaber sind ein Muster der Anbiederei. Er muß sich
wohl gefühlt haben, wenn Honecker Hof hielt. Gewisse Repräsentanten des Kapitals haben es zu schät-
zen gewußt, wenn Ordnung herrschte und die Plebs
fern war. Zu ihnen gehörte Beitz. Den Ehrendoktor-
hut der Universität Greifswald hatte er, ausweislich
einer SED-Unterlage, lange erbeten. Zur feierlichen
Verleihung, September 1983, reiste er in Begleitung
von Ehefrau, drei Töchtern und einem Schwiegersohn.
Das Regime schuf den Rahmen, der gefiel. Apropos
Titel: Den des Professors verlieh ihm, für welche
Dienste auch immer, der nordrhein-westfälische Ministerpräsident.

Die Identifikation mit dem Hause Krupp hatte Beitz
zu rascher Blüte getrieben. Den wechselnden Firmen-
geschicken hielt sie stand. Die Chefs kamen und gin-

gen. Beitz blieb, in welcher Rolle auch immer. Als der Hausherr starb, 1967, lag das Testament vor, das paßte. Die Alfried-Krupp-von-Bohlen-und-Halbach-Stiftung wurde Hauptgesellschafterin des Unternehmens; sie sollte dessen Einheit wahren und mit den »anfallenden Erträgnissen« philanthropischen Zwekken dienen. Diese Stiftung formte Beitz nach seinen Wünschen. Sie wurde Wachs in seinen Händen. Sie brachte den Freunden Nutzen und der Kruppschen Familie Schaden. Denn der – vertreten durch normale Neffen und normale Nichten des alten Alfried – verweigerte Beitz nicht nur den Eintritt in die Stiftung, sondern auch den Einblick in deren Gebaren. Daß alles richtig zugehe, auch zahlenmäßig richtig und im Sinne der guten, der sozialen Tradition des Hauses, bezweifeln sie. Die Ahnung, im Kuratorium würden persönlich-politische Zwecke genährt, reicht weit. Jahrelang hat das Unternehmen keinen Pfennig abgeworfen, seitens der Stiftung aber wurde, so der bestimmte Eindruck, Aufwand getrieben und Geld ausgegeben. Aus der Substanz? Mit Darlehen? Oder wie?

Das Kuratorium, das nach Belieben sieben oder neun Mitglieder umfaßt und diese selbst beruft, gleicht einer Alt-Herren-Gemeinschaft, verschworen und verschwiegen. Es spricht immer nur einer – Beitz (81). Der erlaubt es sich allerdings, den Kurator Paul Mikat (70) hinzuzuziehen, wenn gewisse Ansprüche untermauert werden sollen. Während der eine kurz und knapp auf einen testamentarischen Strich verweist, mit dem Alfried die familiäre Vertretung erledigt habe, weiß Mikat in spitzem Ton hinzuzufügen, daß dieser Strich grün gewesen sei. Der nordrhein-westfälische Christdemokrat sitzt auf einer der vielen Beraterpfründen der WestLB, die dem Unternehmen Krupp auch sonst zu Diensten sein soll. Überhaupt nährt sich der föderale Filz von nichts so gut wie von einer öffentlich-rechtlichen Bank, die gewisse Verbindungen zu pflegen weiß. Im Kuratorium fällt Kersten von Schenk altersmäßig aus dem Rahmen; er beerbte seinen Vater Dedo, der ebenfalls Testamentsvollstrecker war, und ist dadurch in Stiftungssitten und -gebräuche eingebunden. Ferner sind vertreten Hans Leussink (83), Reimar Lüst (72), Karl Otto Pöhl (65) und Johannes Rau (64). Der bringt es fertig, Akteur und Kontrolleur in einer Person zu sein. Die Aufsicht über die gemeinnützige Krupp-Stiftung obliegt dem Regierungspräsidenten in Düsseldorf, der wiederum dem Ministerpräsidenten untersteht. Böse Zungen behaupten, Berthold Beitz habe die präsidiale Anzeigenkampagne für Rau mit Kruppschen Stiftungsgeldern bezahlt.

Die Familie hat sich lange Jahre hindurch, seit 1983, um gütliche Einigung bemüht. Dabei war Beitz nicht immer so strikt gewesen, wie es der stereotype Hinweis auf den grünen Strich vermuten läßt. Einst hatte er Alfrieds Bruder Berthold einen Kuratoriumssitz angeboten und sich einen Korb geholt. Das Angebot galt nur *ad personam* und kam nicht von ungefähr; Berthold galt als schwach und steuerbar. Später beschied er den Neffen Friedrich (32), daß die Familie »nie wieder« in der Stiftung vertreten sein solle. Friedrich, ein promovierter Biochemiker und Betriebswirt, verfügt über ein unaufdringliches Selbstbewußtsein und ist der intellektuelle Kopf und die treibende Kraft der Familie. Seinem Onkel Alfried ist er äußerlich wie aus dem Gesicht geschnitten. Aber in Wesen und Auftreten widersprechen er wie auch Cousine Diana und Cousin Eckbert dem Vorurteil, daß alte Familien dem Untergang geweiht seien. Die Dekadenz kennt keine Regeln. Friedrich und Eckbert haben sich unterdessen je eine Aktie gekauft, um an der Krupp-Hauptversammlung teilnehmen zu können. Den familiären Wunsch, einmal selbst dem Kuratorium Rede und Antwort zu stehen, lehnte Beitz mehrfach ab, zuletzt unter dem Datum des 4. Oktober 1990; er sehe »keine Veranlassung«. Seither geht nichts mehr. Die einen, der Tradition verpflichtet und dem Kompromiß zugeneigt, pochen auf ihr Recht. Der andere denkt nicht daran, seine und seiner Gefolgschaft Kreise stören oder gar sein Monopol auf das Kruppsche Erbe einschränken zu lassen.

Es schlug die Stunde der Juristen. Doch wenn sich Industrie-, Familien- und deutsche Geschichte miteinander verweben und übergehen in einen Kampf um Macht und Geld, tut sich die Rechtsprechung schwer. Und wenn sie sich nicht selbst schwer tut, wird es ihr schwer gemacht. Dem familiären Versuch, per Gericht zu erlangen, was im Gespräch nicht zu erlangen war, hat die nordrhein-westfälische Justiz erst einmal einen Riegel vorgeschoben. Die Klage wurde am 3. März 1992 beim Landgericht Essen eingereicht. Nach dem Willen der Familie soll sich die Stiftung verpflichten müssen, die Mehrheit der Kuratoriumsmitglieder künftig auf Vorschlag der Familie zu berufen. In der Begründung wird weit ausgeholt, so weit, wie der Name trägt, und viel weiter, als es das Begehren nahelegt. Helmut Coing, Deutschlands berühmtester Erbrechtler, hatte schon 1968, kaum daß die Stiftung errichtet war, aus der Geschichte und den ihr zugehörigen Testamenten, Verträgen und Erlassen abgeleitet, daß das Firmenvermögen nicht habe einer Stiftung übertragen werden dürfen, die die Familie ausschließt. Der testamentarische Strich, ob grün oder nicht und von wem auch immer gezogen, wenn überhaupt, tut in der familiären Rechtsauffassung nichts zur Sache. Kein Krupp sei frei, von vorn anzufangen. Alfried habe es auch nicht sein wollen.

Der erste urkundlich erwähnte Krupp erschien in Essen im Jahre 1587. Sein Handel mit Dingen des täglichen Bedarfs florierte ebenso wie der mit Waffen. Doch die Firma trat erst 1787 ins Leben. Ihr Gründer, Friedrich Krupp, entdeckte das Geheimnis des Stahlgusses. Die Vermarktung kam ihn teuer zu stehen, doch schon Sohn Alfred hatte den Nutzen. Sein Stahl war der feinste, den es gab, gebräuchlich für Zwecke des Friedens wie des Krieges und gewinnbringend. Den sprichwörtlichen Kruppstahl aber fertigte erst der Enkel des Firmengründers, Friedrich Alfred, der in der Gunst des Kaisers weit oben stand. Was diese Gunst wert war, erwies sich, als 1902 Fritzens Tod das wilhelminische Deutschland aufschreckte. Im »Vorwärts« war dessen Homosexualität erwähnt worden (»Krupp in Capri«) – sehr zum Entsetzen des alten Bebel, der derlei Intimitäten auch dann nicht enthüllt wissen wollte, wenn sie zu Lasten des Klassenfeindes gingen. Wenige Tage nach der Publikation starb Krupp, mutmaßlich durch Selbstmord. Er hatte die Firma in ungeahnte Gewinnzonen geführt, auch die väterliche Fürsorge für die Arbeiter weitergeführt und – ein Doppelleben geführt. Die Ehre der Krupps rettete der Kaiser, indem er dem Toten das letzte Geleit gab und einen Mann für Bertha, die älteste

Tochter, ausgucken half. Die Wahl fiel auf Gustav von Bohlen und Halbach. Dank kaiserlicher Sondererlaubnis durfte der sich fortan »Krupp von Bohlen und Halbach« nennen. Bertha und Gustav bekamen acht Kinder, das älteste, Alfried, nannte den Kaiser seinen Patenonkel.

Die Geschichte, die nun die Gerichte aufschlagen müßten, beginnt mit dem Testament Alfred Krupps, gefertigt 1882. Er berief seinen Sohn zum Alleinerben – gemäß dem Fideikommiß des preußischen Landrechts – und setzte die zwei Nacherben ein. - Alfried, der Urenkel und zweite Nacherbe, würde, so keine andere Regelung in Kraft träte, über das gesamte Firmenvermögen frei verfügen können. Um ihrer aller Streben Genüge zu tun und Vermögen und Unternehmen dauerhaft zusammen- und in der Familie zu halten, setzten Bertha und Gustav von Bohlen und Halbach 1943 einen »Führererlaß« durch. Der Inhalt dieser »Lex Krupp«: Die Inhaberin des Firmenvermögens wurde ermächtigt, ein Familienunternehmen zu errichten. Sie tat, wie ihr geheißen, und machte ihren und Gustavs ältesten Sohn Alfried zu dessen Inhaber. Fortan würde jeweils ein Familienmitglied, wenn möglich das älteste, die Firmengeschicke steuern und die Aufsicht einem Familienrat obliegen.

Der Erlaß hatte keine zwei Jahre gegolten, als die Alliierten das Vermögen beschlagnahmten. Alfried Krupp wurde anstelle seines schwerkranken Vaters in amerikanische Haft genommen und vors Nürnberger Kriegsverbrechertribunal geschafft. Das Urteil lautete auf zwölf Jahre Landsberg und Entzug des Vermögens. Als Krupp 1951 begnadigt wurde, bewegte sich die Firma am Rande des Ruins. Zerstörung im Krieg und Demontage im Frieden hatten nur wenig übrig gelassen. Das Wenige wurde an Alfried Krupp rückübertragen – als »dessen alleiniges und ausschließliches Eigentum« – und sollte binnen fünf Jahren entflochten sein; die »Lex Krupp« von 1943 verfiel als »unanwendbar«. So sah es der Vertrag vor, den die drei Westmächte 1953 mit Alfried Krupp schlossen. Der unterschrieb und dachte nicht an Erfüllung. Als er im März 1953 erstmals wieder sein Unternehmen betrat, baute er auf den Wandel der Zeiten und – auf Berthold Beitz.

Die Alliierten hatten gesprochen und darüber Alfrieds Stellung erheblich gestärkt. Anders als gedacht verfügte er über das Firmenvermögen jetzt allein. Allerdings war in dem 53er Vertrag das privatrechtliche Verhältnis zur Familie offengelassen worden und mußte neu bestimmt werden – vorausgesetzt, die Alliierten hatten tatsächlich Recht gesetzt und das Familienunternehmen war mit der Lex Krupp nichtig geworden. Gegen die alliierte Entscheidung legten Alfried und seine Mutter Bertha Rechtsverwahrung ein und unterrichteten die Bundesregierung. Doch weder die Alliierten noch die ab 1955 zuständige Regierung dachten daran, sich der Sache anzunehmen. Davon ausgehend, daß gültig bleibe, was angeordnet war, und daß das Privatrecht mit neuem Leben erfüllt werden müsse, verzichtete Bertha Krupp in aller Form und noch im Jahre 1953 auf ihre Rechte am Unternehmensvermögen. Zugleich schloß sie einen Erbvertrag mit ihrem Sohn Alfried.

Nur drei Jahre später wurde, in einem Zusatzvertrag, Berthas Vermögensverzicht bekräftigt, aber die familiäre Erbregelung aufgehoben. Gleichwohl gab Mutter Bertha noch einmal der Erwartung Ausdruck, daß die Erbfolge im traditionellen Sinne geregelt werde. Das hieß, das Unternehmen zusammen- und in der Familie halten. Warum dann die formelle Aufhebung des Erbvertrags? Wissen kann es nur noch der Notar Schürmann. Der aber schweigt eisern und ist für niemanden zu sprechen. Zu jenem Zeitpunkt, 1956, hatte der Aufschwung auch das Haus Krupp erfaßt, war Bertha nicht mehr im Vollbesitz aller Kräfte – sie starb wenige Monate später – und Beitz schon drei Jahre am Werk. Daß Bertha subjektiv auf Treu und Glauben setzte, scheint offenkundig.

Wie Alfried seine Verfügungsgewalt ausübte und ob überhaupt, oblag ihm allein. Oblag ihm auch, eine gemeinnützige Stiftung als Erbin einzusetzen? Ja, aber nur unter Einbeziehung der Familie. Diese Sicht der Dinge lag der Klageschrift zugrunde, die fertigzustellen es Zeit geworden war. Alle Ansprüche erlöschen 1997, dreißig Jahre nach Alfreds Tod. Zuzuwarten hatte die Hoffnung auf Einsicht und Einvernehmen geboten und – der Fall Arndt. Dem einzigen Sohn des letzten Inhabers waren alle möglichen Neigungen eigen, nur nicht die, die zur Nachfolge nötig gewesen wären; die Stiftungsidee hatte auch deshalb nahegelegen. 1966/67, in jener scheinbar herrenlosen Zeit zwischen Erstellung des Testaments und Tod, rang Beitz ihm auch den Erbverzicht ab – für eine jährliche Apanage von zwei Millionen Mark, die dann doch nicht reichte. Arndt von Bohlen und Halbach starb 1986, und damit konnte es Verwicklungen nicht mehr geben. Bis zum Entschluß, die Klage zu erheben, und bis zur Neufassung des Coingschen Gutachtens verging noch einmal ein halbes Jahrzehnt. Der Klage zugefügt waren nicht nur alle historischen und gutachtlichen Dokumente. Es lag auch der Antrag bei, den Streitwert auf zwei Millionen Mark festzusetzen. Es ist die Höchstgrenze für nicht-vermögensrechtliche Streitigkeiten. In der Begründung wird hervorgehoben, daß das Begehren nicht in den persönlichen Beziehungen zwischen Familie und Unternehmen gründe. Beansprucht würden weder Geld noch Geldwert, sondern die Vertretung in der gemeinnützigen Alfried-Krupp-von-Bohlen-und-Halbach-Stiftung.

Die widersprach, sofort und entschieden. Der Streitwert, so der Befund, bemesse sich am Wert des Stiftungsvermögens, also des Unternehmens und jedenfalls am Wert des Anteils, den die Stiftung am Unternehmen hat. Zum Zeitpunkt der Klage, 1992, belief sich jener Anteil auf 74,99 Prozent; die restlichen 25,01 Prozent hielt seit Mitte der siebziger Jahre der Staat Iran. Daraus leiteten Beitz und Mitstreiter ab, daß das Kuratorium über die Ausübung der Stimmrechte in der Hauptversammlung, damit über den Aufsichtsrat und den Vorstand, entscheide. Die Klage ziele »auf die Beherrschung der Friedrich Krupp AG durch die Familie von Bohlen & Halbach« und sei deshalb vermögensrechtlicher Natur.

Dieser Kunstgriff saß – erst beim Landgericht Essen, dann auch beim Oberlandesgericht Hamm. Die besten Argumente fruchteten nicht, auch nicht die Hinweise, daß die Stiftung staatlich genehmigt sei und nur staatlich aufgelöst werden könne, das Stiftungsvermögen unter keinen Umständen an die Familie falle, auch etwaige Aktienerlöse in die Stiftung zurückflössen. Die Richter ließen nicht einmal den nächstliegenden Gedanken aufkommen. Wenn nämlich das Kuratorium der Stiftung die unternehmenspolitische Macht hätte, die diese in ihren Einlassungen unterstellt, dürfte es kaum zusammengesetzt sein, wie es zusammengesetzt ist, und müßte jenes Mindestmaß an Transparenz gewährleistet sein, das bis dato nicht gewährleistet ist. Die aber hatten die Richter in Essen und in Hamm ohnehin nicht im Sinn. Die Angaben über die verwendeten Unternehmenserträge – nur solche stehen der Stiftung zu – nahmen sie hin, ohne ihnen auf den Grund zu gehen und Widersprüche zu bemerken.

Im Zuge des Streitwertverfahrens hatte die Stiftung immerhin die Vermögensverhältnisse offengelegt. Danach war ihr Unternehmensanteil 1992, im Zuge einer Kapitalerhöhung, auf 68,18 Prozent gesunken und dann, in Folge der Einvernahme von Hoesch, noch einmal heruntergegangen, auf nun 54 Prozent. Gelegentlich jener Fusion hatte der Wert des Unternehmens Krupp, so die Angabe dem Gericht gegenüber, 7,73 Milliarden Mark betragen. Womit sich der 54prozentige Stiftungsanteil auf 4,18 Milliarden Mark belief. Das Gericht ließ Milde walten und setzte den Streitwert auf ein Viertel – eine Milliarde – fest. Die Voraussetzung, daß ein vermögensrechtliches Verfahren angestrengt werde, sahen die Richter als gegeben an. Unter dem Datum des 14. Juni 1993 wies das OLG Hamm die Beschwerde gegen die Streitwertfestsetzung zurück. Was bedeutete, daß die Kläger ein Prozeßrisiko von 35 Millionen in der ersten Instanz und 180 Millionen in allen drei Instanzen zu tragen hätten. Nur die Kläger?

Die Stiftung schließt aus, daß die Familie ihr Recht

noch verfolgt, nachdem dieser Streitwert festgesetzt worden ist. Warum sie sich so sicher ist, bleibt ihr Geheimnis. Wenn die Familie das Geld zusammenbekäme und den Prozeß um die Kuratoriumsvertretung anstrengen würde, trüge die gemeinnützige Stiftung das Risiko in gleicher Höhe. Beitz, der sich sonst nichts entlocken läßt, sagt in aller Erhabenheit: »Wir haben gewonnen« und guckt einigermaßen verblüfft, wenn ihm geantwortet wird, daß bisher noch gar nichts habe gewonnen werden können und lediglich ein Streitwert festgesetzt sei.

Immerhin, der ist hoch, auch für die Familie von Bohlen und Halbach. Er ist so hoch, daß sich der Eindruck festgesetzt hat, gewissen Bürgern werde es unmöglich gemacht, Recht zu suchen – mittels Geld. Armenrecht können die von Bohlens kaum beantragen, bei dem Namen und dem Streitwert. So tat die Familie, was zu tun geboten war. Sie legte Verfassungsbeschwerde ein, und Rupert Scholz fertigte ein Gutachten an. Im Begleitschreiben heißt es, daß der Familie, der früheren Inhaberin der Firma Friedrich Krupp, in diesem allgemein und historisch einzigartigen Verfahren faktisch der Weg zum Gericht versperrt werde. Der Professor wies nach, daß mehrere Grundgesetzartikel verletzt würden, und verlangte, die Gerichtsentscheidungen von Essen und Hamm aufzuheben. Das taten die Verfassungsrichter zwar nicht, aber sie wiesen die Beschwerde auch nicht zurück. Vielmehr sollte die Familie im fachgerichtlichen Instanzenweg die behauptete Verletzung ihres Justizgewährungsanspruchs beanstanden.

Diese Entscheidung wurde am 13. September 1993 mitgeteilt. Die entsprechende Eingabe machte die Familie sofort, aber umsonst. Die Richter zu Hamm blieben bei ihrem Standpunkt und wiederholten in schöner Regelmäßigkeit, daß die Familie wirtschaftliche Interessen verfolge. Unter dem Datum des 20. Juli 1994 beschied das Gericht die Familie vorläufig zum letzten Mal und setzte noch einen drauf: Auch wenn sich bewahrheite, daß die Mitglieder der Familie wirtschaftlich nicht in der Lage seien, das Prozeßrisiko zu tragen, müßte der Streitwert dennoch nicht herabgesetzt werden. Es könne sich ja herausstellen, so die Warnung, daß die Klage »aussichtslos« sei und »mit fehlender Schlüssigkeit« behaftet. Die Bitte, angesichts der Einzigartigkeit des Falles eine mündliche Verhandlung anzusetzen und die strittigen Fragen im Gespräch klären zu helfen, übergingen die Richter mit Stillschweigen.

Das Ende der Fahnenstange? Und Berthold Beitz am Ziel seiner Wünsche? Wenn man wüßte, worauf diese Wünsche zielen. Die Befriedigung des Strebens, als der letzte Krupp in die Geschichte einzugehen, darf es allein nicht sein. Darf es deshalb nicht sein, weil er, aller Hörigkeit zum Trotz, die ihm entgegengebracht wird, nicht allein auf der Welt ist und namens einer gemeinnützigen Stiftung spricht und handelt. Die staatliche Aufsichtsbehörde, die Bezirksregierung zu Düsseldorf, bestätigt auf Anfrage, »daß die Öffentlichkeit an der Arbeitsweise gemeinnütziger Stiftungen Interesse zeigen darf« und empfiehlt, sich unmittelbar mit der Krupp-Stiftung in Verbindung zu setzen. Deren Kuratoren aber lassen sich verleugnen, und deren erster Mann verweigert Auskünfte sowohl zum Begehren der Familie als auch zu Arbeitsweise und Finanzgebaren der Stiftung und tut, als seien Fragen ein Anschlag auf seine Ehre. Berthold Beitz ist ein ehrenwerter Mann.

Die Klage der Familie, widerwillig eingereicht und als letztes Mittel eingesetzt, zielt auf die Mehrheit der Kuratoriumssitze. Die Forderung liegt in der Logik einer solchen Klage. Tatsächlich würde man sich auch mit weniger als der Mehrheit zufrieden geben und ist so kompromißbereit wie eh und je. In der Stiftungssatzung hatte es einst geheißen, daß ein Kurator mit 75 ausscheidet. Die ließ Beitz beizeiten ändern. Er wird herrschen bis ans Ende seiner Tage, mit erprobten Mitteln und einer hochmögenden Gefolgschaft, und sich zu schützen wissen vor Quertreibern aller Art. Und dann?

Anmerkungen und Nachweise

Ein Mann der Tat: Ernst Reuter von Berlin
In: FAZ-Magazin Heft 491 vom 28. Juli 1989
Aus Anlaß von Reuters 100. Geburtstag am 29. Juli, inmitten der umstürzenden Ereignisse des Sommers '89, galt es, an Lage und Bedeutung Berlins zu erinnern und zugleich das doppelte Erbe des Widerstands, auch der Emigration lebendig werden zu lassen. Die Selbstgewißheit, mit der Reuter Berlin vor dem sowjetischen Zugriff retten half, kam nicht von ungefähr. Ein freiheitlicher Antinazi wehrte sich gegen die Kommunisten mit dem gleichen Recht, mit dem er die Nazis bekämpft hatte.

Die Linke und die Einheit. Unwägbarkeiten der deutschen Geschichte
In: FAZ vom 21. November 1989
Die SPD hatte für den Dezember einen Programmparteitag einberufen, der in Bremen stattfinden sollte. Nach dem Mauerfall verlegte sie ihn nach Berlin, ohne in der Sache umzudenken. Die Abwehr gegen die Einheit, die sich von unten zu bilden begann, blieb vorherrschend. Ohne jeden Vorbehalt redeten ihr, seitens der SPD, nur Klaus von Dohnanyi und Willy Brandt das Wort. Zufall? Beide waren in der Tradition des Widerstands verwurzelt und trugen das Bild des einen und freien Deutschland in sich.

Die Einheit zerfällt, der Traum zerrinnt
In: FAZ-Magazin Heft 510 vom 8. Dezember 1989
An jenem 8. Dezember, nur einen Monat nach dem Mauerfall, begann der Sonderparteitag, der über das weitere Schicksal der Staatspartei der DDR entscheiden sollte; sie ging in die PDS über. Welch ein Anlaß, in die Entstehungsgeschichte hineinzuleuchten! Fixiert auf den Status quo, unterließ es die Sozialdemokratische Partei, den Zwangscharakter der SED zu unterstreichen und der eigenen Opfer zu gedenken. Damit begab sie sich der Möglichkeit, die SED zu spalten und selbst im Osten Wurzeln zu schlagen.

Was bleibt von der DDR? Wer totgesagt wird, kann lange leben
In: FAZ-Magazin Heft 529 vom 20. April 1990
Im Winter 89/90 fuhr der Zug zur Einheit zwar schon, aber die Kräfte, die ihn auf- oder gar anzuhalten suchten, machten sich bemerkbar. Das Erbe der DDR wurde verklärt und als bewahrenswert hingestellt. Woher diese Neigung?

Darf die Hoffnung aufgegeben werden? Ist damit das letzte Wort gesprochen? Flamme des Widerstands: General de Gaulle in London
In: FAZ-Magazin Heft 537 vom 15. Juni 1990
Unter den westlichen Siegermächten tat sich Frankreich am schwersten, die deutsche Einigung hinzunehmen. Die 50. Wiederkehr des Tages, an dem Charles de Gaulle das freie Frankreich dem der Kapitulation und Kollaboration entgegensetzte, war der schöne Anlaß, den gemischten Gefühlen des Nachbarn auf den Grund zu gehen.

Der Künstler als Kommunist: Valentin Falin
In: FAZ-Magazin Heft 539 vom 29. Juni 1990
Im Mai 1990 hatten die Zwei-plus-Vier-Verhandlungen begonnen; auf diesem Weg sollte der äußere Status eines vereinten Deutschland bestimmt werden. Das Ja der Sowjetunion zu einer Nato-Mitgliedschaft schien in weiter Ferne zu liegen. Falin, in der KPdSU verantwortlich für Äußeres und von den Deutschen gemocht, war strikt dagegen. Wie weit würde sein Einfluß auf Gorbatschow reichen? Das Porträt gründete in zwei aufeinanderfolgenden Gesprächen, die, Mai 1990, in seinem Parteibüro in Moskau geführt wurden.

Diplomat für die Freiheit: Vernon A. Walters
In: FAZ-Magazin Heft 553 vom 5. Oktober 1990
Auch wenn Außenminister Baker ihn aus den Verhandlungen heraushielt, Botschafter Walters verkörperte jene amerikanische Unbefangenheit gegenüber Deutschland, die für die rasche Verwirklichung der Einheit wesentlich war. Das Porträt ist aus einem längeren Gespräch heraus entstanden.

Flucht ins Geld: Die Bundesrepublik ein Jahr nach der Einheit
In: FAZ-Magazin Heft 605 vom 4. Oktober 1991
Im ersten Nach-Einheitsjahr überwog, jedenfalls was die öffentliche Meinung anging, die Abwehr gegen das Ereignis. Es als selbstverständlich nehmen und die Tragweite ermessen zu wollen, kam wenigen in den Sinn. Ursachenforschung schien angezeigt.

Julius Leber. Der Volkstribun als Verschwörer, der Tatmensch als Opfer
In: FAZ-Magazin Heft 611 vom 15. November 1991
Die anläßlich des 100. Geburtstages geschriebene Hommage hatte ein doppeltes Motiv – die weit zurückreichende eigene Beschäftigung mit Leber und die ungebrochene Verehrung, die Willy Brandt für den Lübecker Vormann empfand. Leber verkörperte jene demokratische und nationale Selbstgewißheit, die wachzurufen in jener Nach-Einheitszeit Pflicht und Freude zugleich war.

Was tun, wenn das Altbekannte nicht mehr gilt? Das Unbehagen über Präsident Mitterrands Politik der Ungleichzeitigkeit
In: FAZ vom 1. Februar 1992
Auch nach Abschluß des Vertrags von Maastricht blieb ungewiß, wie die europäische Einigung vorangehen und ob deutscher Wille allein tragen würde. Es hing viel von Frankreich ab. Wie würde es die Einheit seines Nachbarn verarbeiten und welche Schlüsse daraus ziehen? Der Präsident gewährte ein Gespräch in seinem Amtssitz.

Die Hoffnung im Herzen, das Machbare im Blick: Der deutsche Weg
In: FAZ-Magazin Heft 628 vom 13. März 1992
Bestrebungen, das DDR-Erbe juristisch in den Griff zu kriegen, waren scheinheilig von Anfang an. Es fehlte der politische Wille, einen klaren Schnitt zu machen, und der historische Grund wurde beliebig umgepflügt. Diesen nachzuzeichnen schien umso wichtiger, als die höheren Weihen, die weite Teile der SPD, auch der Evangelischen Kirche seit den 80er Jahren der DDR gaben, die

deutschland- und ostpolitischen Linien zu verschütten drohten. Mauerfall und Einheit sind nicht vom Himmel gefallen und haben eine lange Vorgeschichte.

Des Guten genug. Deutschland im Glanze seiner Lichterketten.
In: FAZ vom 28. Januar 1993
Mit den Lichterketten wurde ein Stück gespielt, das von kollektiver Schuld handelte. Schuld an Ausschreitung und Mord trügen, so die Unterstellung, »die« Deutschen. »Die« Deutschen waren aber immer die anderen. Von denen distanzierte man sich mit Hilfe eines Lichts. Vergehen und Verbrechen wurden instrumentalisiert – zwecks Nachweises, daß die vereinten Deutschen zum Unheil geboren seien.

17. Juni. Wie sich vor vierzig Jahren die deutsche Frage stellte – und wer die Antwort gab
In: FAZ-Magazin Heft 693 vom 11. Juni 1993
Seit 1989 heißt es, die Deutschen (Ost) hätten sich nun befreit. Als ob sie es nicht auch früher schon gern getan hätten. Daß die sowjetischen Besatzer jede freiheitliche und nationale Regung im Blut erstickten, war die Erfahrung des 17. Juni, die sich eingeprägt hatte. An den Arbeiteraufstand erinnern, heißt auch, das Wesen der deutschen Teilung erkennen. Es lag in der sowjetischen Besatzung beschlossen. Erst als sie sich lockerte und schließlich wich, wurde möglich, was 1989 und 1990 geschah.

Deutschland: Vier Jahre danach. Eine Rede in Princeton
In: FAZ-Magazin Heft 714 vom 5. November 1993
Deutsche Fassung eines englischen Vortrags, der auf Einladung der Woodrow Wilson School der Universität

Princeton gehalten wurde. Das Thema – Deutschland im 21. Jahrhundert – zwang zu einer Standortbestimmung. Vier Jahre nach dem Mauerfall und drei Jahre nach Vollzug der Einheit war die Stimmung immer noch nicht gut und deutlich schlechter als die Lage. An ihr mußte sich der Ausblick orientieren.

Suchen, wo die Mitte ist: Den Parteien fehlen die Konturen
In: FAZ-Magazin Heft 740 vom 6. Mai 1994
Im Wahljahr '94 war Unverbindlichkeit Trumpf und »die« Mitte das Maß der Dinge. Die Bundespräsidentenwahl setzte Zeichen: Heitmann war gescheitert, Reich blieb angesehen, aber nicht wählbar, Herzog und Rau glichen einander in Ausdruck und Aussage. Im Innern Deutschlands verwischten sich die Konturen und die Verantwortlichkeiten. Eine Momentaufnahme, die lange Entwicklungslinien sichtbar werden ließ.

»Es war alles nicht einfach«. Gorbatschow und die deutsche Einheit: Schrittmacher der Geschichte, Held des Untergangs
In: FAZ-Magazin Heft 746 vom 17. Juni 1994
Für die Fernseh-Dokumentation »Im Sog der Einheit«, gesendet am fünften Jahrestag des Mauerfalls, wurde auch Gorbatschow interviewt. Der Text ist die Wiedergabe des Gesprächs, das in der nach ihm benannten Stiftung in Moskau stattfand, und der damit verbundenen Eindrücke. Eingeflossen sind auch Mitteilungen, die Bundeskanzler Kohl und der seinerzeitige amerikanische Außenminister Baker in Interviews gemacht haben.

Die Politik im Rücken, den Zeitgeist im Sinn: Richard von Weizsäcker
In: FAZ-Magazin Heft 748 vom 1. Juli 1994
Das Porträt, beeinflußt durch ein Gespräch im Schloß Bellevue, erschien am Tage, nach dem Weizsäcker aus dem Amt geschieden war. Weizsäcker hat gerade auch in seiner Art, die Einheit abzuwehren, die Ära geprägt. Darum dient der Titel, zu dem er inspiriert hat, als Überschrift fürs Ganze.

Endspiel um ein Erbe. Die Geschichte des Hauses Krupp wird fortgeschrieben.
Unveröffentlicht.

Endspiel um ein Erbe.
Während im Osten kein Stein auf dem anderen blieb und dennoch geschimpft wurde über mangelnde Beweglichkeit, blühten im Westen Gefälligkeitssysteme, die nicht nur die Parteigrenzen aufhoben, sondern auch die zwischen Industrie, öffentlich-rechtlichen Einrichtungen und Politik. Ihre Träger haben eines gemeinsam, sie sind materiell wie mental saturiert und halten sich für unfehlbar. Zufall, daß gerade diese Spezies sich einstmals gut verstand mit den Repräsentanten des SED-Regimes? Ein Beispiel für die westliche Günstlingswirtschaft sind die geschilderten Vorgänge. Während Mitglieder der Familie von Bohlen und Halbach bereitwillig Auskunft gaben, brachen Berthold Beitz und Paul Mikat das Gespräch ab, bevor es richtig begonnen hatte; die Fragen waren nicht genehm. Die Aktualität der Recherchen wird sich erweisen, wenn die Familie von Bohlen und Halbach über einen vermögensrechtlichen Prozeß entschieden hat.

Register der Eigennamen

Adenauer, Konrad 25, 27-30, 126, 174, 208-209
Andropow, Jurij 101
Aron, Raymond 16
Bahr, Egon 33-34, 102
Baker, James 123, 249
Barker, General 54
Bartels, Kurt 198
Bebel, August 36, 44, 271
Beck, Ludwig 143
Beitz, Berthold 266-269, 273-275, 278-279
Berghofer, Wolfgang 73
Berija, Lawrentij 201
Blüm, Norbert 230
Blum, Léon 89, 166
Bohlen und Halbach, Arndt von 274
Bohlen, Gustav von 272
Brandt, Willy 177, 179-180, 189, 205, 209, 226
Breschnew, Leonid 93, 100-101, 114, 117, 173, 242
Bush, George 114, 118, 121
Chaban-Delmas, Jacques 83-84
Chruschtschow, Nikita 100
Churchill, Winston 35, 77, 79-81, 90
Clay, Lucius D. 14, 19, 21
Coing, Helmut 270
Cooper, Duff 80
Dahrendorf, Gustav

45, 52-53, 142, 149, 151-153
Darlan, Francois 77
de Gaulle, Charles 77, 79-80, 82-86, 88-91, 115
Delors, Jacques 156
Djilas, Milovan 62
Dobrynin, Anatol 103
Dohnanyi, Klaus von 37, 39
Doriot, Jacques 89
Dumas, Roland 91
Eisenhower, Dwight D. 21, 199
Engels, Friedrich 44
Erhard, Ludwig 13
Falin, Valentin Michailowitsch 92, 96-98, 100-104, 106-109, 118-119, 250
Fechner, Max 45, 51
Felfe, Werner 188
Foch, Ferdinand 86
Frank, Ludwig 36
Frêche, George 167
Freisler, Roland 153
Friedensburg, Ferdinand 14, 20
Gaus, Günter 34, 68
Genscher, Hans-Dietrich 187
Gniffke, Erich 45
Goerdeler, Carl Friedrich 143, 152
Goering, Hermann 87
Gorbatschow, Michail 61-62, 75, 97-98, 100-101, 103, 112-114, 107, 113, 116-117, 119, 173, 188, 216, 239-249

Grass, Günter 37
Gromyko, Andrej 102, 177
Grotewohl, Otto 41, 44-45, 47, 49-53, 200, 203, 204
Gysi, Gregor 72, 260
Haakon 80
Habermas, Jürgen 67
Harnack, Ernst von 152
Haubach, Theodor 37
Heitmann, Steffen 254
Hess, Rudolf 87
Heuss, Theodor 13, 142
Hitler, Adolf 44, 87-88, 100
Honecker, Erich 61-63, 98, 113, 172, 181, 184, 188-189, 242, 244-246, 256, 267
Huntzinger, Charles 88
Jacob, Franz 142
Jakowlew, Alexander 103
Jaspers, Karl 85
Jaurès, Jean 166
Jelzin, Boris 248
Jesse, Willi 42, 52
Kaisen, Wilhelm 31
Kaiser, Jakob 154
Keitel, Wilhelm 87
Kennedy, J. F. 199, 226
Klingelhöfer, Gustav 13, 22, 51-52
Kohl, Helmut 119, 121, 178, 187, 189, 245

287

Krenz, Egon 61, 245
Krupp, Alfred 272
Krupp, Alfried 266-267
Krupp, Bertha 273
Krupp, Friedrich 271
Kuba, 198
Kwizinski, Juri 103,
  111
Lacouture, Jean 79
Lassalle, Ferdinand 35
Laval, Pierre 85, 88-89
Leber, Annedore 151
Leber, Julius 36, 42,
  141-144, 148-149,
  151-155
Lenin, Wladimir 16,
  109
Leuschner, Wilhelm
  141, 152
Leussink, Hans 269
Levi, Paul 16
Lincoln, Abraham
  219
Lüst, Reimar 269
Luxemburg, Rosa 16
Maas, Hermann 153
Malraux, André 78
Mann, Golo 66
Mann, Thomas 12, 13
Marx, Karl 44
Mauroy, Pierre 156
Mellies, Wilhelm 32
Mielke, Erich 46, 198
Mierendorff, Carlo
  152
Mikat, Paul 268
Mitterrand, François
  84, 91, 157-158, 160-
  161, 166-167
Modrow, Hans 72,
  241, 245
Moltke, Helmut von
  144, 152
Momper, Walter 34
Monnet, Jean 160
Moulin, Jean 83-84
Murphy, Robert 41
Mussolini, Benito 88
Napoleon 142

Neumann, Franz 18,
  26, 54
Ollenhauer, Erich 19,
  29-30, 55, 205
Péguy, Charles 82
Pétain, Philippe 79,
  85-89
Pieck, Wilhelm 15-16,
  43-44, 204
Ponomarjow, Boris
  102-103
Pöhl, Karl Otto 269
Raeder, Erich 87
Rau, Johannes 269
Reagan, Ronald 113
Reger, Erik 54
Reich, Jens 59
Reichwein, Adolf
  141-142, 153
Reuter, Ernst 12-17,
  19, 22-27, 29-30, 52,
  199-200, 209
Reynaud, Paul 77, 85
Ribbentrop, Joachim
  von 87
Rocard, Michael 156
Roosevelt, Franklin O.
  90
Rush, Kenneth 102
Saefkow, Anton 142
Scheel, Walter 179, 181
Schenk, Dedo von 269
Schenk, Kersten von
  269
Schewardnadse,
  Eduard 103, 111,
  120, 250
Schmidt, Helmut 184,
  187
Schmidt, Rudolf 142
Schmidt-Küster,
  Gustav 48-49
Schmude, Jürgen 34
Schoettle, Erwin 48
Scholz, Rupert 277
Schorlemmer,
  Friedrich 260
Schreiber, Walther 26
Schröder, Louise 14

Schukow, Marschall
  20
Schulenburg, Fritz
  von der 142
Schumacher, Kurt 19,
  29-30, 45, 47, 53,
  154-155, 203
Schwamb, Ludwig
  152
Selbmann, Fritz 203
Semjonow, Wladimir
  200-201
Sethe, Paul 153
Sommer, Theo 68
Spears, Edward 77
Stalin, Jossif 16, 23,
  28, 48, 62-63, 98-100,
  106-107, 109, 200
Stauffenberg, Claus
  von 141-143
Steinkühler, Franz 34
Stoph, Willi 180
Strauß, Franz Josef
  185
Süskind, Patrick 129
Thape, Ernst 43
Thomas, Stephan G.
  52
Tito, Josip 62, 102
Trott, Adam von 143
Truman, Harry S. 21
Tschernajew, Anatoli
  248
Ulbricht, Walter 46,
  55, 179-180, 198,
  201, 203-204, 207
Walters, Vernon A.
  112-114, 119-120,
  122-124
Wartenburg, Yorck
  von 141
Wehner, Herbert 102
Weizsäcker, Richard
  von 252-254, 256-
  258, 260, 262
Weygand, Maxime 77
Witt, Katharina 71
Wolf, Markus 241,
  260